AUTODESTRUCCIÓN WOKE

Auge y declive de los cultos posmodernos

Marina de la Torre

Papel certificado por el Forest Stewardship Council®

Primera edición: enero de 2026

Travessera de Gràcia, 47-49. 08021 Barcelona

Printed in Spain – Impreso en España

ISBN: 978-84-666-8300-5
Depósito legal: B-19.715-2025

Compuesto en Llibresimes, S. L.

Impreso en Black Print CPI Ibérica
Sant Andreu de la Barca (Barcelona)

BS 8 3 0 0 5

A mi padre

ÍNDICE

Introducción

El eslogan «lo personal es político» ha permeado hasta el extremo de lo cotidiano, transformando sociedades enteras en campos de batalla donde vecinos, amigos y familias, hombres y mujeres se distancian por fanatismos ideológicos. Las redes sociales, convertidas en vitrinas de realidades ficticias, funcionan como patios de recreo para adultos que se citan a la salida del instituto para solucionar disputas infantiles. La simulación nos envuelve, en una aceleración vertiginosa, sin un rumbo claro. Persiste una incertidumbre general, una inquietud que nos agita. No hay asidero alguno: todo parece previsible, caduco, y, sin embargo, se avecina algo inédito, a la vez fascinante y aterrador, mientras se desmoronan las estructuras que podrían sostenernos ante lo desconocido.

Antes de continuar, y teniendo en cuenta este contexto delicado, advierto de que en este libro cuestionaré mitos y tabúes contemporáneos, lo sagrado y lo profano, sin pretender complacer a grupos identitarios. Busco, en cambio, puntos de encuentro con individuos abiertos al acuerdo y la discrepancia, con el fin de expandir perspectivas. No escribo para convencer, sino para ordenar mis ideas, aprender, compartir y cuestionar mis certezas. Por eso, no prometo que mis opiniones de hoy permanezcan inalteradas mañana: me reservo el derecho a repensarlas. Algunas ideas, sin embargo, no nacen de opiniones efímeras y no cambiarán, aunque transmitirlas sea lo más desafiante.

La crítica cultural, aunque esencial e intrigante, genera un ruido ensordecedor que agota. Nos hemos habituado a niveles de estruendo tan altos que anhelamos el silencio en lo cotidiano, como el trabajador que ansía sus breves vacaciones. Nos hemos acostumbrado a vivir a toda prisa, a consumir interminables contenidos en internet, a no parar la maquinaria de la mente, pero necesitamos aprender a detenernos y prestar atención, y eso requiere ir más allá de la mera actualidad, la batalla cultural y la política, hacia una indagación más honda del yo. Es lo que propongo en estas páginas, aunque a veces suene inusual, incluso para quienes creen anticipar mis derroteros. Aquí os cuento lo que pienso de forma alternativa o, al menos, una parte de ello...

Para iniciar esta indagación, exploremos el paradigma woke y su deterioro a través de una analogía ancestral: en las vastas llanuras de la antigua Sinar, la humanidad se congregó bajo un lenguaje común y erigió la torre de Babel como emblema de su ambición colectiva. Aspiraban a trascender los límites humanos, a rozar lo infinito con manos mortales, forjando un orden autosuficiente libre de jerarquías externas o normas impuestas desde lo alto. Sin embargo, esa unidad era precaria: se sustentaba en la *hybris*,* ciega ante las grietas inherentes a la condición humana. La soberbia generó su propia caída: las lenguas se fragmentaron en dialectos incompa-

* Término griego que significa 'arrogancia', 'altanería', 'insolencia'.

tibles, la comunicación se volvió caos, las alianzas se disolvieron y la torre quedó como un armazón vacío, un recordatorio de las aspiraciones desmedidas que dispersaron a los pueblos por el mundo.

De forma similar, la distopía cultural que se despliega en estas páginas se erige sobre otro «lenguaje común»: la neolengua woke. Bajo la promesa de igualdad radical, moviliza multitudes, pero pronto la cohesión se resquebraja. El discurso muta en instrumento de control dogmático, las disidencias se estigmatizan como traiciones imperdonables, y la uniformidad ideológica sofoca la creatividad que emerge de la diversidad auténtica. El colapso irrumpe cuando el discurso unificado se astilla en conflictos internos: facciones que se acusan mutuamente de tibieza y contradicciones que proliferan hasta que la torre woke se derrumba, víctima de la misma lógica que pretendía erigirla.

Esta analogía evoca el arquetipo de la torre en tradiciones simbólicas: una construcción nacida del ego humano que, inevitablemente, es derribada por una fuerza divina, representada por un rayo. La caída no es solo destrucción, sino una revelación que expone la fragilidad de falsos ídolos, desalojando a quienes se aferran a ilusiones compartidas. En este contexto, la «torre woke» se desmorona en un estruendo previsible, dejando un mosaico de discursos fragmentados. No obstante, la caída allana el camino para la posibilidad de un horizonte de cohesión que surja de un diálogo lúcido que reconcilie las herencias olvidadas con el momento presente.

Sin embargo, la ruptura de marcos compartidos nos confronta con lo incierto: la disolución de certezas, el eco de significados perdidos y la irrupción de tecnologías que conectan sin límites pero que despiertan interrogantes sobre la identidad, la realidad y la esencia humana.

Entre mito ancestral, análisis político y crítica cultural, este relato propone una lectura especulativa que invita a la reflexión, no a la adhesión; a interrogantes, no a dogmas. Explora los orígenes, las fisuras y el colapso del imaginario woke para conducir hacia una indagación más valiente que los pensadores posmodernos solamente comenzaron; estos apenas abrieron un abismo inevitable ante los límites de la razón, del que huyeron despavoridos en busca de consuelo. Pero no hay escapatoria ante lo desconocido ni paraíso pretérito al que regresar. Solo queda enfrentar el caos y, desde él, alumbrar un orden superior: algo nuevo que, sin embargo, resulta de algún modo familiar.

Estamos en caída libre hacia el futuro. No sabemos adónde vamos. Las cosas cambian tan rápido, y siempre que pasas por un largo túnel, llega la ansiedad. Y todo lo que tienes que hacer para transformar tu infierno en un paraíso es convertir tu caída en un acto voluntario.

JOSEPH CAMPBELL

1

La maquinaria woke: orígenes, mitos y contradicciones

Introducción al pensamiento woke

El fenómeno woke («despierto») representa un conjunto de creencias, un paradigma ideológico que tiene sus raíces en las ideas del posmodernismo. Uno de sus propósitos principales es reestructurar y movilizar a una izquierda derrotada tras las grandes decepciones del siglo XX: la caída del Muro de Berlín (como argumenta Stephen Hicks en *Explicando el posmodernismo*), el colapso del bloque soviético y la crisis del marxismo clásico.

Este enfoque se fundamenta en dos premisas esenciales:

1. Todas las personas están, en mayor o menor medida, condicionadas y oprimidas por un sistema de poder que se manifiesta en estructuras patriarcales, blancas, heteronormativas y capitalistas.
2. Aquellos que no reconocen la injusticia inherente a estas

estructuras son considerados por sus defensores como individuos alienados por el sistema, a quienes se les exige un «despertar» o incluso se les etiqueta de «fascistas», enemigos dignos de rechazo social y ostracismo.

El pensamiento woke surge de la herencia posmoderna, que puso en jaque las «grandes narrativas» cimentadas durante siglos en la cultura occidental. A lo largo de varias oleadas, esta corriente fue ganando terreno hasta convertirse en un referente dominante en universidades, medios de comunicación y redes sociales en las últimas décadas. Hoy, tras haber perdido parte de su empuje inicial, muestra signos de desgaste, si bien su influencia no ha desaparecido del todo: sigue acechando en el debate público y podría resurgir con vigor si no se articula una respuesta que aborde de raíz tanto sus fundamentos teóricos como sus manifestaciones prácticas. Pero, antes de diseñar esa estrategia, es esencial detenerse a comprender con claridad en qué consiste este marco de ideas.

El poder y el saber se implican mutuamente; no hay relación de poder sin la constitución correlativa de un campo de saber, ni de saber que no suponga y no constituya al mismo tiempo relaciones de poder.

Michel Foucault

El posmodernismo, encarnado por pensadores como Foucault y Derrida, nos lanza una provocación embaucadora: la razón, ese faro luminoso de la Ilustración, no es ni pura ni neutral. Según ellos, está impregnada de estructuras de poder y mediada por el lenguaje, lo que la convierte en un instrumento de dominación, exclusión y legitimación de ciertas formas de conocimiento sobre otras. Sin embargo, aquí es donde el posmodernismo tropieza con su propia sombra: al negar los grandes relatos, termina construyendo su propio «metarrelato», uno que proclama que no hay verdades universales. Y ahí está la contradicción performativa, la trampa intelectual que lo convierte en un ejercicio de autosabotaje.

En realidad, ninguna escuela de pensamiento escapa al dilema de sustentarse sobre presuposiciones —sobre cómo definimos la realidad, la naturaleza humana o los valores—, y el posmodernismo no es la excepción. Aunque se presenta como un rebelde que desafía las certezas de la modernidad, no puede escapar a su propia naturaleza, ya que, al formular una visión del mundo, adopta implícitamente una perspectiva sobre la realidad y los valores. Niega la existencia de una realidad independiente de nuestra interpretación: lo real se entiende como un entramado de discursos, prácticas y convenciones históricas. Al desplazar la objetividad de la razón hacia las condiciones sociales y lingüísticas que la enmarcan, disuelve la posibilidad de un criterio compartido para validar conocimientos o experiencias. Sin un referente universal, las causas sociales se atomizan en luchas específicas —cada cual defendiendo su propia versión de la «verdad»— y se vuelve imposible establecer un tribunal imparcial para condenar atrocidades como el genocidio de Ruanda o valorar de manera uniforme regímenes pasados como el de Pol Pot. En esencia, al relativizarlo todo, el posmodernismo socava su propia capacidad para distinguir lo admisible de lo aberrante.

Pero, curiosamente, los posmodernos no dudan en recurrir a argumentos «objetivos» cuando les conviene. Saben perfectamente señalarte si, según ellos, eres nazi o fascista, pero, conforme a sus propias premisas, ¿qué es ser fascista? Si la identidad es fluida y el lenguaje construye la realidad, entonces «fascista» podría ser cualquier cosa. Lo mismo aplica para categorías como «hombre» o «mujer»: si todo es performativo, ¿qué impide que cualquier definición se diluya en un mar de relativismo?

El pensamiento woke, heredero de la tradición posmoderna, lleva estas contradicciones a su extremo. Prioriza la corrección política y la performatividad individual sobre una transformación estructural real. Se concentra en el lenguaje, la autenticidad personal y la representación simbólica, mientras el sistema continúa operando inalterado. Es, en esencia, una revolución virtual: un espectáculo de resistencia que, por su naturaleza, no constituye una amenaza real para las estructuras de poder.

No obstante, cabe aclarar que no se aboga por un retorno ingenuo a los grandes relatos de la modernidad. Es menester una revisión crítica de dichas cuestiones, pero la aproximación posmoderna no ha logrado desarrollar una crítica constructiva. En lugar de ello, ha adoptado un enfoque deconstructivista que desemboca en nihilismo y relativismo radical, confundiendo más de lo que aclara y dejando la comprensión de la realidad en manos de elementos menos sofisticados que la razón, como lo son las impresiones sentimentales. Más adelante profundizaremos en todo esto.

Matrimonio de conveniencia entre posmodernismo e izquierda

Durante dos siglos, los socialistas se han erigido en arquitectos de un mundo nuevo, desplegando pancartas y utopías que, en la práctica, han dejado un reguero de tragedias casi inconcebibles: primero la Revolución de Octubre de 1917, que alumbró un poder autoritario destinado a derrumbarse en 1991; luego el Holodomor de Stalin, que condenó a morir de inanición a unos cuatro millones de ucranianos; después el Gran Salto Adelante de Mao, cuyas colectivizaciones forzosas provocaron una hambruna que segó entre quince y cuarenta y cinco millones de vidas; y, en Camboya, el régimen de Pol Pot decretó un «año cero» agrario en el que hasta dos millones de personas fueron aniquiladas por el hacha y el hambre. En Europa del Este, la República Democrática Alemana (RDA) sostuvo su economía con subsidios soviéticos mientras erigía un muro para encerrar a sus propios ciudadanos; en América Latina, el «socialismo del siglo XXI» sumió a Venezuela en la hiperinflación, la escasez y el éxodo masivo, y dejó a Cuba atrapada en un «periodo especial» con un desplome del PIB del 35 por ciento. En Argentina, la crisis crónica impulsada por políticas estatistas ha alumbrado incluso el surgimiento de un Gobierno libertario como respuesta radical al colapso...

Algunos creyeron que el capitalismo cedería solo; como no fue así, se empeñaron en dinamitarlo pieza a pieza, relegando la verdad de estos desastres a meros «relatos alternativos». Aun así, el capitalismo, con todos sus defectos, se ha mantenido en pie, mientras el socialismo ha tropezado una y otra vez, dejando tras de sí un legado de experimentos fallidos. Tras más de dos siglos de intentos y teorías, la evidencia demuestra que uno de los dos sistemas ha resultado ser más resistente y efectivo, reduciendo a escombros las promesas grandilocuentes del socialismo.

¿Y qué ocurre cuando la teoría a la que has dedicado tu vida se demuestra insostenible? Una actitud honesta te obligaría a reconocer el error, revisar los cimientos de tu posición y buscar explicaciones más robustas. Pero si tu compromiso con esa idea es ciego, la realidad deviene enemiga a la que combatir y acabas refugiándote en el relativismo. En un debate, el relativista no es quien domina la argumentación, sino quien ya ha perdido: su carta de triunfo es convertir todo en mera opinión. Si tus argumentos no se sostienen y tus ideas no convencen, el relativismo es la coartada perfecta: «Eso es relativo», «Esa es tu opinión», «No sabemos cuál es la verdad», «Discutir sobre esto no tiene sentido». Estas afirmaciones, irónicamente presentadas como verdades absolutas, sirven para desmantelar cualquier argumento sin necesidad de sostener el propio.

El relativismo es el refugio perfecto para quien ha fracasado. No necesita demostrar nada, solo cuestionar todo. Es un escudo contra la derrota, una estrategia para desdibujar el terreno del debate y evitar confrontar una verdad incómoda.

—Cuando yo uso una palabra —insistió Humpty Dumpty con un tono de voz más bien desdeñoso— quiere decir lo que yo quiero que diga..., ni más ni menos.
—La cuestión —insistió Alicia— es si se puede hacer que las palabras signifiquen tantas cosas diferentes.
—La cuestión —zanjó Humpty Dumpty— es saber quién es el que manda..., eso es todo.

Lewis Carroll

Durante siglos, Occidente confió en que la ciencia y la razón conducirían a la humanidad hacia un futuro utópico y pacífico, pero la modernidad, por sí misma, no erradicó la barbarie. Las guerras mundiales destrozaron la fe en el progreso moral y racional: el avance tecnológico demostró ser tan eficaz para curar enfermedades como para exterminar poblaciones enteras. Freud desarrolló su teoría del instinto de muerte, sosteniendo que somos autodestructivos por naturaleza, condenados a repetir la violencia en un ciclo interminable. El existencialismo, con Sartre y Camus, recogió el testigo del desencanto, describiendo la vida como un absurdo y al ser humano como un animal atrapado en su propia brutalidad, incapaz de escapar de su naturaleza violenta. El progreso dejó de ser sinónimo de redención para convertirse en un siniestro juego de ingeniería de destrucción cada vez más sofisticado.

Ante este clima de pesimismo, atacar a la razón —antes considerada el faro de la civilización, ahora vista como el motor de la devastación— se convirtió en el siguiente paso lógico. Si la modernidad había derrocado al oscurantismo religioso, pero las luces de la razón tampoco lograron liberarnos de la ley de nuestro propio ser, entonces la única salida era encender de nuevo las antorchas, esta vez contra la propia razón. Y así, la modernidad comenzó a devorarse a sí misma.

Hacia mediados del siglo XX, los intelectuales de izquierdas encontraron en las filosofías contemporáneas un arsenal teórico que desmantelaba por completo las nociones clásicas de verdad y conocimiento. Estas corrientes sostenían que toda evidencia estaba contaminada por supuestos teóricos y que los datos empíricos no demostraban realmente nada (*«Feelings don't care about your facts»*, «a los sentimientos no les importan los hechos»). Este giro hacia el irracionalismo proporcionó a la izquierda nuevas armas para enfrentarse a la crisis de identidad que la embargaba, convirtiendo a la civilización occidental —acusada de dominar mediante la razón—

en el principal blanco de su crítica. Se deconstruyeron la razón, la verdad y la realidad argumentando que, en su nombre, se originó la opresión y la destrucción.

Esto explica que el posmodernismo, a diferencia del modernismo, nunca permeó de manera uniforme todo el espectro político; fue la izquierda la que, buscando resurgir de sus cenizas, hizo un pacto con las ideas posmodernas, encontrando en ellas nuevas armas para combatir a sus dos grandes enemigos: el capitalismo y una realidad que no le daba la razón. Tampoco olvidemos que el híbrido capitalista adolece de sus propias enfermedades en su deriva hacia un consumismo vacío y desechable. Sin embargo, este aspecto merece un análisis más detallado que abordaremos más adelante, pues el eje izquierda-derecha, socialismo-capitalismo, en la actualidad ha quedado difuminado, impidiéndonos ver el panorama completo y analizar por separado las distintas piezas de los engranajes del sistema.

Por ahora, basta con señalar que la alianza entre el posmodernismo y la izquierda no fue casualidad, sino necesidad: un matrimonio de conveniencia forjado en el laboratorio de las ideas que, a falta de material revolucionario tradicional, decidió subvertir las bases mismas de lo que llamamos verdad.

Frankfurt, de fábricas a facultades: la mutación de la disidencia

La escuela de Frankfurt nació en los años veinte como un experimento de marxismo sin proletariado. Horkheimer, Adorno y Marcuse se dieron cuenta de que la revolución no llegaría a través de la economía, sino de la cultura. El capitalismo ya no solo explotaba cuerpos; colonizaba mentes. Su gran aporte fue la crítica cultural: desnudar cómo el cine, la radio y hasta el jazz servían como opio para las masas. La «industria cultural», decían, era el nuevo opresor. Pero había un problema: mientras Marx hablaba de fábricas, ellos hablaban de filosofía. Y la filosofía, al final, se hace en aulas, no en barricadas.

Al exiliarse a Estados Unidos durante el nazismo, estos pensadores llevaron su marxismo Frankenstein a las universidades de élite. Allí, su teoría crítica se mezcló con el sueño americano y el psicoanálisis, creando un cóctel que las universidades empezaron a servir en raciones individuales.

Es una ironía casi poética que la guerra contra la razón haya nacido en el corazón de las universidades, esos supuestos templos del conocimiento. Allí germinó el núcleo de la revolución woke, sembrada por la escuela de Frankfurt. Si esta corriente de pensamiento fue el padre serio que criticaba la razón ilustrada, los posmodernos (Foucault, Derrida, Lyotard) fueron los hijos rebeldes que prendieron fuego a la biblioteca.

La izquierda posmoderna, al reinventarse, también redefinió el sujeto de su revolución. El obrero, antaño héroe de las luchas sociales, ha sido descartado. ¿Por qué? Porque el capitalismo, con sus comodidades y su progreso, lo ha domesticado. Ahora, con un *streaming* para evadirse, antes con un plato caliente en la mesa y tiempo para sus hobbies, el obrero se ha acomodado. Ha perdido la chispa, el hambre de lucha.

Pero una revolución necesita soldados, y si el proletariado ya no sirve, hay que buscarlos en los márgenes. Entra en escena el nuevo sujeto revolucionario: los que no encajan en el sistema, los que están dispuestos a romper el tablero si se les entregan las herramientas adecuadas y, de paso, lograr alguna recompensa. Así, la estrategia se centra en sembrar insatisfacción crónica, en convencer a estas personas de que el juego está amañado, que las reglas nunca fueron hechas para ellos.

Los fracasados, los *queers*, las mujeres, las personas negras, los neurodivergentes y todos aquellos que sienten —o se les hace sentir—, de forma subjetiva o real, que no pertenecen, se convierten en los nuevos reclutas de las élites intelectuales posmodernas. Ellos no son el problema; según esta narrativa, el problema es el sistema. Pero lo verdaderamente maquiavélico es ver cómo se convierte el descontento en combustible para una revolución que nunca parece tener un final claro, excepto perpetuar el poder de quienes la dirigen desde arriba.

> Algunos verdaderos creyentes han reorientado su vida alrededor de una lucha contra el mal. Estos creyentes están transformando la universidad, que ha pasado de ser una ciudadela de libertad universal a un espacio sagrado donde el privilegio blanco ocupa el lugar del pecado original, las transgresiones de raza o género se confiesan no a dios, sino a la «comunidad», y los grupos de víctimas son adorados como dioses.
>
> JONATHAN HAIDT

Y entonces, el posmodernismo bajó de las torres de cristal académicas y se hizo pop. Lo que en Foucault era un análisis sesudo del poder, en el campus mutó en un manual para no herir sentimientos. La deconstrucción de Derrida, un juego filosófico, hoy es un *trend* en TikTok. El pensamiento woke heredó la obsesión por el lenguaje como campo de batalla, pero lo vulgarizó y le añadió un manual de instrucciones:

- Cancelación: si las palabras son poder, las «incorrectas» son violencia. Silenciar al infractor no es censura, es justicia. Tu propio silencio es complicidad, tienes que tomar parte.
- Espacios seguros: si no hay verdades universales, no es necesario el debate, cada identidad necesita su burbuja protectora.
- Interseccionalidad: una versión simplificada de la lucha de clases, donde la opresión se mide en capas de raza, género y orientación sexual. Suma puntos y reclama tu victimización.

Ya en 1998, Alan Charles Kors y Harvey Silverglate publicaron *The Shadow University*, un auténtico obituario de la universidad ilustrada. Según ellos, los campus se habían transformado en fábricas de censura y adoctrinamiento, donde la corrección política se impone por encima de la búsqueda de la verdad. Los estudiantes y los profesores que se atreven a cuestionar el canon académico quedan manifiestamente aplastados por códigos restrictivos, «tribunales» caricaturescos y burócratas empeñados en moldear conciencias. Aquellos mismos recintos que una vez acogieron a pensadores como Herbert Marcuse o líderes como Malcolm X, hoy yacen sepultados bajo capas de trámites y moralismo; mientras tanto, los alumnos repiten consignas como loros, convencidos de que regurgitar eslóganes equivale a pensar.

En 2020, un grupo de ciento cincuenta y tres intelectuales y académicos de distintas corrientes —entre ellos, Noam Chomsky, Margaret Atwood y J. K. Rowling— firmó una carta en *Harper's* advirtiendo del peligro de la «cultura de la cancelación». No se trataba de defender discursos de odio ni de amparar ideas extremistas, sino de denunciar un clima de intolerancia al disenso que asfixia la libertad de expresión y convierte la universidad en un espacio de control ideológico en lugar de un ambiente para el debate abierto. Cualquier desviación del guion oficial podía costar carreras, proyectos e incluso reputaciones, recuerdan los firmantes, poniendo de manifiesto la urgencia de exigir cuentas y recuperar el carácter de la universidad como guardiana del pensamiento libre y la exploración intelectual.

El caso de Bret Weinstein es uno de los muchos ejemplos que sirven para ilustrar estas dinámicas. En 2017, este profesor de biología del Evergreen State College se encontró en el ojo del huracán —que podría resumir la pesadilla moderna de las universidades— por oponerse públicamente al «Día de Ausencia», una iniciativa que pedía a los estudiantes blancos que se ausentaran una jornada del campus en un gesto de solidaridad con las minorías raciales. Weinstein, un progresista autoproclamado, no dijo que la idea fuera inherentemente racista, pero sí cuestionó el principio de exigir que alguien se retire por el color de su piel, sin importar las intenciones. Esto bastó para que lo convirtieran en un paria. Lo que siguió fue una caricatura distópica de la educación superior: hordas de estudiantes enfurecidos lo acusaron de racismo y exigieron su renuncia, mientras la administración universitaria se escondía bajo la mesa, más preocupada por evitar titulares negativos que por defender lo que era justo. No hubo espacio para matices ni discusiones: Weinstein fue declarado culpable en la plaza pública del campus.

El episodio se agravó rápidamente. Las protestas se transformaron en un caos con barricadas, megáfonos y una vigilancia casi paramilitar sobre quién podía hablar y qué podía decirse. Weinstein y su esposa, también profesora, terminaron huyendo de la universidad tras recibir amenazas de violencia. Weinstein ni siquiera era un conservador renegado ni un crítico de las políticas de inclusión; era alguien que, como buen académico, quería discutir las implicaciones de la iniciativa.

En el gran coliseo de la cultura de la cancelación, las universidades estadounidenses han convertido el despido de profesores en su acto estelar, sacrificando a académicos en el altar de la corrección política y las sensibilidades hiperinfladas. Entre 2014 y 2023, se han registrado más de mil intentos de silenciar o sancionar a profesores, según FIRE (Fundación para los Derechos Individuales en la Educación). Y esto no es una lista de errores menores: dos tercios de estos casos terminaron en sanciones serias, incluyendo despidos. La escena es siempre la misma: un docente comete el pecado capital de no alinearse completamente con la ortodoxia del momento —puede ser un tuit desafortunado, una frase fuera de contexto o simplemente negarse a incluir una advertencia en sus clases sobre lo ofensivo que es el material—. Lo que desemboca en su reputación destruida, su carrera en llamas y una lección clara para todos los que aún se atreven a pensar por sí mismos: o te ajustas al guion o estás fuera. Da igual si eres un académico brillante o si llevas años formando a estudiantes con dedicación.

El caso de Maitland Jones Jr., en la Universidad de Nueva York, es emblemático: un profesor reconocido por su excelencia, despedido porque sus clases de química orgánica eran «demasiado difíciles» para estudiantes que, en lugar de esforzarse, se quejaron y lograron hacerle pagar un castigo por exigir buenos resultados académicos.

También se han cancelado conferencias y debates porque la temática era «demasiado sensible» para los otrora estudiantes, ahora niños de guardería a los que hay que proteger de las ideas peligrosas. En 2023, una universidad estadounidense decidió cancelar una charla sobre transexualidad titulada «Hablemos de sexo: por qué el sexo biológico continúa siendo una categoría analítica necesaria en la antropología», etiquetándola de «tránsfoba» antes incluso de que se celebrara. Ni un debate abierto ni la posibilidad de escuchar perspectivas opuestas, simplemente silencio. Por suerte, John Tomasi y la Heterodox Academy, los organizadores de la charla, no se quedaron de brazos cruzados. Denunciaron la censura y reprogramaron el evento en otro lugar, insistiendo en que el propósito de las universidades no es proteger sensibilidades, sino desafiar ideas y expandir horizontes. El temor por cuestionar los sentimientos de los alumnos no se queda ahí: según palabras de José Errasti en el pódcast *El sentido de la birra*, en Bristol y en alguna universidad canadiense, en el momento de realizar tu inscripción se te ofrecen varias identidades y una de ellas es «gato».

Este activismo centrado en la performatividad del yo (tu identidad es tu marca personal) es el sueño húmedo del sistema de consumo. Mientras los estudiantes exigen espacios seguros, Amazon vende camisetas con eslóganes feministas y Disney+ estrena superheroínas LGTBIQ+. La revolución, como diría Adorno, se ha convertido en el producto de la industria cultural que tanto odiaba. La escuela de Frankfurt advirtió esto: la cultura de masas neutraliza la disidencia convirtiéndola en entretenimiento. Pero ni ellos imaginaron que su propia crítica sería fagocitada a un nivel tan pornográfico. Hoy, las universidades son el escenario perfecto de esta parodia. Es aquí donde el legado de Frankfurt se vuelve tragicómico: su crítica a la razón instrumental y al falso progresismo ilustrado se ha materializado en una ideología que, en vez de desafiar al sistema, le da un lavado de cara.

El resultado de este activismo cultural ha sido un colapso de confianza en las universidades que debería encender todas las alarmas. Según una encuesta de *Gallup*, en 2015, el 57 por ciento de los estadounidenses veía estas instituciones de manera positiva; para 2023, ese número se había desplomado al 36 por ciento. Entre los votantes del Partido Republicano —«la mitad del país», como enfatiza John Tomasi—, la situación es aún más crítica: solo el 19 por ciento confía en las universidades. No es solo un problema de percepción, es una crisis existencial para instituciones que, en lugar de unir, están profundizando la división cultural.

En la ceremonia de su segunda investidura como presidente de Estados Unidos, Donald Trump anunció sin ambages que declararía la guerra al «adoctrinamiento izquierdista» en el sistema educativo, prometiendo desmantelar de inmediato todas las oficinas de diversidad e inclusión en instituciones federales y universidades, y prohibir las lecciones sobre identidad de género y racismo estructural. En sus primeros días de mandato firmó varias órdenes ejecutivas dirigidas a eliminar oficinas y programas de diversidad, equidad e inclusión (DEI) en el Gobierno federal. Entre ellas destacan la EO 14151, que ordenó el cierre de divisiones DEI en agencias públicas; la EO 14173, que revocó medidas de acción afirmativa para contratistas; y la EO 14190, que prohibió materiales de teoría racial crítica e ideología de género en la educación primaria y secundaria. Estas medidas se acompañaron de investigaciones a universidades como Columbia, a la que se le retiraron cuatrocientos millones de dólares en financiación federal por no cumplir con las nuevas directrices.

Las reacciones no se hicieron esperar: varias asociaciones educativas presentaron demandas por extralimitación de autoridad, y algunos jueces federales han cuestionado la legalidad de los recortes, señalando discriminación. De esta manera, lo que en su investidura sonó a promesa incendiaria ya es hoy un conjunto de medidas ejecutivas y sanciones reales que muestran hasta dónde está dispuesto a llegar Trump contra la educación «de izquierdas» bajo su mandato. Hace apenas unos años habría parecido inverosímil que una medida así contara con apoyo mayoritario; hoy, sin embargo, los tiempos han cambiado y ya se perciben las consecuencias de estas batallas culturales.

2

El nuevo rostro del viejo sistema

Del pueblo contra el poder al poder contra el pueblo

Años antes de que el pensamiento woke se infiltrara como un virus silencioso en la sociedad, la desconfianza hacia los políticos era casi un instinto natural. Se creía que sus promesas eran humo, que sus manos estaban manchadas de corrupción y que sus palabras eran armas de manipulación. Era sencillo: los de abajo contra los de arriba, el pueblo contra la casta, la gente contra el poder.

Pero algo cambió. Ahora todo está al revés: ya no protegemos a la gente del poder político, ahora protegemos a los que ostentan el poder político de la gente. De repente, la narrativa oficial es que la gente es el enemigo: la gente es ignorante, la gente es peligrosa, la gente es fascista. Y mientras tanto, el Gobierno, ese que no te deja llegar a fin de mes, que convierte la electricidad en un lujo y la cesta de la compra en una misión imposible, ese que roba el dinero público y protagoniza escándalos con prostitutas y drogas, se ha arrogado el papel de salvador. Todo lo que hacen, dicen, es «por tu bien». Y tú, claro, no lo entiendes porque eres parte del problema.

¿En qué momento se dio la vuelta a la tortilla? ¿Cuándo el activismo callejero y la protesta popular dejaron de ser el grito del pueblo para convertirse en el berrinche de los partidos contra ese mismo pueblo? Ahora son ellos los que salen a las calles con pancartas y megáfonos, señalándonos con el dedo mientras nos culpan de sus fracasos. La política se ha transformado en un teatro grotesco donde los que deberían rendir cuentas protestan contra los que, supuestamente, representan. En España, el Partido Socialista Obrero Español (PSOE) desfila cada 8 de marzo tras la pancarta feminista, acusando de machistas a quienes no les dan su papeleta; al mismo tiempo, estallan los audios de la cúpula del partido y sus compinches negociando favores con prostitutas, esos mismos que reprenden al ciudadano por su falta de «conciencia de género». En público impulsan leyes para criminalizar la prostitución, y en la sombra se sitúan entre sus principales clientes: no se conforman con joderlas en los clubes, también pretenden dejarlas sin trabajo.

Mientras ellos llenan sus arcas con el botín de sus corruptelas y se regodean en sus excesos, te señalan a ti como un enemigo por no encajar en su manual de virtudes: si no te conformas con comer carne de tofu para demostrar tu «conciencia animalista», si no cambias la libertad de tu coche por la bici o el transporte público a hora punta, si no te resignas a hacer *coliving* o a compartir piso con desconocidos bien entrada la treintena, si no pones la lavadora a horas absurdas para ahorrar unos céntimos y «salvar el planeta», entonces, felicidades: eres un peligro público. Y ni se te ocurra levantar la voz o cuestionar nada, porque la justicia social caerá sobre ti como una sombra implacable.

Hemos hablado del nacimiento del pensamiento posmoderno, pero nos falta trazar el origen de lo woke. Comenzó como una llamada a «despertar» frente al racismo sistémico en la comunidad afroamericana, allá por los años treinta. Una de las primeras menciones notables del término aparece en la canción «Scottsboro Boys», de 1938, del músico de blues Lead Belly, donde exhorta a «*stay woke*» como una advertencia a los afroamericanos sobre el racismo sistémico. Recordemos que los movimientos por los derechos civiles como los que tuvieron lugar entre 1955 y 1968 para acabar con la segregación racial luchaban contra cualquier tipo de discriminación. Rosa Parks tuvo la valentía de no ceder su asiento a un hombre blanco en un autobús público, por lo que fue arrestada, convirtiéndose con este acto en un símbolo inspirador, que desencadenó en una serie de protestas que no se detuvieron hasta lograr la abolición de la ley de segregación entre afroamericanos y blancos.

Pero, como todo, se transformó. En los sesenta, con los movimientos por los derechos civiles, tomó más fuerza, y en los 2010, el *hashtag* #BlackLivesMatter lo catapultó al activismo digital. De un grito legítimo contra el racismo, lo woke pasó a ser un paraguas ideológico sostenido por la izquierda posmoderna que cubre desde la justicia racial hasta el género, la sexualidad y el medioambiente. Black Lives Matter, como epicentro del activismo woke, no solo canalizó millones de voces, sino también millones de dólares. En 2020, la Black Lives Matter Global Network Foundation recaudó más de noventa millones de dólares. Sin embargo, los problemas empezaron rápido: falta de transparencia, dudas sobre el uso de los fondos y acusaciones de enriquecimiento de líderes. Este teatro financiero dejó claro que lo woke no era ya un grito de justicia, sino una máquina que mezcla activismo, espectáculo y poder económico.

Lo que comienza en las universidades como una cruzada contra la razón va tomando forma hasta convertirse en la gran secta política de nuestro tiempo. Un ejemplo perfecto de esta deriva lo vivimos en el programa *Gen Playz*, en un momento que debería quedar para la historia del absurdo. Durante un debate sobre políticas identitarias, la activista afrofeminista Rëhá Xustina se enfrentó al abogado Guillermo del Valle, director de *El Jacobino*, con una afirmación que resume la esencia de esta batalla cultural: «El problema es ese concepto de racionalización que ha tenido siempre el hombre blanco europeo [...]. Lo queréis racionalizar todo, ¡y no! [Dedito aleccionador en alto incluido]».

Del Valle, con la ironía que la situación merecía, respondió: «Hay que socavar la razón». Lo que podría haber sido un debate serio sobre identidad y política se redujo a un choque de consignas, donde criticar la racionalidad misma —ese pilar que permitió cuestionar dogmas— se aplaude como un acto revolucionario.

Algunos todavía no entienden de qué va esto: no es una simple discusión de perspectivas. Es una guerra abierta contra el pensamiento crítico, la búsqueda de la verdad y el derecho a cuestionar. La racionalidad no es un capricho «eurocentrista»: es la herramienta que permite combatir el fanatismo ignorante. Y aquí estamos, viendo cómo se demoniza para imponer en su lugar un nuevo catecismo ideológico.

El activismo antirracista en España no ha alcanzado la

misma visibilidad que en otros países, en gran medida porque la población negra es numéricamente minoritaria. Aun así, ha surgido cierta cautela al emplear la palabra «negro»: muchos prefieren el eufemismo «persona de color» o el término «racializado». Pero ¿no es paradójico que solo lo «racializado» sea quien recibe ese calificativo, mientras que el blanco permanece implícitamente normalizado? Esta retórica condescendiente revela una mirada verdaderamente eurocentrista que evita nombrar a los negros por lo que son.

En este contexto, resulta especialmente pertinente la pionera pieza de Victoria Santa Cruz, «Me gritaron negra», donde la voz poética recupera la llamada que le lanzaban en la calle: «¡Negra! ¡Negra! ¡Negra!».

Con esos tres golpes de voz reivindica su nombre y su color frente a los circunloquios. En lugar de borrar la palabra «negro» o sustituirla por locuciones políticamente correctas, Santa Cruz la asume como emblema de orgullo y resistencia:

Tenía siete años apenas
Apenas siete años
¡Qué siete años!
¡No llegaba a cinco siquiera!
De pronto, unas voces en la calle
Me gritaron
¡Negra!
¡Negra! ¡Negra! ¡Negra! ¡Negra! ¡Negra!
¡Negra! ¡Neeegra!
¿Soy acaso negra?, me dije
¡Sí!
¿Qué cosa es ser negra?
¡Negra!

Y yo no sabía la triste verdad que aquello escondía
¡Negra!
Y me sentí negra
¡Negra!
Como ellos decían
¡Negra!
Y retrocedí
¡Negra!
Como ellos querían
¡Negra!
Y odié mis cabellos y mis labios gruesos
Y miré apenada mi carne tostada
Y retrocedí
¡Negra!
Y retrocedí
¡Negra! ¡Negra! ¡Negra! ¡Negra!
¡Negra! ¡Negra! ¡Negra!
¡Negra! ¡Negra! ¡Negra! ¡Negra!
¡Negra! ¡Negra! ¡Negra! ¡Negra!
Y pasaba el tiempo
Y siempre amargada
Seguía llevando a mi espalda
Mi pesada carga
¡Y cómo pesaba!
Me alacié el cabello
Me polveé la cara
Y entre mis entrañas
Siempre resonaba la misma palabra
¡Negra! ¡Negra! ¡Negra! ¡Negra!
¡Negra! ¡Negra! ¡Neeegra!

Hasta que un día, que retrocedía, retrocedía, y que iba a caer
¡Negra! ¡Negra! ¡Negra! ¡Negra!
¡Negra! ¡Negra! ¡Negra! ¡Negra!
¡Negra! ¡Negra! ¡Negra! ¡Negra!
¡Negra! ¡Negra! ¡Neeegra!

¿Y qué?
¡Negra!
Sí
¡Negra!
Soy
¡Negra!
Negra
¡Negra!
Negra soy
¡Negra!
Sí
¡Negra!
Soy
¡Negra!
Negra
¡Negra!
Negra soy
De hoy en adelante, no quiero
Laciar mi cabello
No quiero
Y voy a reírme de aquellos
Que por evitar —según ellos—
Que por evitarnos algún sinsabor
Llaman a los negros gente de color

¿Y de qué color?
¡Negro!
¡Y qué lindo suena!
¡Negro!
¡Y qué ritmo tiene!
Negro, negro, negro, negro
Negro, negro, negro, negro
Negro, negro, negro, negro
Negro, negro, negro
Al fin
Al fin comprendí
Al fin
Ya no retrocedo
Al fin
Y avanzo segura
Al fin
Avanzo y espero
Al fin
Y bendigo al cielo porque quiso Dios
Que negro azabache fuese mi color
Y ya comprendí
Al fin
Ya tengo la llave
Negro, negro, negro, negro
Negro, negro, negro, negro
Negro, negro, negro, negro
Negro, negro
Negra soy.

Del sueño americano al capitalismo woke

En 2002, el documental *El siglo del yo*, producido por Adam Curtis para la BBC, desnudó las raíces de la cultura de consumo y el egocentrismo exacerbado que definen al siglo XX. A través del psicoanálisis de Sigmund Freud y su adaptación por Edward Bernays, se reveló cómo la manipulación emocional fue convertida en una herramienta para moldear no solo el consumo, sino también la política y la cultura.

Bernays, considerado el padre de las relaciones públicas, llevó las ideas de Freud a un nuevo terreno: la venta de aspiraciones y deseos. Las personas ya no eran clientes racionales, eran subconscientes moldeables. Los productos cotidianos se transformaron en vehículos de identidad. Después de la Segunda Guerra Mundial, se transitó de una sociedad basada en el civismo a una orientada al consumo. La promesa de «satisfacción personal» mediante productos se usó como mecanismo para estabilizar el orden social.

Las mismas técnicas se aplicaron a la política. En lugar de discursos centrados en problemas sociales, los líderes empezaron a ofrecer soluciones a deseos individuales, moldeando votantes como consumidores de un mercado de emociones. Curtis no se contentaba con culpar al capitalismo como muchos críticos sociales. Señalaba hacia los propios ciudadanos y al deseo humano, que, lejos de ser una fuerza de emancipación, a menudo se convierte en su propio carcelero. «Cuidado con lo que deseas».

En las décadas de 1960 y 1970, las estructuras sociales occidentales comenzaron a resquebrajarse. La contracultura irrumpió con fuerza, cuestionando jerarquías familiares, roles de género y expectativas sociales. Movimientos como el feminismo, la lucha por los derechos civiles y los hippies amenazaban con volarlo todo por los aires. La narrativa era seductora: «Sé quien quieras ser», «Vive como quieras vivir». Pero esa rebeldía tiene un lado oscuro, y es la falta de propuestas realistas. Aunque estas ideas aflojaron cadenas —y reforzaron otras problemáticas—, también carecieron de cohesión y dirección. La fragmentación inherente a estos movimientos y la falta de alternativas fueron la grieta por la que el sistema se filtró. No inventó el deseo de «libertad», pero lo empaquetó y lo vendió. La publicidad evolucionó de satisfacer necesidades a prometer un estatus. «Compra este coche y serás único», «Usa esta ropa y demostrarás tu rebeldía», «Haz yoga y alcanzarás la plenitud espiritual». Los ideales fueron transformados en mercancía.

Los movimientos que pretendían desafiar el sistema terminaron reforzándolo. Los hippies, en su rechazo al capitalismo, abrieron mercados para la moda étnica y el consumo alternativo. El feminismo se tradujo en productos que prometían empoderamiento; la espiritualidad, en cursos caros y retiros exclusivos. La rebeldía se institucionalizó en catálogos y tiendas.

El auge del consumismo identitario encajó perfectamente con la política posmoderna que desechó la idea de verdades universales. En su lugar, cada persona podía construir su narrativa y su «verdad». Esta perspectiva legitimó un ombliguismo extremo que el mercado aprovechó para vender identidad en moldes personalizados. El consumo dejó de ser funcional para convertirse en existencial. Ya no comprabas un producto, sino una versión de ti mismo. El sistema se alió con las nuevas estrategias de la izquierda aprovechando a sus nuevos soldados para venderles una simulación de revolución. Si la promesa es ser único, siempre habrá alguien con algo «mejor», algo que desear. La nueva industria de vanidades necesita alimentar el sentimiento de insuficiencia para mantenerse. Pero, a diferencia de los hippies, que fueron asimilados por el sistema, los wokes no solo fueron absorbidos, sino que terminaron convirtiéndose en sus soldados y defensores más acérrimos.

Vivek Ramaswamy, en su libro *Woke, Inc.: Inside the Corporate Social Justice Scam*, señala que la misma lógica que creó el consumismo irracional ha mutado en una forma aún más sofisticada de manipulación: el capitalismo woke. Bernays creía que la democracia era demasiado caótica y peligrosa si las masas actuaban libremente. Para evitar que la opinión pública se volviera ingobernable, debía ser moldeada, dirigida y gestionada. La mejor forma de hacerlo no era a través de la fuerza, sino mediante la persuasión sutil. Así fue como descubrieron que podían manipular a la sociedad diciéndole no qué pensar, sino qué consumir.

Ramaswamy nos muestra que esta manipulación ha evolucionado. Si antes el consumo era la vía para guiar a las masas, hoy lo es la identidad política. El capitalismo woke ha convertido la moral en un producto de mercado, haciendo que la gente compre cosas, pero también ha creado una narrativa con la que definirse. Antes, si querías vender cigarrillos, convencías a las mujeres de que fumar era un acto de liberación y erotismo. Hoy, si quieres vender zapatillas, convences al consumidor de que al usarlas está luchando contra el racismo.

Las corporaciones no abrazaron la justicia social por convicción, sino porque encontraron en ella la forma de venderse mejor. Tanto en la era de Bernays como en la de Ramaswamy, el objetivo final es el mismo: garantizar el poder de las élites con una estrategia diseñada para el momento.

En resumen, en el consumismo clásico (siglo XX), te convencían de que comprar más te haría feliz. Se manipulaban tus deseos para que asociaras productos con estatus y éxito. La democracia se controlaba a través del materialismo.

En el capitalismo woke (siglo XXI), te convencen de que consumir ciertos productos o adoptar ciertas posturas ideológicas te hace una mejor persona (estatus). Se manipulan tus valores morales para que creas que apoyando ciertas marcas o discursos estás cambiando el mundo. La democracia se controla a través de la identidad y la polarización.

El capitalismo consumista mantuvo a la gente ocupada trabajando para gastar en bienes innecesarios con fecha de caducidad. El capitalismo woke la mantiene ocupada peleando guerras culturales irrelevantes. En ambos casos, las élites siguen acumulando más poder mientras la población se fragmenta, creyendo que está ejerciendo su autonomía.

Si Bernays fue el arquitecto de la publicidad emocional, las Big Tech han perfeccionado su legado con la personalización algorítmica. Las redes sociales no solo venden productos, sino que ahora diseñan la realidad de cada usuario ofreciendo contenido que refuerce sus posiciones políticas, moldeando consumidores ideológicos perfectamente segmentados y listos para reaccionar ante el estímulo correcto. Las empresas no necesitan que pienses, solo que reacciones. Que compres, que tuitees, que denuncies, que señales, que canceles. Porque, mientras lo haces, siguen acumulando más control y más riqueza bajo la protección de una imagen impecablemente moral. Como en la época de Bernays, la clave sigue siendo la misma: que las masas crean que son libres cuando en realidad solo están cambiando de correa.

Hubo un tiempo en que las empresas simplemente vendían productos y servicios. Su función era clara: generar beneficios, crear empleo, innovar y contribuir a la economía. Hoy no basta con que una empresa sea rentable: debe tener una postura política, una misión ideológica, un compromiso público con las causas correctas. Apple, como muchas otras, apoya abiertamente los derechos LGTBIQ+ en Occidente, pero no tiene problemas en adaptar sus productos y censurar contenidos en China para no incomodar al Partido Comunista. En este sistema, el compromiso con la justicia social no es más que una estrategia de marketing, un escudo de relaciones públicas diseñado para blindarse de críticas legítimas.

Todo esto desemboca en un sistema híbrido: un capitalismo intervenido que pierde su dinamismo y un estatismo con apariencia de bienestar que solo alimenta la dependencia, mientras una cultura posmoderna, obsesionada con el hedonismo y el consumismo, arrasa con valores como el esfuerzo, la responsabilidad y el ahorro, y elimina toda noción de sentido y trascendencia. Todo se viste con la falsa bandera de proteger a los vulnerables, a las minorías y a los oprimidos, pero en realidad los encadena, debilitando las bases de una sociedad que, en lugar de avanzar, se desmorona bajo el peso de su propia incoherencia. El ciudadano acaba por convertirse en un producto más que se vende en el escaparate social y acaba consumido por su propia imagen.

> Ya no se trata de imitación, ni de parodia. Es una sustitución de lo real por los signos de lo real.
>
> JEAN BAUDRILLARD

Pero cuando parecía que el capitalismo woke tenía la sartén por el mango, la llegada de Donald Trump trajo al poder vientos de cambio y forjó nuevas alianzas entre el poder político y el económico, esta vez con un trasfondo diferente. Lo irónico es que, solo cuando las Big Tech dejaron de alinearse exclusivamente con la izquierda, los progresistas descubrieron la amenaza del «tecnofeudalismo».

Cuando las mismas plataformas que habían servido para banear a periodistas conservadores, bloquear información inapropiada y silenciar a opositores comenzaron a cambiar sus políticas, la izquierda se llevó las manos a la cabeza.

Ahora sí, de repente, la combinación de poder político y empresarial les parecía preocupante. Ahora sí había un problema con la acumulación de influencia en Silicon Valley. Ahora sí se daban cuenta de que las grandes corporaciones podían moldear la opinión pública a su antojo. Lo que durante años fue una responsabilidad corporativa, de pronto era un ataque contra la democracia. Lo que antes llamaban «moderación» ahora se convertía en represión.

El discurso cambió de la noche a la mañana: quienes habían defendido la justicia social como un estándar para decidir qué contenido podía publicarse ahora se presentaban como víctimas de una maquinaria de control que ellos mismos habían celebrado.

Durante años, los progresistas vieron con buenos ojos cómo las empresas tecnológicas marginaban a voces conservadoras, censuraban discursos incómodos y borraban cuentas que desafiaban las nuevas narrativas dominantes. No importaba que estos gigantes acumularan un poder sin precedentes sobre el debate público porque, en ese momento, estaban «del lado correcto de la historia».

Sin embargo, cuando Trump asumió el poder y Elon Musk compró Twitter (ahora X), las grandes tecnológicas entraron en crisis. El pacto woke dejó de ser rentable y los CEO de Silicon Valley tuvieron que recalibrar su estrategia. Las mismas empresas que antes habían operado como aliadas del progresismo comenzaron a sentir la presión del nuevo clima político. Y en un movimiento sorprendentemente oportunista, empezaron a cambiar de bando.

De repente, Facebook, X y Google, que durante la era Obama habían sido guardianes del progresismo digital, se encontraron entre la espada y la pared. Trump y sus aliados denunciaban su sesgo ideológico, mientras sus propios trabajadores y usuarios progresistas esperaban que siguieran funcionando como árbitros del discurso público. La jugada corporativa fue clara: no podían seguir justificando la censura solo contra un bando sin exponerse a represalias políticas. Así que decidieron presentarse como víctimas de una presión inaguantable.

En enero de 2025, Mark Zuckerberg, CEO de Meta, anunció un cambio significativo en las políticas de contenido de Facebook e Instagram. Decidió eliminar el programa de verificación de datos de terceros, argumentando que estos verificadores habían mostrado sesgos políticos que minaban la confianza de los usuarios. En su lugar, ha implementado un sistema de «notas comunitarias», similar al utilizado por la plataforma X, con el objetivo de restaurar la libertad de expresión en sus plataformas.

Y así, los magnates de la tecnología empezaron a quejarse de la misma maquinaria de censura que ellos mismos habían ayudado a construir. Mientras, la izquierda pataleaba porque el poder excesivo de las corporaciones había dejado de ser exclusivo de su bando. El producto estrella del consumo identitario comenzaba a ser la gorra de MAGA (*Make America Great Again*) o MEGA (*Make Europe Great Again*).

Aunque estas coaliciones aparentan apoyarse en cimientos firmes, la relación entre Trump y las grandes empresas no inspira la confianza esperada: las guerras arancelarias y las disputas mediáticas entre Musk y el presidente evidencian las tensiones internas. En estas circunstancias, el timón cultural parece navegar a la deriva, sin un liderazgo claro que articule un relato coherente ni propuestas sólidas que orienten el debate público hacia un horizonte definido.

«Dios ha muerto». Nacen las religiones seculares

A medida que la tradición religiosa se desligaba de la política y el pensamiento moderno se atrevía a cuestionarla, emergieron nuevas formas de culto tan subversivas como sofisticadas. La construcción filosófica del Estado, impulsada por las convulsiones ideológicas tras la Revolución francesa, transformó al hombre en su propio objeto de veneración, erigiendo la política en el altar sagrado de una fe naciente. Surgieron utopías ideológicas que pretendían transfigurar al ser humano, forjando un «hombre nuevo» que, impulsado por el progreso y la razón, aspiraba a erradicar las sombras inherentes a la existencia.

Como bien señala Emilio Gentile, «la decadencia de la supremacía de las religiones tradicionales y la laicización de la sociedad y del Estado llevaron, como el racionalismo laico y cientificista preveía, a una paulatina desaparición de lo "sagrado" de la vida colectiva. En cambio, se produjo una transfusión de lo "sagrado" hacia los movimientos políticos de masas, dando vida a nuevas religiones seculares». Una metamorfosis en la que lo trascendental se transmutó en lo terrenal. Así, la creación del Estado y su separación de las instituciones religiosas consagraron a la política como la nueva deidad: ritos, símbolos y liturgias se congregaban en torno a ella, y líderes carismáticos manipulaban las pasiones para moldear al individuo a imagen de un ideal que, irónicamente, materializaba sus peores vicios.

Según Dalmacio Negro, las ideologías revolucionarias se distinguieron por un sentido prometeico que concentraba sus esfuerzos en la construcción tangible de una utopía: la imagen gnóstica de la perfección política. La influencia de las religiones ateas, impregnadas de un aura gnóstica, se manifestaba en la creencia de que el mundo era inherentemente imperfecto y que la ciencia y el conocimiento eran la llave para redimirlo. Así, se cimentaron las bases de una misión salvífica en la que el hombre se erigía como artífice del bien, definiendo el mal en términos absolutos para, en teoría, erradicarlo. Bajo la sombra del omnipotente Leviatán de Hobbes o en el seno de la comunidad igualitaria de Rousseau, la política se destinaba a la consecución de una felicidad plena.

León Trotski expresaba con contundencia: «La especie humana, el perezoso *Homo sapiens*, ingresará otra vez en la etapa de la reconstrucción radical y se convertirá en sus propias manos en el objeto de los más complejos métodos de la selección artificial... El hombre logrará su meta para crear un tipo sociobiológico superior, un superhombre». En la Unión Soviética, este ideal se tradujo en el arquetipo del hombre nuevo: altruista, trabajador y empático, comprometido en una lucha sin cuartel contra el egoísmo que, según se decía, corroía las sociedades capitalistas.

Por otro lado, el proyecto fascista delineaba un hombre fuerte, viril y devoto a su patria, un soldado austero y creador que se erigía en antítesis del decadente burgués. Dentro del paradigma organicista, los héroes y mártires se presentaban como la prefiguración de un futuro ideal, donde el sacrificio individual se subordinaba al bien colectivo y se instauraban las virtudes del servicio y la camaradería.

Tal como apunta Dalmacio Negro, en el nacionalsocialismo la idea del hombre nuevo se nutrió de antecedentes alemanes y movimientos juveniles que, tras la Gran Guerra, encarnaron la fe mesiánica en una juventud portadora de esperanza y transformación. En este escenario, la exaltación de una supuesta raza superior desembocó en políticas de exterminio, darwinismo social y eugenesia, donde la religión política impuso un catecismo intransigente y rechazó cualquier convivencia con alternativas ideológicas.

El denominador común de todas estas doctrinas totalitarias era el desprecio hacia aquel que osara cuestionar la imposición del régimen. El individuo disidente era tachado de egoísta y burgués, justificación que, en la mente tanto de los opresores como de sus seguidores, legitimaba actos extremos, llegando incluso al asesinato. Así, estas religiones ideológicas, lejos de erigir un cielo utópico en la tierra, desembocaron en los abismos más oscuros de una humanidad que se había convertido en objeto de su propia adoración.

Cada vez son más los que coinciden en calificar el fenómeno woke como una religión política, y a sus guerreros como su proyecto de hombre nuevo. Para muchos pensadores críticos, su ADN está enraizado en el tronco del protestantismo. Los reformadores protestantes, al despojar a la fe de su grandilocuencia sacramental, la trasladaron al ámbito de la conciencia individual. En ese proceso, la salvación dejó de depender de sacerdotes o rituales, convirtiéndose en una cuestión de dogma personal y de una continua reinterpretación de «lo correcto». De este modo, se siembra el germen de un moralismo absoluto que, a lo largo de los siglos, ha evolucionado hacia nuevas y sorprendentes manifestaciones de puritanismo secular.

El woke no se postra ante Dios, pero sí ante la justicia social dogmática. No predica la salvación de las almas, sino la redención a través del activismo y la deconstrucción. Las universidades y redes sociales son sus púlpitos; los linchamientos digitales, sus inquisiciones. Quien no se confiese, quien no se arrodille ante sus dogmas, es un hereje del siglo XXI, excomulgado no con fuego, sino con el ostracismo y la censura.

El calvinismo, con su lógica de los «elegidos», encuentra su eco en la élite woke, que divide el mundo entre iluminados y pecadores sociales. La obsesión protestante por la culpa se ha transformado en la autoflagelación colectiva de Occidente, donde el privilegio es el nuevo pecado original, y la única forma de expiación es una vida de penitencia política que no admite perdón.

La pseudorreligión woke se presenta como un cóctel que fusiona el pensamiento posmoderno con una izquierda asimilada y puesta en defensa del sistema. Es, también, un hijo bastardo de la Reforma: un dogma sin Dios, una inquisición sin redención, un puritanismo que no ofrece cielos, solo infiernos. A través de su implacable proceso de deconstrucción, amenaza con derribar los antiguos diques que separan la naturaleza, en su faceta más caótica y salvaje, de la civilización, impulsando un retroceso hacia la superstición, la sinrazón y el pensamiento mágico.

3

Del *puer aeternus* al nuevo hombre woke

Deconstrucción o autodestrucción

Como ya hemos expuesto, la secta woke se erige en una especie de tribunal moral que exige una purificación radical de nuestro «pecado original». Su mandato es claro y vehemente: debemos desmantelar, pieza por pieza, los privilegios que nos han conferido una posición de superioridad en la jerarquía social. Para ello, se nos convoca a una introspección minuciosa, a revisar con rigor nuestros prejuicios, creencias y comportamientos heredados, aquellos que han contribuido a consolidar una identidad opresora. El objetivo último es liberarnos de un yo que, por su propia naturaleza, perpetúa la desigualdad, en aras de alcanzar una igualdad total.

Esta propuesta, que recuerda en parte a las prácticas de la meditación trascendental en su invitación a explorar el yo interior, difiere sustancialmente de las escuelas de yoga y otras tradiciones espirituales. Mientras estas últimas nos conducen hacia la consecución de una mente silenciosa, universal o iluminada, el recorrido propuesto por esta corriente no es un camino hacia la realización mística, la trascendencia o lo desconocido, sino un trayecto bien trazado con un destino programado en el que el aprendizaje espontáneo se sacrifica en favor de una rígida agenda ideológica. En este proceso de deconstrucción, se establece un rumbo inapelable: desvincularnos de todo aquello que se considera intrínsecamente maligno para ser, en última instancia, reprogramados conforme a una ideología que se presenta como la única vía hacia la emancipación social. La deconstrucción se convierte en una suerte de lavado de cerebro y reprogramación totalitaria, el *fast food* de cualquier introspección auténtica o búsqueda interior.

Igualitarismo disolvente: la masa como medida

La deconstrucción persigue como objetivo una homogeneización social radical, fundamentada en los principios del pluralismo, el multiculturalismo y el igualitarismo. En su forma ideal, esta corriente aspira a tratar con respeto y compasión toda forma de pensamiento divergente o preexistente. Sin embargo, este ideal igualitario, llevado a su máxima expresión, incurre en una contradicción fundamental: al presentarse como una postura neutral, omite reconocer su propia singularidad, siendo en realidad el resultado de un complejo proceso de transformación cultural e histórica.

El igualitarismo radical, en su afán por evitar cualquier juicio de valor, llega a rechazar de manera activa las estructuras que le dieron origen. La mentalidad posmoderna, producto de un desarrollo social y filosófico específico, se distancia de sus raíces para criticarlas desde una presunta superioridad moral. Bajo esta lógica, se promueve que cada corriente de pensamiento se exprese con libertad, sin importar si sus planteamientos son superficiales, egocéntricos o incluso destructivos. La premisa de que ninguna postura es intrínsecamente superior genera una contradicción ineludible: si todas las perspectivas han de ser aceptadas por igual, ¿por qué se excluyen ideologías como el supremacismo racial del universo ideal multicultural? La negativa a establecer jerarquías de valores revela, así, sus propios límites.

Una cultura en la que todo es válido y ninguna idea es susceptible de evaluación crítica se distancia de la noción de una comunidad verdaderamente integrada y armoniosa y se convierte en un peligro. En su intento de ser inclusivo hasta el extremo, opta por demonizar cualquier intento de orden o jerarquía. De este modo, en lugar de construir un mundo más justo y equilibrado, termina atrapado en su propia paradoja: una doctrina que proclama la igualdad universal, pero que, carente de principios sólidos, se vuelve incapaz de defenderse incluso a sí misma.

La noción de igualdad es, sin duda, una de las ideas más debatidas a lo largo de la historia. Desde la Ilustración hasta los movimientos contemporáneos, la búsqueda de la igualdad ha representado un ideal constante. Sin embargo, cabe preguntarse: ¿es realmente deseable alcanzar una igualdad absoluta? Desde una perspectiva crítica, la respuesta parece inclinarse hacia lo negativo. La naturaleza es inherentemente desigual, y los seres humanos, por su diversidad, se complementan unos a otros; son esas diferencias las que permiten el funcionamiento orgánico de la sociedad y de la vida.

El ideal de una igualdad radical, en la que todos posean exactamente las mismas habilidades, atributos y recompensas, resulta ingenuo al ignorar la complejidad de la realidad humana. José Ortega y Gasset sostenía que la «rebelión de las masas» es, en esencia, una insurrección igualitarista destinada a derribar cualquier forma de excelencia o jerarquía natural, un impulso que brota del resentimiento y que prefiere aplanar las diferencias en lugar de celebrarlas. De manera similar, Juan de Mariana afirmaba que «las diferencias naturales entre los hombres son el fundamento de la sociedad» y que pretender igualar lo intrínsecamente desigual no solo constituye un error, sino que socava cualquier proyecto humano.

Además, la pretensión de alcanzar una igualdad absoluta no solo es indeseable, sino también impracticable: si se aspira a homogeneizar por completo las capacidades y talentos que permiten a ciertos individuos destacar —la creatividad, el esfuerzo, la audacia o el ingenio—, se desactiva el principal motor de la innovación y el progreso colectivo. Al eliminar las diferencias que motivan la superación personal, se socava el sistema de incentivos que impulsa el descubrimiento de nuevas ideas, el emprendimiento y la excelencia profesional. En ese escenario, la sociedad se empobrece no solo en términos de recursos y bienes, sino en creatividad y diversidad de perspectivas, elementos imprescindibles para afrontar retos complejos y evolucionar.

Alexis de Tocqueville advertía de que un afán desmedido por la igualdad absoluta podía significar el sacrificio de la libertad: «La pasión por la igualdad extrema puede llevar a los hombres a preferir la igualdad en la servidumbre a la desigualdad en la libertad». En este sentido, es preferible aspirar a la igualdad ante la ley y a una economía estable que brinde a cada persona la oportunidad de desarrollar su máximo potencial, sin interferencias externas. El problema no es la desigualdad en sí, sino la escasez y la injusticia.

La justicia reside en tratar a todos con equidad y en permitir que cada individuo desarrolle sus propias capacidades sin que un ideal igualitarista pretenda homogeneizar lo que, por naturaleza, es diverso y complementario.

La deconstrucción, en su afán de derribar las estructuras que han sostenido las sociedades civilizadas, parece amenazar la verdadera diversidad humana y las creaciones culturales que de ellas emergen. Sus defensores aspiran a desmantelar los pilares que, según ellos, perpetúan el sufrimiento a través de la desigualdad con la esperanza de alcanzar un estado natural y luminoso en el que la libertad se manifieste sin ataduras. Esta visión, sin embargo, resulta tan ingenua como la de aquellos ilustrados que confiaban ciegamente en la razón para erradicar la ignorancia humana, culpando a la religión de todos los males.

Ningún mecanismo externo, ni tecnología ni método ideológico, puede materializar un cielo perfecto terrenal. La historia del pensamiento y la evolución de las sociedades es un proceso complejo y experiencial que nos lleva desde el caos de las primeras organizaciones tribales, pasando por las teocracias y dictaduras, hasta el orden relativamente amplio y compartido de las democracias occidentales. Estas últimas, antes de autodenominarse «enfermedades autoinmunes», fueron capaces de articular valores esenciales que permitieron a cada vez más personas diferentes convivir en relativa armonía.

La propuesta de la deconstrucción, al intentar demoler de

forma paulatina estas estructuras, busca alcanzar un estado «natural» que, irónicamente, no es más que el punto de partida: un terreno caótico y violento en el que las viejas formas volverían a emerger. En lugar de conducirnos hacia una verdadera liberación, esta apuesta radical corre el riesgo de despojar a la sociedad de sus cimientos históricos y culturales, olvidando que la evolución social es un proceso de transformación continua en el que cada estructura, por imperfecta que sea, contribuye a un nuevo entramado complejo y dinámico de convivencia.

Así, el error radica en creer que, eliminando las estructuras existentes, se conseguirá la libertad absoluta. La experiencia nos muestra que el progreso humano se forja precisamente en el diálogo entre el orden y el caos, en el reconocimiento de las diferencias y en el esfuerzo individual y colectivo por transformar lo imperfecto en algo mejor. La verdadera libertad y diversidad no emergen de la erradicación total de los pilares del orden social, sino de su constante revisión y adaptación, sin caer en la tentación de un regreso al estado natural.

La historia evidencia que los nacionalismos identitarios han sido caldo de cultivo para guerras y crueldades impensables. Pero sin un amor genuino por la patria, la familia y por aquello que palpita en nuestra realidad tangible —sin raíces ni valores transmitidos por la herencia y la experiencia de nuestros mayores—, nos convertimos en hojas al viento. Creemos liberarnos de condicionamientos al desvincularnos de la comunidad y sus particularidades, pero en realidad nos aislamos, volviéndonos vulnerables y susceptibles a las narrativas impuestas desde el poder actual, esa factoría de identidades del posmodernismo. Tratamos de deconstruirnos para construir a un ser neurotizado contra sí mismo que lucha contra fantasmas en lugar de alcanzar la serenidad.

Nuestra mente, con su tendencia dual a diseccionar y clasificar la realidad, recurre a procesos secuenciales que separan lo correcto de lo incorrecto sin tener en cuenta los grises. Si la religión, a través de sus instituciones, ha causado dolor, la descartamos; si las identidades nacionales nos han vuelto egoístas y fanáticos, las rechazamos; si la ciencia y la razón han conducido a la autodestrucción, también las menospreciamos; si las relaciones amorosas nos hacen daño, mejor estar solos; y si la tecnología encierra el riesgo de aniquilar el planeta y al propio ser humano, quedará fuera de consideración. El problema, por tanto, no radica en la espiritualidad, la razón, la ciencia, la tecnología, el amor o el patriotismo en sí, sino en la ignorancia con la que manejamos estos temas, la cual genera sufrimiento.

En lugar de señalar con el dedo inquisidor hacia el exterior, es imperativo mirar hacia dentro, indagar en lo que yace en la base del ser humano. Solo dejando de buscar chivos expiatorios y evasivas podremos avanzar en nuestro entendimiento. No hay nada que deconstruir; lo que realmente necesitamos es resignificar. Debemos devolver el verdadero sentido a aquellas cosas que fueron injustamente juzgadas y descartadas bajo la mentalidad posmoderna pero que en su esencia nos acercaban a lo bello y lo verdadero. Es necesario rescatar de los escombros aquello que quedó relegado y devolverle su lugar legítimo como saberes y aspectos fundamentales del ser humano que no pueden ser eliminados sin dejarnos mutilados e incompletos.

El arquetipo del niño eterno

Parafraseando a Nietzsche, podríamos decir que se acerca el tiempo del hombre más despreciable: aquel que ya no puede despreciarse a sí mismo. Su raza es tan inerradicable como el escarabajo pulga. El último hombre vive más tiempo. «Hemos inventado la felicidad», dice, y parpadea. El último hombre ha ajustado sus estándares tan hacia abajo que pueden ser cumplidos fácilmente. Se enfoca en esta vida, pero en los valores más bajos. Su cultura es la del entretenimiento, la peor forma de la condición nihilista. Sin embargo, lo que es nihilista acerca del último hombre no es ni la desesperación ni la desorientación, es más bien su incapacidad para apreciar y comprometerse con los valores más importantes. Parpadea ante la estrella y no ve nada. Se contenta con la felicidad escasa que ha inventado y carece de metas superiores dignas.

Sin guía ética, sin una identidad clara ni un propósito definido, el hombre posmoderno parece retroceder a un estado casi infrahumano. Se ahoga en ofensas inventadas y amenazas artificiales mientras se muestra incapaz de enfrentarse a las verdaderas crisis que acechan tras la comodidad de su burbuja digital: la miseria, la muerte, la guerra, la corrupción, el choque con culturas embrutecidas y la escasez. Se distrae en batallas simbólicas mientras la realidad, implacable y despiadada, sigue su curso, amenazando con arrasar lo poco que quede de una existencia desprovista de fundamento.

En el contexto del análisis del hombre posmoderno, es fundamental entender el arquetipo del *puer aeternus*, el tipo de hombre infantil de la modernidad que le precede, descrito por Marie-Louise von Franz, ya que encarna muchas de las características que definen al individuo que no logra trascender la superficialidad y la inmadurez en la que se ve atrapado. En su obra, Von Franz disecciona a este «niño eterno» que, atrapado en su paraíso infantil, evita a toda costa asumir la responsabilidad y el peso de la existencia adulta.

El *puer aeternus*, que en su esencia representa la negación del crecimiento, refleja a ese adulto que se aferra a un idealismo inmaduro y a una vida sin compromisos. Es el individuo que se niega a abandonar los juegos y las fantasías de la infancia porque, en el fondo, teme el dolor, la pérdida y la frustración que acompañan a la vida real. Es el que vive en una burbuja de potencialidad, evitando la incomodidad del riesgo, el fracaso y las decisiones definitivas. Este hombre aniñado se refugia en una constante fuga de la realidad construyendo una vida de evasiones y excusas. Prefiere imaginar lo que podría ser antes que enfrentarse a lo que es. La vida se convierte en una eterna promesa de algo que nunca llega. El compromiso es un enemigo. La disciplina, una amenaza. El sacrificio, un absurdo. El *puer* vive en un eterno presente estéril donde la búsqueda de placer inmediato y la evitación del dolor son las únicas reglas del juego. Y no es que no tenga ideales: los tiene, pero son del tipo que nunca aterrizan, que siempre quedan flotando en la niebla de lo posible.

Von Franz explica que este idealismo extremo es en realidad una trampa, un mecanismo de defensa contra la confrontación con los propios límites y la propia finitud. Es un perfeccionismo paralizante que, bajo su fachada de nobleza, esconde una cobardía visceral. No se trata de aspirar a lo mejor, sino de evitar cualquier cosa que implique la posibilidad de fallar. Para el *puer aeternus*, cualquier forma de vínculo profundo o de proyecto significativo es visto como una amenaza a su libertad. Pero esa libertad es una ilusión vacía, una trampa que lo mantiene flotando; sin raíces ni profundidad, y sin compromiso no hay crecimiento, solo estancamiento.

La sombra del *puer* es la superficialidad disfrazada de encanto, el narcisismo enmascarado de sensibilidad, la incapacidad de encarar la dureza de la vida bajo la excusa de un alma delicada. En última instancia, es una existencia marcada por una constante sensación de incompletitud.

Von Franz plantea que el camino hacia la madurez pasa por integrar el arquetipo del *senex*, el anciano sabio que aporta responsabilidad, disciplina y conexión con la realidad concreta. No se trata de reprimir al *puer*, sino de equilibrarlo con una visión adulta que permita asumir los desafíos de la vida sin renunciar a la creatividad y la pasión. Sin embargo, el hombre nuevo woke ha exiliado la figura del sabio de la realidad. La sabiduría, que conecta con las certezas del pasado y con un conocimiento enraizado en la experiencia, es vista como un lastre obsoleto, algo que debe ser demolido. Lo que queda es un culto a lo inmediato, a lo que aún no ha sido «contaminado» por lo tradicional, lo racional o cualquier estructura que huela a poder. En este nuevo mundo vaporoso, lo efímero es rey, lo volátil es norma, y lo sólido está prohibido.

El adulto de hoy no quiere crecer, prefiere aferrarse a la obsesión por la juventud, la belleza artificial y la superficialidad. Vive creando una falsa autoimagen digital que proyecta como si fuera verdad. Se construye a sí mismo como un personaje dependiente del *feedback* constante de desconocidos. Vive atrapado en un ciclo de aprobación, una versión moderna del mito de Narciso con un teléfono en la mano. Nadie quiere celebrar sus ritos de paso, porque asumir la madurez y sus sombras implica un esfuerzo que va contra el placer inmediato. Nos hemos enamorado de nuestro reflejo digital, de la idea de un yo que no existe fuera de la pantalla. Seguimos ahí, flotando en el lago de Narciso, hipnotizados por nuestra propia imagen, dejándonos la vida en horas de infinito *scroll* por las aplicaciones mientras creemos estar más vivos que nunca.

La verdadera libertad no radica en escapar del compromiso, sino en encontrar significado en los vínculos, en el trabajo y en los proyectos que construimos. Solo así se puede trascender la trampa del niño eterno y alcanzar una vida auténtica. La madurez, lejos de ser una prisión, es el terreno donde florecen la plenitud y la verdadera libertad, pero este nuevo hombre en deconstrucción toma al niño eterno y, marchando en dirección contraria, lo lleva hasta su disolución total.

4

Entre la urna y la hoguera

El hereje contemporáneo

Toda inquisición necesita herejes, por lo que avivar la división, destruir los consensos y alimentar el enfrentamiento se vuelve fundamental hasta que el bando dominante someta al disidente. Para quienes no conciben la posibilidad de equivocarse ni toleran visiones políticas distintas, la alternancia democrática no es una opción válida. Recientemente, unos audios revelaron el amaño de las primarias del PSOE para asegurar la elección de Pedro Sánchez. Pero, al parecer, lo importante no es que se respeten las reglas democráticas, sino que salga elegido el candidato dispuesto a cumplir con el objetivo ideológico «correcto». Así se socava un sistema que, con todas sus imperfecciones, había logrado garantizar periodos de paz y estabilidad sin precedentes. Pedro Sánchez, tras pedir perdón por los múltiples casos de corrupción que salpican a su partido —y a su entorno familiar—, afirmó que no dimitiría porque la única alternativa a la corrupción del PSOE sería un

Gobierno de ultraderecha. Como si la democracia fuera tolerable solo mientras la gestione su propio partido. La «democracia posmoderna» tiene estas cosas: que se define por los sentimientos del representante progresista.

La dinámica de crear «enemigos internos» para consolidar el poder no es exclusiva de regímenes autoritarios del pasado; también se filtra en democracias maduras cuando la polarización se convierte en herramienta política. Un ejemplo fundacional de Estados Unidos ilustra lo contrario: el Compromiso de 1787, donde federalistas y antifederalistas, pese a sus divergencias radicales sobre el poder central, pactaron una Constitución que integraba ambas visiones. Este espíritu de negociación —reforzado por la Carta de Derechos (1791)— permitió cohesionar a las colonias independientes, evitando una fragmentación violenta y sentando las bases de una estabilidad política que, con altibajos, perduró siglos. Como señaló el historiador Gordon S. Wood, fue la aceptación del disenso, no su represión, lo que convirtió a Estados Unidos en un experimento democrático exitoso.

Sin embargo, cuando la polarización se alimenta de purismos ideológicos, el riesgo de fractura resurge. El reciente caso de la crisis del 6 de enero de 2021, donde la retórica de «nosotros contra ellos», amplificada por teorías conspirativas y el hartazgo de parte de la sociedad por el constante linchamiento al discrepante, llevó a un asalto violento al Capitolio. Este episodio, lejos de ser una anomalía, refleja un patrón: según un estudio de Pew Research Center (2022), el 65 por ciento de los estadounidenses considera que el otro partido no solo está equivocado, sino que «amenaza el país». Esta lógica maniquea, que niega legitimidad al adversario, replica el guerracivilismo de épocas oscuras.

La polarización política en Estados Unidos no es un fenómeno reciente: sus raíces se remontan a la década de 1970, cuando la política y el marketing consolidaron una relación que transformó por completo el panorama partidista y los antiguos partidos, que solían dividirse en tendencias ideológicas vinculadas a problemas reales, y fueron reemplazados por los bloques identitarios cimentados en estilos de vida. Con el tiempo, esta fragmentación se ha intensificado, y en los últimos años los votantes han dejado de compartir posturas de ambos bandos para adoptar paquetes ideológicos completos, sin matices ni espacio para el disenso interno.

El impacto de esta radicalización es evidente. Una encuesta de The Associated Press-NORC reveló que aproximadamente cuatro de cada diez votantes registrados están «extremadamente preocupados» o «muy preocupados» por intentos violentos de anular los resultados electorales, lo que refleja la creciente fragilidad de la democracia estadounidense. Según datos presentados en el vídeo de VisualPolitik titulado «¿Por qué USA está más POLARIZADO que NUNCA?», el 43 por ciento de los votantes republicanos considera que los demócratas son una amenaza para la nación, mientras que el 37 por ciento de los demócratas piensan lo mismo de los republicanos. Hace apenas unas décadas, estos niveles de animosidad eran mucho menores.

Esta división no solo amenaza la convivencia social, sino que ha derivado en episodios de violencia sin precedentes. Lo que comenzó con incendios en redes sociales terminó con incendios en las calles. Las tensiones han aumentado hasta el punto de que las batallas políticas han provocado disturbios y se han cometido asesinatos entre civiles. Durante las protestas que siguieron a la muerte de George Floyd en mayo de 2020, se registraron al menos treinta fallecimientos hasta el 5 de julio de ese año, de los cuales veintiséis fueron por heridas de bala. Más allá del caos en las calles, este clima de enfrentamiento hace que la toma de decisiones sea cada vez más difícil, obstaculizando la capacidad de los gobiernos para aprobar leyes y alcanzar acuerdos que mantengan el orden social.

El fenómeno se globaliza. La cultura de la cancelación y el activismo identitario radical han derivado en sectarismos que demonizan el diálogo. En lugar de buscar consensos al estilo del movimiento por los derechos civiles de los sesenta —que unió a negros y blancos bajo demandas concretas—, estos activismos contemporáneos priorizan la pureza ideológica. Mientras dichos movimientos civiles buscaban eliminar las políticas identitarias para no ser excluidos por sus características arbitrarias de una sociedad a la que querían pertenecer en igualdad de condiciones, los movimientos woke buscan privilegios por razones de identidad para excluir a otros de una sociedad que detestan.

Esta dinámica no se limita a Estados Unidos. En España, la importación de debates polarizantes —como la revisión ultraideologizada de la memoria histórica o la imposición de lenguajes inclusivos sin consenso social— ha exacerbado divisiones. El Informe del Real Instituto Elcano (2023) alerta de que el 58 por ciento de los españoles percibe que la crispación se ha «contagiado» de narrativas estadounidenses, especialmente entre jóvenes influidos por redes sociales. El resultado es un clima donde se sustituye el debate por la descalificación, allanando el camino a populismos de extremo a extremo.

La historia enseña que las democracias sobreviven cuando canalizan conflictos mediante instituciones, no mediante la aniquilación simbólica del rival. La transición española de 1978 logró poner de acuerdo a franquistas y opositores no negando las diferencias, sino pactando límites. Del mismo modo, el New Deal de Roosevelt (1933) unió a empresarios y sindicatos en una reforma económica sin precedentes. Hoy, sin embargo, la tentación de replicar inquisiciones modernas amenaza con romper ese equilibrio.

Los partidos políticos no buscan ciudadanos críticos, sino votantes leales, aquellos cuya fidelidad sea inquebrantable. Por ello, la polarización no es un obstáculo, sino un objetivo. Existe un fenómeno conocido como «difusión de identidad», en el que el individuo se fusiona tanto con su grupo que su identidad personal se diluye por completo. Impulsado por una inflación heroica al servicio de su tribu política, puede llegar a justificar y ejecutar cualquier acción en su nombre. Solo recuperando la humildad cívica podremos evitar que la paz democrática se convierta en un espejismo. Pero si esto se torna imposible, si el ideal democrático ha sido reducido a una cáscara vacía, entonces no quedará más remedio que enfrentarse a sus carencias de frente.

El simulacro democrático

¿Quieres saber sobre votar? Te voy a hablar sobre votar. Imagina que estás encerrado en un enorme club nocturno subterráneo lleno de pecadores, putas, *freaks* y cosas innombrables que violan pitbulls por diversión. Y no te dejan salir hasta que todos voten sobre qué hacer esa noche. A ti te gusta poner los pies en alto y ver *Republican Party Reservation.* A ellos les gusta tener relaciones con gente normal usando cuchillos, pistolas y órganos sexuales nuevos que ni siquiera sabías que existían. Así que votas por televisión, y todos los demás, hasta donde alcanza tu vista, votan por follarte con navajas. Eso es votar. De nada.

Spider Jerusalem, en *Transmetropolitan*

El mito del votante ilustrado se desploma cuando la democracia, en lugar de servir a ciudadanos responsables, se convierte en el patio de recreo de fanáticos y oportunistas. Autores como Bryan Caplan en *El mito del votante racional* (2007), Axel Kaiser en *La tiranía de la igualdad* (2015) y Jason Brennan en *Contra la democracia* (2016) cuestionan la superioridad de nuestros sistemas democráticos y nos invitan a una reflexión arriesgada y necesaria sobre ello.

Una democracia sin ciudadanos críticos ni principios sólidos degenera en demagogia y decadencia hasta convertirse en una simulación donde el voto es solo un ritual vacío. Si no se hace frente a esta realidad, lo que sigue no será una democracia funcional, sino un teatro político donde la voluntad popular será apenas un decorado para la hegemonía de quienes mejor explotan sus fisuras.

Sin embargo, no basta con señalar los fallos del sistema o celebrar su posible colapso sin una alternativa clara y funcional, pues, caeríamos en la misma trampa del wokismo: la deconstrucción sin reconstrucción, la crítica sin propuesta eficaz, el vacío disfrazado de revolución y el idealismo infantil.

La lucha entre progresismo y conservadurismo ya no es un enfrentamiento ideológico clásico, es una disputa sobre quién maneja mejor la ansiedad posmoderna. Como decía Jean-Yves Camus: «La derecha ya no es la de De Gaulle, ni la izquierda la de Mitterrand». Lo que antes eran posturas definidas sobre la estructura del poder, la economía o el papel del Estado hoy se han convertido en una guerra de percepciones, eslóganes emocionales y narrativas de pertenencia.

El origen de la dicotomía izquierda-derecha fue casi accidental: un reparto de asientos en la Asamblea Nacional durante la Revolución francesa. Pero, con el tiempo, la simplificación se hizo dogma, y ahora, siglos después, seguimos encadenados a una clasificación que ha perdido su significado original. Lo que antes era una disputa entre monárquicos y republicanos, entre tradición y cambio estructural, hoy es una caricatura donde los progresistas se han convertido en predicadores de un nuevo dogma, y los conservadores, en guardianes de un pasado que muchas veces idealizan.

El progresismo moderno, lejos de ser una corriente reformista con una visión clara de futuro, se ha convertido en un ritual de demolición perpetua. La obsesión por derribar estructuras consideradas opresivas lo ha convertido en un movimiento que no solo busca el cambio, sino que lo impone como una necesidad absoluta sin detenerse a evaluar las consecuencias. Todo lo viejo es reaccionario, todo lo tradicional es sospechoso y todo lo que no encaje en su narrativa de «avance» es catalogado como algo que destruir.

Convertir el cambio en un fetiche ha desembocado en una sociedad fragmentada, sin raíces ni sentido de continuidad, donde las instituciones pierden legitimidad y la cultura se reduce a un campo de batalla simbólico. Si el pasado es una herida y el futuro una utopía, el presente se convierte en un caos sin dirección.

Por otro lado, el conservadurismo, cuando se aferra al pasado sin matices, supone otros dilemas. Defender lo establecido por el simple hecho de haber funcionado en épocas anteriores ignora la naturaleza dinámica y cambiante de la sociedad. Un conservadurismo que idealiza modelos anteriores sin reconocer sus limitaciones o errores pragmáticos conduce a un inmovilismo perjudicial, incapaz de adaptarse a realidades más integrales. La historia nos enseña que, aunque algunas estructuras merecen ser defendidas, aferrarse ciegamente a lo conocido puede estancar el crecimiento humano.

La madurez política reside en la capacidad de aplicar, según el contexto, los principios adecuados. No se trata de adoptar una postura dogmática, sino de reconocer que el cambio y la estabilidad son complementarios y, en ocasiones, interdependientes. La política, hoy más que nunca, se configura como un escenario donde las narrativas emocionales predominan sobre los debates sustantivos. El problema no es que izquierda y derecha hayan muerto, sino que ya no sabemos qué entierran.

En la actualidad, la mayoría de los ciudadanos no elige ideologías por conocimiento teórico, sino por identificación emocional. El dilema reside en que el significado de estas ideologías ha sido tan distorsionado que ha perdido toda la coherencia. Numerosos estudios en ciencia política —desde los clásicos de Philip Converse en los años sesenta hasta investigaciones más recientes en psicología política y comunicación— muestran que la mayoría de los votantes no maneja con precisión categorías ideológicas como «socialdemocracia» o «liberalismo». Sin embargo, sí responden con claridad a los marcos emocionales que estructuran el discurso: esperanza frente a miedo, inclusión frente a exclusión, progreso frente a reacción (Converse, 1964; Kinder y Sears, 1985; Lakoff, 2004). Es decir, la política ha dejado de ser un debate de ideas para convertirse en una cuestión de estética discursiva.

El ciudadano ya no analiza políticas concretas, sino que elige bandos. La política se ha transformado en un show donde lo que importa no es la verdad, sino la coherencia narrativa dentro de la tribu. Y cuando la lealtad ideológica pesa más que la realidad, el resultado es una sociedad incapaz de corregir su rumbo.

Idealizar el futuro como una promesa ineludible de mejora o denigrar el pasado como un cúmulo de errores es reduccionista. La narrativa del progreso lineal se enfrenta a la complejidad de un tiempo que no es árbitro de lo correcto o incorrecto, sino un escenario en el que cada transformación debe ser evaluada en su propio contexto. El progreso y el conservadurismo no son fuerzas antagónicas irreconciliables, sino elementos de un mismo engranaje que, correctamente entendidos, pueden conducir a una sociedad más equilibrada y consciente de sus raíces. Ser progresista cuando la situación lo exige y conservador cuando la prudencia lo demanda no es una contradicción, sino una estrategia necesaria para evitar caer en los extremos de una modernidad sin brújula o de una convención inmovilista. El pasado no es un cúmulo de errores que superar, ni el futuro una promesa automática de salvación.

Saturados de datos, vacíos de discernimiento

Ya hemos hablado del mito del votante ilustrado, pero en el contexto de una política identitaria y propagandística —que apela más a lo que somos que a lo que debe ser hecho en cada situación—, que el ciudadano tenga conocimiento sobre lo que vota no es suficiente; es más, puede ser un arma de doble filo.

El problema no es la falta de información. Nunca en la historia de la humanidad hemos tenido tanto acceso al conocimiento como ahora. Nunca han existido tantas oportunidades educativas, tantos datos al alcance de cualquiera con un teléfono móvil. Y, sin embargo, el resultado no ha sido un debate más informado y plural, sino una sociedad que tiende cada vez más a la polarización y al guerracivilismo.

La polarización no surge únicamente de la ignorancia, sino del exceso de información procesada de manera sesgada. El posmodernismo, ese parásito intelectual que ha contaminado la cultura contemporánea, no nació en los pueblos ni en los barrios obreros. No es la obra de los incultos, sino de los ilustres ignorantes. Un campesino que gestiona sus propias cuentas, que negocia el precio de su cosecha y que se enfrenta a la cruda realidad del mercado no se traga cualquier farsa. Pero un estudiante de humanidades, que jamás ha pagado un recibo de luz y que ve la historia como una serie de injusticias estructurales que él, desde su iPhone y su manifiesto deconstruccionista, puede resolver, es carne de cañón para la ingeniería ideológica.

El fenómeno no es nuevo, pero sí está más documentado que nunca. Taber y Lodge (2006) realizaron un estudio revelador sobre cómo procesamos la información. Lo llamaron «*motivated reasoning*» y demostraron que el ser humano no analiza los datos de forma neutral: los filtra y acomoda para reforzar lo que ya cree. En otras palabras, no es que la educación nos haga más objetivos, sino que nos vuelve más hábiles en la búsqueda de justificaciones para nuestras creencias previas. Esto explica por qué individuos con mayores conocimientos políticos no tienden a converger en posiciones comunes, sino que, al contrario, muestran mayores niveles de polarización (Kahan, 2013). El problema no es que sepamos más, sino que usamos ese conocimiento como una herramienta de guerra para confirmar nuestras posturas. Y, además, el acceso a la información no es uniforme ni neutro. Las redes sociales y los algoritmos han convertido la información en una mercancía a la carta, diseñada para confirmar en lugar de desafiar. El cara a cara prácticamente desaparece en la era de internet, y nuestra interacción con los otros se estrecha como en una mirilla virtual en la que nadie es del todo real; somos imágenes y texto en una pantalla.

Los estudios de Jern, Chang y Kemp (2014) evidencian cómo diferentes personas pueden analizar la misma información y, en lugar de acercarse a un consenso, terminan en posturas más extremas. Si partes de una premisa distinta a la de otra persona, cada nueva información que consumas reforzará tu marco mental en lugar de hacerte reconsiderarlo. Lo mismo ocurre con el feminismo, la inmigración, la economía o cualquier otro tema de debate público. La información ya no es un terreno común de discusión, sino una trinchera personalizada.

La ciencia misma es víctima de este fenómeno. En lugar de ser una herramienta de descubrimiento, se ha convertido en un comodín que se usa de manera selectiva para validar ciertas agendas y descalificar otras. Si los datos favorecen la narrativa hegemónica, se presentan como pruebas incuestionables. Si la contradicen, se minimizan, se reinterpretan o se atacan las fuentes.

El resultado es una sociedad dividida no por la falta de conocimiento, sino por su manipulación o saturación. El problema no es el acceso o la falta de información, sino el modo en que la procesamos: como una herramienta para ganar debates y dar zascas, no para entender la realidad.

En resumen, el problema no es que la gente no lea, sino que lee solo lo que le da la razón. No es que no se eduque, sino que se educa dentro de burbujas ideológicas donde el cuestionamiento es penalizado y la lealtad ideológica es recompensada. Si el mundo occidental está cada vez más polarizado no es porque la gente sea más ignorante, es porque se le ha enseñado que cambiar de opinión es perder y que reforzar su sesgo es ganar, una enseñanza que algunos no estamos dispuestos a interiorizar, por muy conveniente que le resulte a nuestro ego. Todos tenemos sesgos, es natural, pero en la relación real con los otros emerge una humanidad común y un respeto que prevalecen sobre las ideologías; el refuerzo constante del sesgo es artificial y habla de un desgaste en las relaciones interpersonales. Hace años, casi nadie veía un problema en compartir su vida con una pareja más progresista o conservadora. Hoy, incluso el amor ha quedado relegado a un segundo plano, subordinado a la ideología.

5

La yihad violeta

Tetas

Hace algunos años, postrada en la cama por un dolor muscular que me dejaba como un vegetal, tuve mi primer contacto con el feminismo woke. Decidí explorar Twitter —por aquel entonces aún se llamaba así—, esa aplicación que funciona como un ring de boxeo para adictos a la indignación. Entré en tendencias y ahí estaba: #TetasSinCanones. ¿Cómo resistirse? Me sumergí en un océano de fotos de mujeres preciosas con pechos esculturales que, entre selfis estratégicos, proclamaban que los pechos no deberían ser vistos como algo sexual y que ya estaba bien de juzgar a las mujeres por su apariencia: todas las tetas eran igualmente bellas.

Por lo que sea, todas las tetas del *hashtag* eran fotogénicas, simétricas y dignas de un anuncio de Victoria's Secret. Ninguna fea, ninguna descolgada, ninguna que rompiera el hechizo de ese concurso de belleza disfrazado de revolución. Yo, entre la fascinación y el escepticismo, sentí que mis dedos, como poseídos, comenzaron a tuitear, arrastrados por el oleaje de histeria justiciera.

¿Pretenden que creamos que suben fotos en topless por pura lucha social y no por ese subidón de dopamina que da acumular *likes*? ¿De verdad se están victimizando por ser guapas? El pecho femenino nunca será «como el masculino»: intentar deserotizarlo no tiene nada de empoderante. Los ochenta ya pasaron, podemos mostrar nuestros senos sin que ello resulte una transgresión, pero tampoco podemos pretender que sean inocuos, que no susciten deseo o excitación en quienes los observan, pues, en el fondo, ese es el anhelo secreto de quien los muestra en una red social.

Y no termina ahí el asunto: el Ministerio de Igualdad y el de Cultura han venido entregando subvenciones públicas de forma regular a la ONG TETA&TETA, cuyo objetivo declarado es desexualizar la teta y transformar por completo el ambiente y la mirada social. Como rezan sus propios estatutos: «¡Abajo la TETA NORMATIVA...!», una consigna que pretende despojar de tabú todo atisbo de erotismo, reduciendo el cuerpo femenino a un objeto neutro.

Dicen las feministas que nos arreglamos para nosotras mismas; sin embargo, tras tomarnos una foto, la ansiedad por vernos reflejadas surge de inmediato: «Espera, no la subas, a ver cómo he salido... ¡Ponle un filtro o algo!». Nos arreglamos y maquillamos para reforzar nuestra autoimagen, tanto para nosotras como para el público. Nadie pasa una hora frente al espejo todos los días haciendo una carísima rutina de *skincare* patrocinada por la *influencer* de turno únicamente para sí misma. El negocio de la belleza no acumula millones para que te veas perfecta en tu casa estando en pijama, pero el nivel de manipulación es tan extremo que aquí estamos, teniendo que decir obviedades tomadas por blasfemia.

Rigoberta Bandini canta: «No sé por qué dan tanto miedo nuestras tetas». Las tetas no dan miedo: dan envidia y provocan erecciones inoportunas, entre otras cosas. Como diría Camille Paglia, el pecho femenino es un símbolo de poder erótico tallado a fuego en el imaginario occidental. No es un mero apéndice biológico, sino un arma ancestral que conecta con rituales paganos y mitos de fertilidad. Es la dualidad entre vida y deseo, civilización y primitivismo. Pretender borrar su carga sexual es como querer domar un tornado. El miedo no es a la teta, sino a lo que desata: miradas que se desvían, pulsiones incontrolables, la pérdida de ese *statu quo* donde el deseo se gestiona con discreción. Y, en el fondo, ellas lo saben; está mejor visto ser activista que «puta», aunque el fin sea el mismo: llamar la atención.

Ahora, imaginemos por un segundo que el *hashtag* buscaba igualdad estética. ¿De verdad podemos fingir que un pecho bien puesto, redondo y fotogénico es igual a uno caído o asimétrico? ¿Debemos actuar todos como si no hubiese cuerpos más bellos que otros, como pretenden desde el *body positive*? La farsa es evidente: las «feas» no participaron del destete colectivo. Todas aspiramos a la belleza, pero también tiene su parte negativa, ya que puede eclipsar otros atributos; ser guapa está bien, pero ser fea no es el fin del mundo. Buscar nuestro valor más allá del físico, eso sí que es revolucionario para las mujeres.

Entre feminismo y desnudos hay una relación complicada. Por un lado, las teóricas radicales escupen sobre la cosificación; por otro, las *influencers* convierten su cuerpo en propaganda. Hace años, en una charla TED, hablé de dos feminismos: el de la libertad (igualdad legal) y el de género (deconstruir roles). Utilicé las clasificaciones de C. Hoff Sommers para transmitir una idea principal: existe un feminismo que buscó la emancipación y la igualdad de derechos y responsabilidades, y otro que se centró en lo que sucede o hacemos socialmente dentro del marco de la igualdad legal, analizando cómo se perpetúan desigualdades sociales relacionadas con nuestra forma de vivir y relacionarnos.

No veo problema en que se discutan cuestiones como si una mujer, educada en valores conservadores, es libre al dedicar su vida a las labores del hogar. El problema surge cuando lo personal se vuelve político, hasta el punto de que, en el afán de dinamitar estructuras de pensamiento que pueden limitar las opciones vitales de las mujeres, creamos otras estructuras aún más encorsetantes y las imponemos en contra de los deseos de las propias mujeres, tutelándolas como si volviesen a la minoría de edad, excepto si se trata de abortar o cambiar de sexo, que para eso somos adultas a los dieciséis años. Si una azafata de Fórmula 1 elige llevar minifalda, ¿es libre o víctima? Según el feminismo de moda, habría que despedirla «por su bien». Ironías de la lucha: te «dan voz» para luego callarte si no coincides con el guion. Empodérate como quieras, pero te vas a la puñetera calle y no discutas, que calladita estás más bonita.

Hoy puedes enseñar tetas siempre que lo hagas con postureo de odio al sistema. Si Ione Belarra marca pezón, es protesta; si lo hace una *influencer* sin discurso que erotiza al público masculino, es frivolidad. Puedes mostrar, pero tienes que incomodar a los hombres en el proceso; si el desnudo sirve para castigar, está perfecto; si sirve para agradar, está mal. El truco está en el *packaging*: el mismo pecho es revolucionario o basura según quién lo enseñe. Cuando Inés Hernand se desnudó en el Benidorm Fest, el feminismo oficialista aplaudió... ¿Será porque, como dirían las malas lenguas, ya no «compite» en el mercado sexual? Un minuto de silencio por su belleza y su juventud perdidas.

Creo en la crítica necesaria, pero solo cuando comienza frente al espejo. De adolescente, recuerdo a mis compañeros de clase quejándose de los profesores constantemente. Tras un rato de lamentos, me miraban esperando mi aporte al lloriqueo grupal. Éramos una docena de repetidores profesionales, algunos arrastraban depresiones muy profundas y problemas familiares, otros simplemente pasaban de estudiar. Sus quejas sobre los profesores me provocaban una sonrisa ácida. Si quieres cambiar algo, empieza por lo que te concierne a ti y luego exige a los demás. Lo mismo pienso del feminismo hegemónico: escucharlas no dista mucho de la típica charla interminable entre mujeres que no hacen más que hablar de sus maridos. Mucho ruido, mucha indignación y autoindulgencia edulcorada con una emocionalidad impostada, pero cero autopsia interna. Todo es culpa del patriarcado, del sistema, del vecino..., pero jamás del dedo que señala. No hay toma de conciencia sobre los problemas propios ni responsabilidades que asumir sobre los mismos, y así no hay cambio posible, solo una ficción, un espacio seguro para afectadas por la «masculinidad tóxica» regado con dinero público.

Mientras escribo esto, el Ministerio de Sanidad comparte un tuit citando a Javier Padilla: «Los hombres viven menos, se suicidan más y consumen más drogas. No es la genética: es una masculinidad que empuja a asumir riesgos y ridiculiza la vulnerabilidad». Traducción: el problema de que los hombres se maten es... de los hombres. Cuando hablamos de los problemas masculinos y femeninos, siempre nos dirigimos a los hombres como responsables.

Ahora juguemos al «qué pasaría si». Imaginen que Padilla soltase que las mujeres son incapaces de suicidarse por una feminidad cobarde que nos empuja a no exponernos al peligro y que, por eso, nos bloqueamos ante nuestros agresores y somos incapaces de ejercer la violencia cuando se trata de salvar al prójimo o a nosotras mismas de un peligro. No tardarían en tacharlo de misógino, lincharlo en redes y exigir su dimisión por «discurso de odio».

La doctrina es clara: el hombre es responsable hasta de su propia desgracia; la mujer, inocente incluso de su inacción. Si un hombre se quita la vida, es por su masculinidad tóxica. Si una mujer no reacciona al ver a alguien en peligro que necesita ayuda, no es porque su feminidad priorice su propia seguridad de forma egoísta, es por el patriarcado que la oprime. La vara de medir no es doble: es un bumerán que solo golpea a uno. Y así el círculo se cierra: el machismo clásico culpaba a la mujer de ser violada; el feminismo progresista culpa al hombre de suicidarse.

El hombre debe cargar con su cruz, mientras que la mujer debe hacerlo, con su corona de víctima. Todo esto para no romper el hechizo de un relato que, paradójicamente, comete el mismo pecado que pretende combatir: reducir la complejidad humana a estereotipos. Este relato juzga negativamente todo lo relacionado con la masculinidad, culpándola de todos los males, mientras que las sombras de la feminidad se ocultan bajo la alfombra para preservar la imagen sacralizada de la mujer como un ser inocente, sin maldad, una *donna angelicata* cuya única transgresión sería consecuencia de algún agravio previo.

El feminismo hegemónico, en su intento por dinamitar los viejos esquemas, ha terminado por reciclar el machismo con otro disfraz. Nos devuelve a una minoría de edad, necesitadas de tutela y protección constante, incapaces de agencia o de libertad real. Porque si no podemos hacer el mal, entonces tampoco hemos elegido el bien. Si no hay responsabilidad, no hay mérito. Si siempre somos víctimas, nuestros errores no nos pertenecen y, por tanto, nuestros aciertos tampoco. ¿Qué sigue? ¿Protegernos con un velo para ocultarnos de presuntos agresores? ¿Dejar que los hombres vuelvan a votar y decidir por nosotras? Nos dicen que las chicas son guerreras, pero nos infantilizan llamando niña a una mujer de veinte años, como si aún viviéramos en una época en la que se debatía si teníamos alma o capacidad de razonar.

Me niego a comprar este relato que pinta a la mujer como si fuera una minusvalía frente al hombre, un rol construido en torno a la autopercepción de eterna damnificada.

Y también me niego a aceptar la caricatura del hombre como una bestia que solo sabe pisotear, violar y destruir. El feminismo que dice luchar contra la opresión ha decidido amputar la masculinidad en lugar de integrarla. No hay espacio para el honor, la disciplina, la capacidad de sacrificio o el sentido de protección que han hecho posible las sociedades en las que hoy las mujeres podemos vivir en libertad.

Porque, nos guste o no, los hombres son los mayores artífices de la civilización, con sus estructuras, sus reglas y sus avances. Han construido los cimientos que nos permiten desarrollarnos. No tenemos opciones cuando la guerra es física, pero podemos prosperar en el mundo civilizado que ellos levantaron. Y, sin embargo, en esta cruzada contra el supuesto «patriarcado blanco cisheteronormativo opresor», nos estamos encargando de invisibilizar nuestras fortalezas hasta el punto de dejar de creer en ellas. Paglia habló del poder femenino como algo real, arrollador, innegable, nada que ver con la narrativa de la debilidad ni con esta farsa igualitarista que busca diluirnos en una masa sin identidad. El poder femenino ha sido, desde siempre, una fuerza subterránea que moldea la civilización desde la influencia, el deseo, la creatividad y la visión estratégica. También ha sido una fuerza ultraterrena, símbolo de sabiduría, amor maternal y gracia. Pero ahora lo estamos negando todo, porque aceptar que tenemos poder implicaría aceptar que también tenemos responsabilidad. Y eso es lo que más asusta: dejar de ser princesas intocables para convertirnos en mujeres adultas, hechas y derechas.

La jerarquía ideológica del escándalo

Mientras escribo este libro, se está celebrando el juicio de Jenni Hermoso y Luis Rubiales, a la par que se viraliza el momento en que Mapi León toca los genitales de Daniela Caracas con un gesto despectivo con el que parece preguntarle si tiene «picha» durante un partido contra el Espanyol. El club y la jugadora planean presentar una denuncia, ya que el acto podría constituir una agresión sexual. Sin embargo, mientras el pico de Rubiales desató una tormenta mediática y política sin precedentes, este episodio no ha hecho saltar las alarmas del Ministerio de Igualdad.

Vale la pena recordar que la propia Mapi León se pronunció de forma tajante contra Rubiales cuando estalló el escándalo, escribiendo en redes sociales: «No ha hecho falta pasar mucho tiempo para ver que lo que se exigía hace unos meses no era una simple pataleta. Las imágenes hablan por sí solas, y creo que no hay mucho más que añadir. Es inaceptable. Por todas las mujeres, contigo, Jenni Hermoso».

A estas alturas ya nadie se sorprende... Rubiales merece la cárcel por un beso incómodo y fuera de lugar, pero Mapi, en cambio, debe haber interiorizado una forma de masculinidad tóxica impuesta por el heteropatriarcado, puesto que es lo que se espera de una jugadora de fútbol, que se asemeje a los hombres, o a saber... Así funciona la narrativa: lo que importa no es el acto, sino quién lo comete y en qué contexto encaja dentro del guion ideológico del momento. Esa misma noche, la propia Mapi escribió un comunicado transmitiendo su negativa a dimitir: «No le toqué la entrepierna, le toqué la pierna, ella me choca intencionadamente»; muy parecido al famoso «No voy a dimitir» de Rubiales, pero versión lesbiana. Las discípulas de Irene Montero estarán aplicando la ley de la interseccionalidad, haciendo cábalas sobre si la víctima es racializada pero la otra es lesbiana, enfrentando opresiones por género, raza, orientación sexual y minusvalías, que ahora van de la mano. A ver quién suma más.

Volviendo a Jenni, me creo que pudo sentirse molesta ante las formas de Rubiales, pero no que se sienta «víctima de una agresión». Para mí, «agresión» es una palabra muy dura, y les tengo mucho respeto a las agresiones sexuales como para poder ver en esa escena algo tan horrible. El simple hecho de llamar agresión sexual a ese pico ridículo en un contexto de euforia y celebración muestra la ausencia de violencia cruda y real que hay en nuestras vidas. Jenni parece admitir que ha hecho declaraciones contradictorias por un shock o por la presión del momento, y de nuevo me lo puedo creer. También creo que una mujer que ha sido agredida no tiene que guardar un eterno luto y puede sonreír porque, en ocasiones, la procesión va por dentro, pero no me parece normal estar descojonándose mirando la foto de la supuesta agresión minutos después de que haya sucedido; eso no es humanamente posible. La indignación fue fabricada y los cambios de discurso responden a ello.

En cuanto a Rubiales, me parece un bruto y un gañán, pero no un delincuente, al menos no por ese piquito. Y si es tan machista como lo pintan, me alegro de que los machistas de ahora celebren los logros femeninos, porque los machistas de antes solo tenían comentarios despectivos para las futbolistas. No hay más que ver el noticiero del NO-DO de 1961 en el que el narrador, tras una lesión de una futbolista, comenta: «Una jugadora se ha hecho pupa y enseguida llamarán a Rafa». Más adelante, añade: «La única nota optimista es que, si se casan, cambiarán este juego por una batería de cocina». Lo único que prevalece de esos tiempos es el afán de algunas mujeres por volver al estereotipo puritano de la mujercita que se hacía pupa y del que se mofaban en el régimen franquista.

Mientras el foco sigue en el espectáculo, el Día Mundial de Tolerancia Cero con la Mutilación Genital Femenina pasó, como cada año, entre titulares discretos y compromisos diluidos. Según el informe de Enclave ODS, 3.600 niñas en España están en riesgo de sufrir ablación (una forma de mutilación genital femenina que, según estimados de la OMS, afecta a más de doscientos treinta millones de niñas y mujeres en todo el mundo, principalmente en África, Oriente Próximo y Asia). En Canarias, el Servicio de Salud —como alerta Medicus Mundi— registró 72 nuevos casos en un solo año, mientras que otras 5.000 mujeres y menores podrían enfrentarse a la misma suerte en el resto del territorio. Las cifras, frías y escalofriantes, dibujan un mapa de barbarie silenciosa: niñas sometidas a torturas ancestrales en nombre de tradiciones importadas y salvajes a las que no está permitido criticar. Sin embargo, el feminismo institucional, tan ágil en inundar redes con consignas grandilocuentes y banderas moradas, parece reservar su elocuencia para batallas más convenientes. Denunciar a Rubiales genera *engagement*, *likes* y titulares vibrantes que sirven a los objetivos de la izquierda posmoderna; combatir la mutilación genital exige tomar decisiones difíciles, tener conversaciones delicadas con comunidades migrantes y un gasto en presupuesto que no se traduce en viralidad. El contraste es vergonzoso: celebramos la valentía de quien denuncia un pico inapropiado, pero miramos hacia otro lado cuando el cuchillo ritual cercena los genitales de una menor. Hay víctimas dignas de pancarta y víctimas incómodas, relegadas al pie de página de la agenda progresista y, precisamente, son las dignas de pancarta las que representan el mayor de los fraudes.

Hermana, yo sí te cancelo: la manada era progresista

Otro de los grandes juicios del momento es el de Íñigo Errejón, exdirigente de Podemos y después de Sumar, un caso con más de una capa de ironía. No solo por lo que ocurrió o dejó de ocurrir aquella noche en la que, según la actriz Elisa Mouliaá, el exdiputado la encerró en un cuarto y la tocó sin su consentimiento, sino por el eco mediático y la hipocresía ideológica que ha desplegado el circo progresista en torno al tema. Si algo hemos aprendido en los últimos años, es que la presunción de inocencia es un privilegio, no un derecho universal. Si el denunciado no fuese Errejón, estaríamos viendo manifestaciones, pancartas y cartas abiertas pidiendo su cabeza en bandeja. Pero como el protagonista es un símbolo de la izquierda woke, se activan las excusas.

El propio Íñigo publicó en X una carta de dimisión en la que decía lo siguiente:

> Queridos compañeros y compañeras,
>
> Hoy pongo fin a la etapa más importante de mi vida. Después de más de una década en la primera línea política, he decidido abandonar la política institucional y renunciar a mis responsabilidades como portavoz parlamentario de Sumar y diputado en el Congreso.
>
> La exposición constante y la presión inherente a la vida política han afectado profundamente mi salud física, mental y emocional. He llegado al límite de la contradicción entre el personaje público y la persona privada. Este entorno genera una subjetividad tóxica que, en el caso de los hombres, el patriarcado multiplica.
>
> Reconozco que, en este tiempo, he caído en comportamientos que se alejan de los cuidados, la empatía y las necesidades de los demás. Es momento de cuidar de mí mismo y de los míos, y permitir que nuevas voces tomen el relevo en la lucha por una sociedad más justa.
>
> Agradezco profundamente a quienes han compartido este camino conmigo, por su apoyo y confianza. Seguiré comprometido con los valores que nos unen, aunque desde otros espacios.
>
> Con afecto y gratitud,
>
> ÍÑIGO ERREJÓN

Y la culpa no era suya, el violador es el patriarcado, el capitalismo, la estructura opresiva que, como si de un demonio se tratase, le había poseído. No había recibido el exorcismo de la deconstrucción y, por ende, se convirtió en la víctima y el perpetrador del mal simultáneamente. El ideólogo woke sabe cubrirse las espaldas para evadir todo atisbo de responsabilidad individual.

Tiempo después, no sabemos si fue el personaje o la persona la que aseguró que la denuncia de Mouliaá era falsa y que, por coherencia, tenía que abandonar el espacio político en el que figuraba. Porque tenía que defenderse, admitiendo así que sus propias políticas impedían a un acusado preservar su presunción de inocencia. El arquitecto de la cultura del «yo sí te creo» atrapado en su propia trampa ideológica.

Ahora bien, ¿ha cambiado Íñigo Errejón de opinión y le parece incorrecto haber minado el derecho a defender la inocencia propia? ¿O simplemente hace lo que le conviene, aunque en su fuero interno considere que lo correcto sería lo que él mismo pregonaba? Creer a las mujeres por su palabra, sin cuestionar lo más mínimo de sus relatos, entregarse a la policía y asumir su culpa sin titubeos.

Supongo que dependerá de a quién preguntemos: si al espíritu puro moldeado por el pecado cultural o al demonio que le posee; si al pobre hombrecillo sin herramientas legales para defenderse de una acusación ridícula o al político con intereses en ofrecernos un relato demagógico para aumentar sus beneficios personales y económicos; si al personaje o a la persona, o lo que es lo mismo: al actor que nunca creyó en nada de lo que dijo y cuya farsa le ha explotado en la cara como una comedia grotesca y frente al juez, hablando de tetas y tratando de explicar cómo, finalmente, su núcleo irradiador no logró resolver la tensión, seduciendo a los sectores aliados laterales.

Vamos con Elisa Mouliaá, actriz de exuberante figura y mirada felina, con treinta y seis añazos a cuestas, que ha logrado sobrevivir al mundo cultural del cine español (mérito no menor, dicho sea de paso). No descubro nada nuevo si señalo que se trata de un mundillo endogámico, farandulero y entregado al poder de turno, donde los contratos suelen sellarse entre copas de vino, rayas de coca y polvos por interés. Sus galas, terriblemente infumables y excesivas, parecen púlpitos de expiación del pecado posmoderno, donde la hipocresía y la exhibición virtuosa brillan como la estrella más vibrante y obscena del espectáculo. Hollywood no es muy distinto, aunque ellos, a diferencia de nuestra élite cultural, sí se financian mayoritariamente con capital privado, y la gente va al cine a verlos, sus películas son rentables y despiertan interés. En los Globos de Oro de 2020, el cómico Ricky Gervais les recordó a los actores que no son moralmente superiores a nadie ni expertos en política como para dar lecciones cuando lo que se espera de ellos es que recojan sus premios, se emocionen y den sus agradecimientos: «Si ganan un premio esta noche, no lo usen para hacer un discurso político. No tienen ni idea del mundo real. Han pasado menos tiempo en la escuela que Greta Thunberg. Suban, recojan su premio, den las gracias a su agente y a su dios, y váyanse a la mierda». Fue el único discurso que se viralizó y verdaderamente agradecieron los espectadores; tuvo que venir un bufón a recordarles lo que realmente son: un puñado de millonarios en la cúspide de la pirámide jugando a ser los jueces del mundo.

De este ecosistema viene nuestra polémica víctima Elisa Mouliaá, una actriz cuyos pechos fueron presuntamente manoseados sin consentimiento —y que podrían haber coronado el *hashtag* #TetasSinCanones— que nos relata una historia dantesca: nuestro amigo Errejón pasa de ser Milhouse a convertirse en Dahmer en cuestión de segundos, bajo la fría luz blanca de una habitación sin salida. Él, impresionado por el éxito de *Cincuenta sombras de Grey* y el «misterio ancestral de la sexualidad femenina», decide imponer normas en el coche rumbo a la fiesta: «No te alejes de mí. Si te alejas más de veinte metros, vuelve en un minuto. Y antes de que acabe la noche, me das un beso». Por algún motivo, esto no alertó a Elisa de que, más que un príncipe azul, podría estar ante un ridículo aspirante a marqués de Sade.

Lo que sigue tiene dos versiones, ya sobradamente conocidas. Ambas coinciden en que, tras el incómodo episodio en la habitación y con su hija enferma, la actriz decide ir a casa del supuesto agresor. Como cabía esperar, él intenta de nuevo mantener relaciones. Finalmente, ella le pide que pare y le explica sus preferencias. Ahí ocurre el agravio imperdonable. Errejón responde: «Lo tendré en cuenta para la próxima», frase que ella describe como un puñal en el corazón que la redujo a ser una más en su colección de conquistas.

«En su casa todo fue muy desagradable. Lo paré, y es cierto que no me forzó. Es político, supo decir "Vale, paro". Le dije: "Solo sí es sí. Me parece increíble que pase esto contigo y no seas capaz de hacer que una chica se sienta cómoda, que ya empieces a manosearme así". Él respondió: "Ah, sí, esto me sirve para futuros encuentros". Ahí ya fue como: "Bueno, he sido un ensayo, ¿sabes?"».

«He sido un ensayo ¿sabes?»... Elisa se ilusionó con él, la realidad la decepcionó, y años después aprovechó una denuncia anónima en la cuenta de Cristina Fallarás para ejecutar su venganza junto a las turbas del #MeToo. Resultado: decapitación social de Errejón y cuarentena pública. ¿Por qué tan tarde? Porque las guerras intestinas de la izquierda marcan el ritmo de sus purgas: a Podemos le convenía dañar a Sumar, y a Fallarás le resultó rentable. Justo tras destapar las acusaciones, lanzó la preventa de su libro *No publiques mi nombre. Testimonios contra la violencia sexual*, donde los bulos navegan gratis y la verdad se diluye entre páginas de acusaciones cobardes y relatos rocambolescos. Un mensaje peligroso para las víctimas reales: desincentiva denunciar al advertir sobre maltratos institucionales, como si todas las denuncias y las denunciantes fueran iguales y no existieran denuncias falsas y personas malintencionadas. No es lo mismo una menor violada por una manada que una treintañera cuyo «agresor» paró al ser interpelado. Basta de equiparar casos y sembrar miedo: el escarnio en redes siempre será más brutal que el de los tribunales. Y, como adultas, debemos entender que la igualdad exige cuestionar las acusaciones. De lo contrario, bastaría un deseo para enviar a cualquiera a prisión. Eso no es justicia: es una caza de brujas, y terminaría volviéndose contra nosotras.

Pero antes de seguir con el drama que conmocionó a medio país y de que alguien tache esto de insensible, pongamos datos sobre la mesa:

- 2021: Según el Instituto Nacional de Estadística (INE), en ese año se produjeron 491 condenas por agresión sexual, un 54,38 por ciento a españoles, un 45,62 por ciento a extranjeros (el 20 por ciento de estos, africanos, pese a representar solo el 2,4 por ciento de la población). Cifras reveladoras: los extranjeros (el 11,39 por ciento de la población) están sobrerrepresentados en estas estadísticas.

- 2023: Según el Portal Estadístico de Criminalidad del Ministerio del Interior, España registró un 14,2 por ciento más de violaciones que el año anterior (4.875 casos).

Mientras la violencia sexual escala, los titulares se centran en el pico de Rubiales, el caso Mouliaá o las denuncias anónimas contra Juan Carlos Monedero. Si esto no nos parece un insulto a las mujeres, si no vemos la frivolidad de priorizar anécdotas sobre emergencias reales, es que hemos perdido la brújula para distinguir entre peligros graves y conductas reprochables que no deberían resolverse en un juzgado.

En julio de 2025, unos audios de Elisa Mouliaá con su amiga Soraya estallaron como una bomba casera en el circo del #MeToo español. Ahí estaba Mouliaá, grabada en febrero de ese mismo año, presionando a su ya posible examiga Soraya —la dueña de la casa donde supuestamente todo se torció— para que no la jodiera en el juicio. «Si vas y dices que estaba *happy*, me jodes», suelta Elisa, admitiendo que no cree que Íñigo Errejón cometiera un delito de verdad, pero, hey, tenía que denunciarlo, ¿no? Por esa obligación moral retorcida, respondiendo al coro anónimo de otras acusaciones, uniéndose al club de las víctimas prefabricadas en nombre de la solidaridad feminista que apesta a linchamiento colectivo.

Soraya, esa testigo reacia, contraataca como un animal acorralado. Acusa a Elisa de mentirle al mundo: la noche de la presunta agresión ya se habían besado en el ascensor, y Elisa llegaba contenta. Quizá sea Elisa la fabuladora que exagera hasta el delirio. No va a perjurar en el juzgado, no cree que

Errejón cruzara la línea criminal, no cuando llevaban semanas ligando por mensajes como adolescentes hormonales. Además, después del supuesto abuso, Elisa le confesó que se liaron en la habitación, pero paró porque era su casa, no por trauma, sino por decoro; luego seguirían en casa de Íñigo. Soraya no quiere ni pisar ese juicio, igual que los otros amigos citados por Elisa como testigos: ninguno compra su versión, todos tratan de huir de este teatro absurdo donde el #MeToo devora a sus propios hijos.

En otro gran acto de esta tragicomedia en la que se ha convertido la política española, Juan Carlos Monedero, cofundador de Podemos y autoproclamado cruzado del feminismo, se enfrenta a denuncias por acoso sexual. La Universidad Complutense validó el testimonio de una alumna, mientras el partido político asegura haberlo «apartado» en 2023 tras recibir varias quejas. Pero la realidad desmiente el relato: Monedero siguió operando en chats internos y actos públicos durante meses. Ione Belarra, líder de Podemos, defiende el silencio como mecanismo para «proteger a las víctimas», aunque parece que el blindaje priorizó al acusado sobre la prevención de futuros daños. Mientras tanto, Monedero clama ser víctima de una «persecución» y amenaza con sacar sus conversaciones con el último que queda por caer, Pablo Iglesias, que no ha dicho esta boca es mía desde que se activó la picadora de carne morada.

La trama comenzó con la filtración de un audio personal del periodista Sergio Gregori. En él, Gregori compartía testimonios de mujeres que acusaban a Monedero de acoso, toqueteos y otras actitudes que cualquier feminista de manual tildaría de «violencia machista estructural». Pero, claro, aquí no hablamos de cualquier hombre. Aquí hablamos de un aliado feminista con carnet, de los que se golpean el pecho mientras sermonean sobre el patriarcado.

La denuncia llegó de Raquel Ogando, exmilitante de Podemos, quien destapó la cloaca con la misma falta de escrúpulos que denunciaba. Porque, claro, no hay nada más «ético» que soltar acusaciones sin pruebas y exponer a supuestos compañeros filtrando conversaciones privadas. No lo llames justicia, llámalo venganza.

El linchamiento público contra Monedero no se hizo esperar y, con él, una purga interna donde, como siempre, los oportunistas se devoran entre sí. Gregori, traicionado por la filtración, amenazó con acciones legales: otra prueba de que la «transparencia» solo vale cuando conviene al guion. Pero aquí no acaba el show. Ogando también traicionó la confianza de la feminista y creadora de contenido Ayme sacando a la luz conversaciones privadas en las que discutían sobre el escándalo. De heroína justiciera a estratega con ansias de protagonismo en un abrir y cerrar de ojos. Porque, en la inquisición feminista, las purgas no discriminan y, cuando el fuego se enciende, la sororidad se apaga y cualquiera puede ser la siguiente en arder.

La cúpula de Podemos aplicó su receta habitual: gestión opaca y contradicciones performativas. Monedero fue «apartado» con la contundencia de un niño que esconde su brócoli bajo el arroz. Belarra y compañía optaron por el mutis cómplice, justificándolo como protección a víctimas. ¿O era protección al partido? La ironía salta al recordar su histrionismo habitual ante casos de violencia machista... cuando no involucraban a los suyos.

Aquello de que «el silencio es cómplice» cuando no te sumas a una cacería pública se esfumó mágicamente en cuanto los que tenían que hablar eran los jefazos del partido y no algún pobre diablo al que despedazar sin que salpique. De repente, la prudencia y el respeto al debido proceso se convirtieron en virtudes, y la indignación feminista pasó de ser una exigencia innegociable a un incómodo murmullo en los pasillos del poder. Gemma Nierga y Ana Pardo de Vera admitieron que los presuntos abusos de Errejón eran un «secreto a voces». Iglesias asintió con evasivas, mientras Sumar y Más Madrid negaban su vinculación con el acusado pese a haber sido portavoz de ambos. En el caso de Monedero, hay suficiente información que evidencia que la cúpula de Podemos tenía conocimiento sobre las denuncias contra él. Todos aplicaron el mismo manual: *gaslighting*, control de daños y priorización de la maquinaria partidista sobre principios. Incluso periodistas de medios de su cuerda ideológica como *elDiario.es* denuncian presiones para no informar sobre el caso Monedero. Ana Requena dijo al respecto: «Que ataquen y acosen a una periodista con mentiras tiene varios objetivos. Amedrentarte. Silenciarte. Castigarte. Quebrarte. Y, claro, intentar desacreditarte, a ver si así la gente deja de creerse las informaciones que publicas sobre quien te ataca y que no quieren que se sepan».

Queda evidenciado que los hombres y mujeres de la izquierda woke son tal para cual:

- Él: buscando sexo fácil, explotando el resentimiento femenino para vender una imagen de caballero blanco aliado que, supuestamente, solo las valora por su interior, cuando en realidad se aprovecha de mujeres débiles de carácter que, en el fondo, considera inferiores y manipulables y por ello no las trata con respeto.

- Ella: persiguiendo poder a cambio del sexo que, en realidad, sabe que ellos buscan. Utiliza a las que denuncian a sus compañeros de partido para trazar estrategias, calculando cuándo le conviene hacer caer a alguno y sacar rédito político frente a otros competidores de la izquierda. Se apuñalan entre ellas mientras sonríen con fingida sororidad.

Ninguno cree verdaderamente en el relato que han construido sobre la violencia sexual; ninguno se inmuta ante el aumento de agresiones y violaciones reales en España que se silencian por no ajustarse a dicho relato. Seguimos distraídos, escandalizándonos por nimiedades y corriendo hacia delante, mientras la inseguridad se adueña de las calles y nos pisa los talones.

La neoinquisición no ataca a cualquier hereje: necesita una víctima y un verdugo perfectos. Si los hechos no encajan en el relato, simplemente se mira hacia otro lado. Todo este despropósito fue justificado por la supuesta necesidad de erradicar una justicia «patriarcal» que no aplicaba la «perspectiva de género» de la ideología feminista. Tan patriarcal que las mujeres representan el 60,6 por ciento de los titulares de los juzgados de lo social, el 60,8 por ciento de los de vigilancia penitenciaria, el 62,9 por ciento de los de primera instancia, el 64,2 por ciento de los de instrucción, el 67 por ciento de los de lo penal, el 67,9 por ciento de los de menores, el 68,6 por ciento de los de primera instancia e instrucción y el 76,6 por ciento de los de violencia sobre la mujer.

Las mujeres no han necesitado cuotas ni privilegios para alcanzar estas posiciones. Lo han hecho por mérito propio, sin que nadie las infantilizara con medidas que menoscaban su capacidad y prestigio. La justicia no es patriarcal. Si queda un reducto de machismo institucional, está en el Ministerio de Igualdad, en su concepción de la mujer como un ser desprovisto de poder y en la reacción que inevitablemente generarán sus propios excesos contra los avances que tantas mujeres lograron con esfuerzo, determinación y coraje.

Del puño en alto al velo islámico

Primero, el 8-M fue el Día de la Mujer Trabajadora; luego, el día de la mujer feminista de izquierda contra la mujer disidente; después, el día de la mujer feminista de izquierda protrans contra la mujer antitrans, y, por último, tras tantas batallas entre mujeres, dividiéndose y traicionándose dentro de los propios partidos (Yolanda versus Montero), nos encontramos con unas manifestaciones menguantes en las que las pocas feministas que quedan reivindican el velo islámico bajo paradigmas liberales. Esta contradicción —entre un símbolo religioso de raigambre patriarcal y un discurso de elección individual— refleja la incoherencia total y la estupidez a la que ha llegado el movimiento, convirtiéndose en caballo de Troya de su peor enemigo: el islamismo.

También hemos celebrado un pasado 8-M del silencio cómplice de las feministas respecto a los presuntos abusos de sus compañeros de partido. Después de años de cancelaciones, del «hermana, yo sí te creo» y de juicios populares por denuncias anónimas, se hizo el silencio cuando los acusados eran los líderes de la izquierda política.

No tuvieron la misma piedad de callar con la tiktoker RoRo, una de las nuevas brujas contemporáneas cuyo crimen fue cocinarle a su novio —sin velo en la cabeza, pero sí con una sonrisa— y compartirlo en redes. Se convirtió en enemiga pública del feminismo posmoderno por el sacrilegio de empezar sus vídeos diciendo lo que le apetecía comer a su Pablo. El escándalo fue inmediato: la tacharon de alienada, traidora, *tradwife*, facha. Hasta su tono de voz fue objeto de sospecha: demasiado dulce para ser feminista, demasiado *cute* para sonar auténtico.

La crítica más viral llegó de la *streamer* Abby, símbolo de la sororidad selectiva que impera en el activismo online. Condescendiente y burlona, cuestionó su manera de hablar, como si la autenticidad solo residiera en sonar irónica o resentida. Curioso que lo diga alguien que se ha rehecho la cara a bisturí limpio y que ha imitado hasta el timbre de El Rubius como estrategia de *branding* personal. Cada uno tiene sus fetiches: unos se estimulan con lo *vintage*, otros con la voz nasal y la superioridad moral enfundadas en un buen escote.

Pero no se trata de RoRo ni de Abby. Se trata de lo que encarnan. Dos máscaras que se enfrentaron sobre un ring en el evento de *streamers* más multitudinario mientras una juventud polarizada aplaude su catarsis ideológica con forma de espectáculo. El debate no es político, es performativo. No es deporte, es contenido. Otra jugada de marketing brillante en la que la política es solo el envoltorio de la mercancía.

6

Justicia asimétrica, ideología blindada

Ley VioGen: cuando el machismo se legisla con perspectiva de género

No soy jurista, pero considero necesario cuestionar los fundamentos ideológicos sobre los que se erige la ley de violencia de género, pues —por paradójico que resulte— me resultan profundamente machistas.

Entendemos por violencia de género toda agresión motivada por el género de la víctima, ya sea hombre o mujer, o porque la persona, independientemente de su sexo, no se ajuste al estereotipo y al rol asignados por una cultura determinada.

Sin embargo, en el derecho español (Ley Orgánica 1/2004, de 28 de diciembre, de Medidas de Protección Integral contra la Violencia de Género), el término se circunscribe exclusivamente a la violencia machista (la ejercida por varones contra mujeres en el ámbito de la pareja o relaciones similares). No hubo nunca en España un uso legal de «violencia de género» para referirse de forma genérica a cualquier agresión motivada por el género de la víctima.

A nivel internacional, en cambio, hay organismos con una definición más amplia del concepto:

- OMS (Organización Mundial de la Salud): emplea «*gender-based violence*» como un paraguas que cubre «cualquier acto dañino, físico, sexual o psicológico, perpetrado contra la voluntad de una persona y fundamentado en normas sociales o estereotipos de género», independientemente de si la víctima es hombre, mujer o persona LGTBIQ+.
- Unión Europea: define la «*gender-based violence*» como «violencia dirigida contra una persona por su género o que afecta de forma desproporcionada a un género determinado», abarcando tanto agresiones contra mujeres como aquellas motivadas por la identidad o expresión de género de los hombres y de colectivos LGTBIQ+.

De este modo, mientras en España «violencia de género» equivale legalmente a «violencia machista», la terminología internacional puede englobar cualquier violencia basada en roles o identidades de género. Así, lo que abarca cualquier forma de violencia basada en el género ha quedado restringido a un único tipo de agresión. «Violencia de género» se ha convertido, en la práctica, en sinónimo de «violencia machista», como si solo pudiera dirigirse contra las mujeres en contextos específicos. Esta asociación, además de empobrecer el concepto, invisibiliza otras realidades y levanta un marco legal que perpetúa la desigualdad que pretende erradicar.

Para comprender esta limitación, conviene atender al marco normativo que la sustenta: la *Ley Orgánica 1/2004, de Medidas de Protección Integral contra la Violencia de Género*, cuyo artículo primero define con claridad el objeto de la norma:

> La presente Ley tiene por objeto actuar contra la violencia que, como manifestación de la discriminación, de la situación de desigualdad y de las relaciones de poder de los hombres sobre las mujeres, se ejerce sobre estas por parte de quienes sean o hayan sido sus cónyuges, o de quienes estén o hayan estado ligados a ellas por relaciones semejantes de afectividad, aun sin convivencia.

Las formas de convivencia y de intimidad son hoy tan diversas como los grados de libertad que hemos conquistado; cuanto más se ensanchan estas libertades, más se multiplica esa diversidad. Pretender que todas las parejas encajen en un molde inmutable —el que fija al hombre en la cúspide y a la mujer en la base— implica ignorar los profundos cambios sociales de las últimas décadas. Cualquier mujer que disfrute de una relación sana y equilibrada sabe que ese esquema no se corresponde con la realidad de todas las parejas.

Para determinar si un sistema es estructuralmente machista, hay una prueba sencilla: comprobar si hombres y mujeres disfrutan de los mismos derechos, obligaciones y libertades ante la ley. Si la respuesta es afirmativa, entonces el sistema, por definición, no puede calificarse de estructuralmente machista, aunque dentro de él subsistan manifestaciones de machismo —como también de otros sexismos— que deban combatirse.

Un ordenamiento jurídico que penaliza la desigualdad no es, en sí mismo, patriarcal. Además, la violencia denominada «de género» tampoco se limita al ámbito de la pareja. Un agresor puede violar a una mujer simplemente para satisfacer un impulso, sin motivación ideológica alguna, igual que podría violar a otro hombre; o puede hacerlo porque la considera inferior. En el primer caso no media machismo; en el segundo sí. Ambos actos son igualmente condenables, pero solo uno responde a una lógica de dominación masculina.

Si el agresor del ejemplo anterior fuera homosexual y atacara a otro hombre, el machismo no entraría en juego: la violencia no se dirigiría contra una mujer ni respondería a una lógica de dominación masculina sobre la mujer. Este tipo de agresiones —entre parejas masculinas o entre desconocidos— existe y, sin embargo, queda fuera del encuadre legal que equipara toda violencia sexual con la violencia machista.

En las sociedades que ya penalizan la desigualdad y reconocen los mismos derechos a hombres y mujeres, no puede asumirse que toda relación íntima reproduzca un esquema de poder en el que el hombre ocupa necesariamente la posición dominante. La violencia de sesgo machista puede aparecer dentro de la pareja, pero también puede manifestarse —o no— entre desconocidos. No es la intimidad lo que la define, sino la motivación ideológica que la sustenta.

La exposición de motivos de la ley explica: «La violencia de género no es un problema que afecte al ámbito privado. Al contrario, se manifiesta como el símbolo más brutal de la desigualdad existente en nuestra sociedad. Se trata de una violencia que se dirige sobre las mujeres por el hecho mismo de serlo. Por eso son consideradas por sus agresores carentes de los derechos mínimos de libertad, respeto y capacidad de decisión».

La Organización de las Naciones Unidas, en la Cuarta Conferencia Mundial sobre la Mujer de 1995 (Pekín), ya reconoció que la violencia contra las mujeres es un obstáculo para lograr los objetivos de igualdad, desarrollo y paz, y viola y menoscaba el disfrute de los derechos humanos y las libertades fundamentales. Además, la define ampliamente como una manifestación de las relaciones de poder históricamente desiguales entre hombres y mujeres.

Numerosos estudios señalan que la violencia dentro de la pareja es multicausal: responde a una combinación de factores biológicos, psicológicos, ambientales y culturales. Este patrón se observa tanto en parejas heterosexuales como en parejas del mismo sexo. Legislar como si toda agresión íntima emanara de una única causa —el machismo— implica basar el derecho en una ideología que carece de respaldo empírico suficiente.

Cuando el análisis parte exclusivamente de una perspectiva de género feminista, todo fenómeno que no encaje en ese marco se fuerza para acomodarlo o, sencillamente, se convierte en tabú. Llegamos así al extremo de insinuar que criticar la ley de violencia de género podría constituir un delito. Pero la violencia exige un estudio integral —dentro y fuera de la pareja— que combine los distintos saberes disponibles, sin vetos ni dogmas.

La evidencia procedente de parejas homosexuales confirma, de manera concluyente, que el machismo no es la única variable que puede detonar la violencia íntima: las mismas motivaciones —celos, dependencia económica, trastornos psicológicos, factores de personalidad— aparecen en relaciones entre hombres o entre mujeres. Negarlo es cerrar los ojos a la complejidad real del problema.

Invisibles por ley: las víctimas que no caben en la narrativa

Las víctimas de «violencia intragénero» —mujeres agredidas por mujeres y hombres agredidos por hombres— habitan hoy un limbo legal que las deja prácticamente indefensas. No reciben apoyo del Estado ni pueden acceder a los centros públicos de acogida; dependen de organizaciones civiles que les brinden el respaldo psicológico y jurídico imprescindible.

Organizaciones como COLEGAS-Confederación LGBT Española atienden a todas las personas que llegan con este problema, y algunas estimaciones (no datos oficiales) indican que una proporción significativa (alrededor del 75 por ciento en algunos informes) son mujeres maltratadas por otras mujeres. La misma entidad ha documentado casos de homicidios intragénero, con al menos quince casos reportados en la prensa en los últimos once años hasta 2019; la cifra real es probablemente más alta, ya que muchos no trascienden.

Los datos revelan también que la mayoría de quienes sufren este tipo de violencia en parejas homosexuales son mujeres de entre treinta y cinco y cuarenta años. Mientras ellas identifican con mayor rapidez la situación de abuso, muchos hombres tienen más dificultades para reconocer que son víctimas.

Estas mujeres, al quedar fuera de la categoría legal de «violencia de género», no acceden a las mismas ayudas públicas y, en consecuencia, registran una incidencia especialmente alta de agresiones entre chicas. Ya no sorprende el silencio institucional y mediático que rodea a estos casos: cuando la agresora es una mujer y la víctima otra mujer, el maltrato permanece invisibilizado.

Inés Gallastegui recoge en un reportaje el testimonio de Mariluz López, quien advierte de que lo que alcanzamos a ver es apenas la punta del iceberg: la violencia dentro de las parejas del mismo sexo no recibe atención mediática, carece de estadísticas oficiales y no impulsa leyes ni programas de prevención, sensibilización o protección. Al tratarse de «otro género» de violencia, la administración la relega al olvido.

Los datos disponibles son inquietantes, y las denuncias, escasas. La violencia intragénero comparte muchos rasgos con la llamada violencia de género: desequilibrios de poder (sociales, económicos o físicos), celos, dependencia afectiva o financiera... Los mismos resortes que pueden detonar la agresión en cualquier pareja. Del lado de los comportamientos, la similitud es igualmente acusada: la escalada arranca con conductas de control y, en los casos más extremos, desemboca en el homicidio.

Surge entonces la pregunta que pocos tienen el valor de hacer: ¿cuántas muertes en parejas homosexuales serán necesarias para que el Estado ofrezca a estas víctimas los mismos recursos que a las mujeres maltratadas por varones? Las expertas recuerdan casos que hablan por sí solos: el de un hombre que denunció a su novio y fue tratado en el juzgado como si hubiera sufrido una paliza callejera de un desconocido, o el de una mujer golpeada por su esposa a la que se negó plaza en una casa de acogida.

La realidad es que ni los servicios asistenciales ni los operadores jurídicos están formados para reconocer esta forma de violencia. Si los hombres y las mujeres homosexuales sufren amenazas, golpes o puñaladas idénticos a los que experimentan ciertas mujeres heterosexuales, ¿por qué el Estado no los protege del mismo modo? Y si los patrones, causas y consecuencias de la agresión son tan parecidos, ¿es el machismo —como sostuvo recientemente el Tribunal Supremo— la explicación única y excluyente de toda violencia del hombre hacia la mujer? La psicóloga Isabel González y yo misma sostenemos que no.

Algunos referentes feministas han mostrado reticencia a visibilizar la violencia entre mujeres argumentando que podría desordenar la narrativa dominante sobre el machismo.

Si se investigara cada caso por sí mismo —sin prejuzgar a partir del género u orientación sexual de sus protagonistas—, advertiríamos que la violencia «machista» es solo una fracción de la violencia que puede aflorar en la intimidad. Repetimos aquí un error histórico: asignar a un fenómeno complejo una causa única. La ventaja táctica de ese reduccionismo es evidente: un único enemigo facilita la movilización social. Pero el coste es alto, porque una vez aceptada la explicación monolítica, se desactiva la búsqueda de otros factores y, con ello, la posibilidad de soluciones más eficaces. El patriarcado, al presentarse como causa total, deja de ser una hipótesis para convertirse en dogma y, paradójicamente, obstaculiza el combate de desigualdades que no encajan en su molde.

Comprender que no todas las agresiones contra la mujer obedecen exclusivamente a un componente sexista resulta crucial: solo identificando el conjunto de riesgos —sociales, psicológicos, económicos, ambientales— podremos diseñar mejores estrategias de prevención y respuesta. La criminología internacional confirma que la violencia de pareja es un proceso interactivo entre autor y víctima, nutrido por variables múltiples y presente desde los primeros noviazgos. Más de doscientos estudios sobre conflictos familiares coinciden: en muchas relaciones, la violencia física o psicológica se convierte en forma habitual de comunicación, y la agresión bidireccional es, de hecho, el patrón más común.

Cierto es que las consecuencias suelen ser más graves para las mujeres, pero los datos matizan el relato único. El Primer Informe Nacional sobre el Homicidio en España (2018) revela que los varones matan más que las mujeres; sin embargo, la mayoría de esas víctimas son hombres (62 por ciento, hombres contra hombres; 28 por ciento, hombres contra mujeres). ¿Cómo encaja este hecho con la idea de que el machismo explica de modo exhaustivo la violencia letal contra las mujeres? La realidad es más compleja y, precisamente por eso, requiere un análisis más amplio que no se conforme con respuestas simplistas.

La criminóloga Paz Velasco traza un retrato nítido de la asesina primeriza en España. Se trata, por lo general, de una mujer de unos treinta y tres años que actúa movida principalmente por el afán de lucro. Su arma preferida es el veneno, y sus víctimas —niños, parejas, ancianos— pertenecen siempre a su entorno más próximo y vulnerable.

Diversos estudios sostienen que las mujeres matan con menor frecuencia que los hombres porque, de promedio, controlan mejor los impulsos; sin embargo, cuando lo hacen, revelan un *modus operandi* singular: planifican con meticulosidad, recurren a métodos discretos y letales, y ejecutan la agresión con una precisión que dificulta su rápida detención. Frente a la violencia directa que suele caracterizar a muchos homicidas masculinos, la agresora emplea recursos más sutiles, actúa con mayor cálculo y, a menudo, prolonga el proceso criminal en el tiempo.

Distinguir las motivaciones y procedimientos resulta crucial. Las razones que suelen llevar a un hombre a matar —poder, ira, territorialidad— no siempre coinciden con las que suelen impulsar a una mujer —beneficio económico, eliminación de un estorbo familiar, resentimiento íntimo—. Igualmente difieren las formas de ejecución: ellos tienden a usar fuerza física o armas de fuego; ellas, métodos menos visibles, como el envenenamiento, la asfixia o lesiones infligidas a lo largo de un cuidado emponzoñamiento emocional. Esa combinación de sigilo, premeditación y cercanía a la víctima hace que las autoras tarden más en ser descubiertas y, cuando lo son, revelen un patrón criminal tan complejo como inexplorado.

La simetría penal es un pilar de la igualdad jurídica: a idéntico delito debe corresponder idéntica pena, sin que el sexo del autor agrave o atenúe la responsabilidad. Sancionar más severamente a un hombre que a una mujer por el mismo acto contradice el principio de igualdad ante la ley que inspiró al feminismo clásico.

Resulta, por tanto, profundamente antifeminista —en el sentido histórico del término— legitimar diferencias punitivas basadas tan solo en el sexo del agresor. Admitir un agravante cuando se demuestra que el delito obedece a una motivación machista, del mismo modo que existe un agravante por racismo, es coherente: el reproche penal recae sobre el móvil discriminatorio. Lo inadmisible es convertir tal agravante en automático y universal, aplicándolo a todos los hombres por el simple hecho de serlo, al margen de la concreta intención con la que se perpetró el crimen.

La magistrada María Poza —titular de un juzgado de Murcia— elevó al Tribunal Constitucional una cuestión de inconstitucionalidad contra la ley de violencia de género alegando que vulnera el principio de igualdad ante la ley: la norma agrava la pena cuando el agresor es hombre, y la víctima, mujer. Sostiene la jueza que no puede darse por hecho que toda agresión contra una mujer sea, necesariamente, expresión de dominación masculina; convertir esa presunción en axioma lesiona la presunción de inocencia y transforma una hipótesis sociológica en verdad jurídica incuestionable.

El derecho penal, recuerda Poza, castiga conductas, no pertenencias. Si se admite que la sola condición sexual del autor justifica una pena mayor, ¿por qué no aplicar el mismo razonamiento a la condición racial? Siguiendo la lógica de la ley, toda agresión de una persona blanca contra alguien negro debería tratarse como delito racista, incluso cuando el móvil fuera algo completamente diferente como una cuestión económica. El Código Penal contempla un agravante por racismo, sí, pero se activa cuando se acredita el sesgo discriminatorio, no automáticamente por la combinación de colores de piel.

La magistrada advierte, además, que calificar a la mujer como «sujeto especialmente vulnerable» por definición hiere su dignidad. Y denuncia el uso torticero de la estadística: argüir que los hombres merecen castigos más duros porque delinquen más es —escribe— «pueril y peligroso». Según ese razonamiento, cabría agravar todas las infracciones de tráfico cometidas por varones, pues ellos protagonizan el 96,7 por ciento de esos delitos.

Mantener una discriminación penal basada en el sexo, concluye Poza, abriría la caja de Pandora: nada impediría mañana endurecer las condenas para un colectivo nacional —por ejemplo, los ecuatorianos— si su proporción entre los condenados por malos tratos fuera estadísticamente alta. La igualdad ante la ley quedaría reducida a un principio condicional, dependiente de la demografía y de la presión política del momento.

El patriarcado como dogma jurídico: del franquismo al progresismo punitivo

En realidad, la discriminación penal por razón de sexo no es nueva: ya en 1822, el Código Penal contemplaba un «agravante de desprecio del sexo», integrado en una lista que equiparaba la condición femenina a la tierna edad, la debilidad o el desamparo. Aquella lógica paternalista sobrevivió hasta el franquismo, que mantuvo la fórmula: eran circunstancias agravantes contra el reo la tierna edad, el sexo femenino, la dignidad, la debilidad, la indefensión, el desamparo o el conflicto de la persona ofendida.

En 1848, mediante la reforma del Código Penal (vigente desde 1850), se suavizó la redacción de aquel agravante, eliminando la mención explícita al «sexo femenino» y expresándolo así: «Ejecutar el hecho con ofensa o desprecio del respeto que por la dignidad, edad o sexo mereciere el ofendido».

En 1983, el Congreso de los Diputados aprobó una reforma de los agravantes del Código Penal que suprimió definitivamente el agravante de «desprecio del sexo». Durante el debate parlamentario, se subrayó que distinguir penalmente a la mujer por su presunta debilidad era incompatible con el principio constitucional de igualdad. La exposición de motivos señalaba: «Esa supuesta inicial y genérica debilidad de la mujer con respecto al hombre admite innumerables excepciones, no solo desde el punto de vista físico, sino —lo que es más importante— desde el punto de vista intelectual, generador de fuerza moral y efectiva en cualquier relación».

El diputado Francisco Granados Calero defendió que mantener ese agravante no protegía a ningún sexo, sino que perpetuaba un paternalismo decimonónico, y su eliminación alineó el Código Penal con la Constitución de 1978.

Paradójicamente, aquel argumento —que hoy podría pronunciar sin matices un dirigente conservador como Santiago Abascal— procedía entonces de las filas socialistas; mientras tanto, algunos portavoces de Alianza Popular respaldaban el dictamen de la futura vicepresidenta Carmen Calvo. Resulta revelador para quienes tildan de ultraderecha cualquier crítica a la asimetría penal: defender penas distintas por sexo equivale, en última instancia, a resucitar un planteamiento franquista.

La exalcaldesa Manuela Carmena coincidía: presentar a la mujer como víctima perenne y menor de edad no fortalece su autoestima ni su posición social, sino que la infantiliza. No se trata de etiquetar de franquistas a quienes respaldan la ley actual, sino de recordar que los argumentos valen por su contenido, no por la sigla que los pronuncie.

El Parlamento suprimió el agravante de «desprecio de sexo» del Código Penal por discriminatorio, y el Tribunal Constitucional acabó por avalar como constitucional la asimetría punitiva que agrava las penas cuando el agresor es un varón, y la víctima, una mujer (sentencia de 2008).

El machismo no reside en el ADN de ningún sexo; es una creencia cultural que, en determinados contextos, puede motivar actos violentos tanto en hombres como en mujeres. Una mujer, por ejemplo, puede agredir a su pareja o a su hijo cuando este no se ajusta a su idea de lo que «debe» ser un hombre. De igual modo, los varones que no encajan en los estereotipos masculinos también pueden convertirse en víctimas de violencia de género, y sus agresoras pueden ser mujeres.

En este capítulo he querido centrarme en los cimientos ideológicos que sostienen la normativa actual. Cuando la base es endeble, toda la estructura peligra. Necesitamos, por tanto, fundamentos sólidos para construir una perspectiva renovada de la violencia y unas leyes que reflejen la realidad y protejan por igual a todas las víctimas.

Avanzar exige, además, una educación rigurosa. Si formamos a las nuevas generaciones en ideas erróneas, no solo no resolveremos el problema, sino que crearemos otros. Un feminismo desprovisto de respaldo científico corre el riesgo de reforzar el mismo machismo que supuestamente pretende combatir. Presentar a la mujer como frágil e indefensa —eco del viejo caballerismo paternalista— puede inculcar una visión que, lejos de erradicar la misoginia, la perpetúe.

Conocer y comprender las causas de la violencia no implica justificarlas: significa que, antes de proponer remedios, debemos entender a fondo el fenómeno. Solo así podremos diseñar políticas eficaces y verdaderamente transformadoras.

«Solo sí es sí»: propaganda con víctimas reales

El desastre de la llamada ley del «solo sí es sí» es uno de los mayores bochornos legislativos de la política española reciente, y no solo por sus consecuencias jurídicas, sino por el nivel de dogmatismo y arrogancia con que fue defendida por sus autoras. Impulsada por Irene Montero y su equipo del Ministerio de Igualdad, la ley pretendía unificar los delitos de abuso y agresión sexual bajo un nuevo paradigma basado en el consentimiento explícito. Sobre el papel sonaba a progreso, pero en la práctica se convirtió en una tragedia perfectamente evitable que la fe ideológica decidió ignorar.

La reforma redujo penas mínimas para varios delitos sexuales sin prever disposiciones transitorias que protegieran a las víctimas de revisiones retroactivas. El resultado es ya historia: más de 1.233 agresores sexuales vieron reducida su condena y al menos 126 salieron de prisión (datos del Consejo General del Poder Judicial hasta noviembre de 2023). Un centenar largo de depredadores regresó a la calle gracias a una ley feminista mal pensada y peor defendida.

Entre los beneficiados están los miembros de La Manada. Dos de ellos, José Ángel Prenda y Jesús Escudero, vieron reducidas sus penas de quince a catorce años. El caso, emblemático para el movimiento feminista, terminó convertido en bofetada simbólica para la causa que pretendía abanderar. También se redujeron condenas en casos tan atroces como el de un hombre que violó repetidamente a su hermana menor. Porque, en el mundo real, el falso buenismo legal no es un juego político, es un hecho que afecta al sistema judicial y especialmente a las víctimas.

Lo peor no fue el error técnico, sino la soberbia con que se negó. Mientras las cifras del desastre crecían día tras día, Irene Montero y su círculo se atrincheraban en el relato: culpaban a los jueces, al «patriarcado togado», al sistema entero... A cualquiera excepto a su propia incompetencia. El dogma importaba más que el daño. Cuando, en abril de 2023, el Congreso parcheó la ley, el coste político era irreversible, y el coste humano, irreparable.

No se puede gobernar ni legislar con consignas, ni reducir fenómenos complejos como la violencia sexual a simples lemas de campaña. No se debe pensar la violencia desde trincheras identitarias, sordas al análisis crítico.

El feminismo institucional, en su versión más sectaria, quiso convertir esta ley en estandarte. Hoy es su Waterloo. Y no lo es por las voces disidentes, sino por las mujeres que dejó sin amparo y por los depredadores a quienes abrió la puerta de la cárcel. La magnitud del fracaso obligó al PSOE a reaccionar, y hoy el Ministerio de Igualdad está en manos de una nueva ministra (Ana Redondo desde 2023), que, aunque continúa con el legado ideológico, se mantiene en un segundo plano.

Irene Montero fue apartada tras las elecciones de 2023 y la negociación con Sumar. La ley que pretendía ser la punta de lanza del feminismo terminó siendo su tumba política.

La eficacia de una propaganda política y religiosa depende esencialmente de los métodos empleados y no de la doctrina en sí. Las doctrinas pueden ser verdaderas o falsas, pueden ser sanas o perniciosas, eso no importa. Si el adoctrinamiento está bien conducido, prácticamente todo el mundo puede ser convertido a lo que sea.

Aldous Huxley

7

Feminismo, islam y el problema del velo

De Asiria a Teherán: genealogía del velo como control femenino

Según Pol Kriwaczek, autor de *Babilonia: Mesopotamia. La mitad de la historia humana*, el origen del velo podría situarse en Asiria, en la antigua Mesopotamia. Asiria fue un imperio temido, recordado entre otras cosas por su crueldad y la severidad de los castigos impuestos a quienes infringían sus leyes. El aborto, por ejemplo, se castigaba con el empalamiento; el adulterio, con la desfiguración. Es en el código legal asirio donde encontramos la primera imposición documentada del velo a las mujeres:

> Ni esposas ni mujeres que salgan por la calle deben llevar la cabeza descubierta. Las hijas de los nobles... deben cubrirse, sea con un chal, una toca o un manto... Cuando salgan solas a la calle, deben cubrirse. Una concubina que salga con

> su señora debe cubrirse. Una prostituta sagrada, casada con un hombre, debe cubrirse en la calle, pero una a la que un hombre no ha desposado debe llevar la cabeza descubierta en la calle; no debe llevar velo. Una prostituta no debe llevar velo; su cabeza debe estar descubierta. Prostitutas y sirvientas que se cubran verán sus prendas confiscadas, recibirán cincuenta azotes y se les arrojará betún sobre la cabeza.

Los mesopotámicos concebían a sus dioses, como ocurre en muchas religiones politeístas, como parte de la naturaleza: representaciones de fuerzas cósmicas y naturales con rasgos humanos. Sin embargo, los asirios desplazaron lo divino más allá de lo natural y por encima de toda manifestación terrenal. Así, la naturaleza quedó excluida de la esfera de lo sagrado. El varón fue elevado por encima de ella y, al mismo tiempo, se situó dentro con un carácter semidivino al haber sido creado a imagen y semejanza de los dioses. La mujer, en cambio, debido a su distinta fisiología y a su capacidad de concebir y amamantar con su propio cuerpo, fue identificada con lo natural y, por tanto, con lo profano.

El ciclo menstrual inquietaba profundamente a los asirios, hasta el punto de que llegaron a considerar a la mujer como una entidad diabólica durante ese periodo. Mientras menstruaba, era apartada de los hombres consagrados, pues no solo era impura: también podía contagiar al varón con su impureza.

En resumen, la mujer quedaba excluida tanto de la humanidad plena como de la naturaleza semidivina, y era percibida como una amenaza para el hombre religioso.

Del código asirio, el islam heredó la norma de cubrir e invisibilizar el cuerpo de la mujer, aunque con una diferencia fundamental: en Asiria, las mujeres de clase baja tenían prohibido cubrirse. El velo funcionaba allí como un marcador de estatus, un signo distintivo entre mujeres dignas e indignas. En el islam, en cambio, la obligación del recato se volvió universal: todas las mujeres debían cubrirse, independientemente de su posición social.

La doctrina del velo sigue vigente en gran parte de Oriente Próximo, mientras que en Occidente ha ido perdiendo relevancia, al menos en lo que respecta a la mujer cristiana. En el caso de la mujer musulmana, el debate sigue abierto. En el judaísmo tradicional, tanto hombres como mujeres solían adorar con la cabeza cubierta. En cambio, los antiguos griegos —hombres y mujeres— oraban con la cabeza descubierta. El velo, como imposición exclusivamente femenina, se consolidó en la tradición cristiana a partir de la enseñanza paulina sobre la jerarquía divina y el orden de género:

> Pero quiero que sepáis que Cristo es la cabeza de todo varón, y el varón es la cabeza de la mujer, y Dios la cabeza de Cristo. Todo varón que ora o profetiza con la cabeza cubierta afrenta su cabeza. Pero toda mujer que ora o profetiza con la cabeza descubierta afrenta su cabeza; porque lo mismo es que si se hubiese rapado. Porque si la mujer no se cubre, que se corte también el cabello; y si le es vergonzoso a la mujer cortarse el cabello o raparse, que se cubra. Porque el varón no debe cubrirse la cabeza, pues él es imagen y gloria de Dios; pero la mujer es gloria del varón. Porque el varón no procede de la mujer, sino la mujer del varón; y tampoco el varón fue creado por causa de la mujer, sino la mujer por causa del varón. Por lo cual, la mujer debe tener señal de autoridad sobre su cabeza. (Primera de epístola de los corintios 11, 2-10).

Aunque esta práctica cayó en desuso en la mayoría de las iglesias cristianas, persisten movimientos minoritarios —como The Head Covering Movement— que buscan restaurarla con base en los escritos de la Iglesia primitiva. Uno de sus textos afirma:

> Recuerde que el propósito del velo es representar la sujeción de la mujer cristiana a su cabeza. Ya que esa relación entre el hombre y la mujer no cambia, a ella le conviene llevar el velo todo el tiempo. Además, su relación con Dios también es constante. La mujer cristiana debe estar dispuesta a orar a Dios y testificar de él en todo momento. Al llevar puesto el velo, ella siempre goza del privilegio de participar en esas actividades espirituales. Si ella estuviera en rebelión contra Dios en cuanto a esta doctrina bíblica, aunque fuera por una hora, entonces perdería ese privilegio.

Este tipo de imposiciones religiosas son rechazadas en buena parte de Occidente hoy en día. Pero surge una pregunta lógica: ¿por qué solo se condenan cuando afectan a mujeres cristianas y no cuando se imponen sobre mujeres musulmanas? La violencia ejercida contra la mujer en muchos contextos islámicos, especialmente en relación con la imposición del velo, ha sido mucho más severa y sistemática que la sufrida por la mujer cristiana en ese mismo aspecto. Además, el uso ceremonial del velo en la Iglesia entra dentro del protocolo litúrgico, al igual que otras formas de vestimenta ritual. No obstante, incluso si cada rito tiene su propia indumentaria, el velo conserva un simbolismo profundamente machista.

Sé que hasta hace cincuenta años cada mujer, en cada iglesia, cubría su cabeza... ¿Qué fue lo que sucedió en los últimos cincuenta años? Tuvimos un movimiento feminista.

ROBERT CHARLES SPROUL

A comienzos del siglo XX, las mujeres cristianas comenzaron a abandonar el uso del velo en las ceremonias religiosas. Esta tendencia coincidió con el ascenso del feminismo, cuya primera ola se remonta a la Ilustración (siglo XVIII). Aunque la práctica del velo se mantuvo en muchas congregaciones, su carga simbólica empezó a debilitarse.

Durante la década de 1960, el número de mujeres que seguían cubriéndose la cabeza descendió drásticamente, en buena medida gracias al impulso del movimiento feminista, que criticó con fuerza este símbolo de sumisión tanto al poder masculino como a la autoridad eclesiástica. La Organización Nacional de Mujeres (NOW), fundada por Betty Friedan, incluyó entre sus campañas la erradicación del uso del velo en contextos religiosos.

Phyllis Schlafly, activista conservadora opuesta al feminismo, escribió al respecto:

> Debido a que el uso del velo en los servicios religiosos simboliza la sumisión de la mujer, NOW recomienda a todas sus divisiones que realicen un esfuerzo para que todas las mujeres participen en un «desvelo nacional», enviando sus velos al presidente del Grupo de Trabajo. En la reunión de primavera del Grupo de Trabajo sobre Mujer y Religión, estos velos

serán quemados públicamente para protestar contra el estatus de segunda clase que las mujeres tienen en las iglesias.

La lucha liderada por las mujeres logró avances significativos en el mundo occidental a pesar de la resistencia de los sectores más conservadores, preocupados por la pérdida de las «viejas costumbres» o, como diría hoy el feminismo hegemónico al criticar esa postura, por «la pérdida de los rasgos identitarios y culturales».

Me perturba que... en Estados Unidos la tradición de que la mujer cubra su cabeza haya muerto al mismo tiempo que presenciamos una revuelta cultural en contra de la autoridad del esposo sobre su mujer.

ROBERT CHARLES SPROUL

Feminismo selectivo: cuando cubrirse la cabeza es progresista

Las distintas categorías de velo —burka, *niqab*, chador, *al-amira*, hiyab, *shayla*, entre otras— difieren únicamente en grado: algunas son más restrictivas, otras más permisivas, pero todas comparten el mismo sustrato patriarcal. (Estas connotaciones machistas no se aplican al velo utilizado con fines estéticos, lúdicos o voluntarios, fuera del marco religioso o normativo).

Masih Alinejad, activista iraní y fundadora del movimiento #WhiteWednesdays, ha afirmado que decir que la imposición del velo forma parte de una cultura «es insultar a esa cultura». Y tiene razón. El velo no es exclusivo del islam, como ya hemos visto, pero en muchas sociedades islámicas —y ahora también en algunas zonas de Europa— las mujeres musulmanas siguen siendo obligadas a cubrirse. Ante esta realidad, el feminismo hegemónico no solo aparta la vista, sino que a menudo obstaculiza activamente a las mujeres que, al igual que lo hicieron las cristianas en Estados Unidos, luchan por liberarse del velo en condiciones mucho más adversas.

El patriarcado islámico castiga con una dureza brutal a las mujeres que desafían su autoridad: muchas se enfrentan a penas de cárcel, tortura o exilio por el simple hecho de quitarse el velo o bailar en público.

Para justificar el escandaloso silencio ante estas atrocidades, algunas corrientes feministas sostienen que la lucha por la libertad de las mujeres musulmanas debe ser emprendida únicamente por ellas mismas. Pero cuando una mujer se libera del velo y se convierte en referente para otras que, viviendo bajo opresión, se atreven a seguir su ejemplo, esas mismas feministas —que no dudan en atacar con dureza cualquier símbolo cristiano— se apresuran a tildarlas de islamófobas, traidoras o eurocentristas.

Así, las mujeres que arriesgan su vida por desafiar una imposición patriarcal no solo deben plantar cara a la represión del régimen que las oprime, sino también a las acusaciones de un feminismo hegemónico que, en su deriva islamófila y antioccidental, termina colaborando —aunque sea por omisión— con los mecanismos que perpetúan esa opresión. Les niegan la solidaridad, les cuestionan la voz y les dificultan la posibilidad de vivir sin tener que transgredir la ley para ser libres.

Y eso no es todo, algunas de estas feministas promueven un «feminismo islámico». Dice Mimunt Hamido sobre las occidentales conversas:

> El hiyab tiene un sentido político clarísimo. Disfrazarlo de moda o de libre elección, incluso de prenda «empoderante» y feminista, es una locura. Muy peligroso para nosotras. Han conseguido a golpe de talonario que las jóvenes musulmanas crean que es una obligación llevar puesto un símbolo identitario y sexista para sentirse parte de algo. Cabe preguntarse en qué nos hemos equivocado para que una chica de 20 años nacida en España crea que tiene que llevar puesto un símbolo patriarcal para que se la distinga de otras, que confunda identidad con ideología y encima se crea que ese símbolo la empodera. Son agresivas. Dicen que quien rechaza el hiyab es una colonialista blanca eurocentrista, una renegada acomplejada o una islamófoba racista, ¡ojo! Eso me lo dicen a mí, que soy mora, mujeres que antes de ser musulmanas eran ateas o cristianas, españolas de toda la vida que dicen ser feministas. Crean talleres para convencer a las chicas de que el hiyab empodera, talleres para convencerlas de lo guay que es ser parte del islam visible. Pero aquí está lo que nunca dicen las conversas: es fácil hacerse musulmán en Europa, sí, pero es imposible dejar de serlo para un nacido musulmán en muchos países musulmanes. Curioso que las conversas no digan ni pío sobre este tema.

A las grandes pensadoras del feminismo árabe como Wassyla Tamzali se las ningunea y ridiculiza desde el feminismo islámico, al que aplauden muchas feministas aquí. He visto cómo alguna feminista islámica ha tachado de traidora a Mona Eltahawy, una mujer que sufrió torturas y violacio-

> nes en Egipto. Es desolador y terrible que esto esté pasando en Europa, porque las verdaderas feministas árabes y musulmanas se dejan la piel y la vida para conseguir lo contrario de lo que quieren las feministas islámicas de aquí. Eso sí, luego hablan de eurocentrismos y se quedan tan anchas. Separar la fe de la política es muy difícil en el islam, pero se puede hacer. Túnez está en ello, Turquía es un país laico. El error que se comete en Europa es pensar que los musulmanes no podemos avanzar y dejar atrás dogmas que nos perjudican. La izquierda europea justifica lo injustificable agarrándose a que es «nuestra cultura». Hay que proteger a las minorías, pero no ceder ante símbolos y costumbres llamados «culturales» que atentan contra la libertad y los derechos humanos.

Las culturas cambian, y las identidades no son inmutables. En el mundo occidental, muchos de los avances ligados al pensamiento crítico, la conciencia individual y la separación entre lo sagrado y lo civil no comenzaron con la Ilustración, ni dependen de ella para ser defendibles. De hecho, mucho antes del protestantismo —al que numerosos católicos siguen considerando herético— ya hubo movimientos reformistas dentro de la Iglesia católica que cuestionaron prácticas abusivas, defendieron una espiritualidad más interiorizada y fomentaron una mayor responsabilidad ética individual. Figuras como Francisco de Asís, los místicos medievales o los humanistas cristianos como Erasmo de Róterdam representan esta pulsión de reforma «desde dentro», que no rompió con la Iglesia, sino que la transformó.

Muchas de esas reformas, que en su momento fueron vistas con recelo o tachadas de peligrosas, son hoy plenamente aceptadas por los católicos practicantes que rechazan el protestantismo, pero reconocen la necesidad de que la Iglesia haya evolucionado. Este proceso muestra que incluso las instituciones más ancladas en la tradición son capaces de adaptarse cuando la presión moral o histórica lo exige.

La progresiva separación entre Iglesia y estructuras políticas y el desplazamiento de la autoridad religiosa como centro absoluto de la vida pública permitieron que el pensamiento crítico ganara terreno. Este cambio no fue simplemente una «ruptura» con lo religioso, sino que tuvo raíces internas en la propia tradición cristiana. La posibilidad de examinarse a uno mismo frente a lo establecido se encuentra en muchos reformadores, místicos y teólogos católicos que, sin abandonar su fe, ya desafiaban las estructuras rígidas del poder clerical.

De forma paradójica, esta liberación del pensamiento respecto al dogma no debilitó necesariamente la dimensión espiritual: por el contrario, permitió que muchas personas, al dejar de estar obligadas a creer bajo una única forma impuesta, pudieran explorar con mayor honestidad el sentido profundo de lo religioso. Al cuestionar los marcos doctrinales cerrados, se abre espacio para descubrir aquello que es común, transversal, lo perenne que une a distintas tradiciones espirituales que a primera vista parecen enfrentadas. En vez de erosionar la espiritualidad, esta apertura permitió una mirada más universal, menos sectaria y más conectada con lo esencial de la experiencia humana.

Pensar por uno mismo —sin delegar ciegamente el juicio en autoridades religiosas o estatales— es una condición fundamental de la madurez individual. Esto no implica rechazar la autoridad legítima ni la jerarquía ni el valor de la experiencia acumulada por quienes conocen a fondo un determinado ámbito. Significa, más bien, no abdicar del propio criterio ni renunciar a la capacidad de discernimiento personal incluso cuando se escucha o se sigue a quienes saben más.

En ese sentido, ciertos símbolos —como el velo impuesto— no pueden entenderse únicamente como vestimenta o expresión cultural, sino como dispositivos visibles de tutela institucional sobre la mujer. Funcionan como marcadores de su posición subordinada dentro del orden social, donde su autonomía es condicionada desde fuera, no desde una convicción libremente elegida.

Occidente no alcanzó sus actuales niveles de libertad sin conflictos ni renuncias. Muchas costumbres que en su momento se consideraron «rasgos identitarios» fueron abandonadas precisamente porque se reconoció que eran incompatibles con un desarrollo humano más amplio. La cultura no es un museo de esencias: es una construcción histórica viva en la que no todo merece ser conservado.

Esto no implica que la religión deba ser descartada. Lo que este enfoque exige es que la religión pueda ser cuestionada, investigada, reinterpretada e incluso abandonada por quien así lo decida sin que una autoridad religiosa imponga su poder sobre la conciencia individual. La espiritualidad, liberada de ese control, no se debilita: se vuelve más íntima y abierta al sentir personal, alejada del dogma y de las imposiciones institucionales.

El propio Jesús actuó en esa dirección: no abolió la ley, pero la reinterpretó desde un principio más profundo y radical, condensándola en un solo mandamiento —«Amaos los unos a los otros como yo os he amado»— que colocaba el amor por encima del legalismo. No negó la tradición, pero la atravesó con una nueva lectura, subvirtiendo la lógica del poder religioso de su tiempo. Ese gesto —de asumir lo heredado para transformarlo— es precisamente lo que hace posible una espiritualidad auténtica, viva, y no una obediencia ciega a la estructura.

Reformismo islámico *versus* feminismo decolonial: la batalla por la mujer musulmana

Durante el siglo XIX surgió un movimiento intelectual llamado «reformismo islámico» cuyo objetivo era conciliar los valores democráticos, la igualdad, el progreso y los derechos civiles con el islam, y para ello abogaban por reinterpretar los textos sagrados. Entre sus objetivos estaban: mejorar los conocimientos científicos y técnicos y la conexión con el movimiento cultural literario renacentista que marcó el despertar del Oriente árabe, y reformar aspectos políticos y éticos dentro de la ley islámica para introducir los nuevos términos civiles y racionales.

Ayaan Hirsi Ali nació en Arabia Saudí y vivió en Kenia, fue criada en el islam, en el seno de una familia profundamente religiosa, le practicaron la ablación, llevó el hiyab por «voluntad propia» y, años después, comenzó su despertar intelectual en una época difícil en la que se cuestionó todas sus certezas. Huyó a Holanda tras negarse a someterse a un matrimonio concertado y, una vez allí, llegó a ser diputada y dio voz a mujeres que sufrían el mismo tipo de maltrato del que ella había escapado.

Se convirtió en un referente de valentía y poder femenino, hasta que comenzaron a perseguirla algunos grupos islamistas. Protagonizó un documental en el que narraba su historia, cuyo realizador fue asesinado, quedando ella bajo protección del Gobierno. Cuando le retiraron la protección, viajó a Estados Unidos y comenzó una nueva etapa como defensora del reformismo islámico.

He visto el islam desde dentro y desde fuera. Creo que la reforma del islam es necesaria y posible. Y solo los musulmanes pueden hacer la reforma realidad. Pero nosotros, Occidente, no podemos permanecer al margen como si el resultado de esta lucha no tuviera nada que ver con nosotros. Si el yihadismo gana y se pierde la esperanza de reformar el islam, el mundo entero pagará un precio terrible.

AYAAN HIRSI ALI

Quién le iba a decir a Ayaan que no solo tendría que defenderse de los ataques de los islamistas más retrógrados, sino que, en su lucha por la defensa de la reforma del islam, también tendría que enfrentarse a intelectuales y políticos «progresistas» occidentales, que no dudaron en tacharla de «islamófoba». Aquellos que defendían la libertad colaboraban con quienes la aniquilaban para intentar silenciarla a ella y al resto de los disidentes y reformistas.

La libertad alcanzada en Occidente también tiene enemigos entre los que disfrutan de ella. Mantener los logros a los que hemos llegado no es fácil y nada está totalmente asegurado. La transformación de nuestras sociedades occidentales en dictaduras totalitarias es una posibilidad que Ayaan nos recuerda y de la que nos advierte. La libertad hay que defenderla con coraje y sin descanso. El islam necesita una reforma si quiere compartir espacio con las sociedades abiertas, tiene que abandonar la interpretación literal de algunas de sus fuentes y las prácticas violentas.

Cuando etiquetamos a los reformistas y disidentes de «islamófobos», mermamos la posibilidad de que esta reforma tenga lugar y condenamos a nuestras sociedades a un conflicto imposible de resolver. Ayaan pide que podamos criticar el islam en las universidades del mismo modo que criticamos el cristianismo o no habrá progreso posible para ellos. Occidente, que pretende expiar los pecados por el colonialismo autoflagelándose, tiene que superar su narcisista superioridad moral y empezar a valorar y defender los avances conquistados. Debe decir como Ayaan: si queréis vivir en nuestra sociedad y compartir sus bienes materiales, necesitáis aceptar que nuestras libertades no son opcionales.

En los últimos años, lejos de disminuir, el uso del velo ha aumentado en varios países occidentales, impulsado en parte por dinámicas comunitarias de presión social, identidades cerradas y una lectura reaccionaria del islam. En muchas zonas de Europa, especialmente en barrios periféricos donde se concentran comunidades musulmanas, el velo no se presenta como una elección libre, sino como una norma tácita —y a veces explícita— de obediencia. A este fenómeno se suma el preocupante auge de prácticas como el matrimonio infantil, los crímenes de honor y la violencia sexual dentro de contextos migrantes que reproducen formas patriarcales de control sobre el cuerpo y la libertad de las niñas y las mujeres. Según varios informes de organismos europeos, ha habido un repunte de menores casadas en comunidades cerradas, así como una tendencia alarmante a justificar la violencia bajo pretextos culturales o religiosos.*

Mientras tanto, en numerosos países con legislación islámica o con fuerte influencia clerical —como Irán, Afganistán, Arabia Saudí o Pakistán—, las mujeres siguen siendo sistemáticamente castigadas por transgredir los códigos de vestimenta o conducta. Quitarse el velo puede llevar a penas de prisión, tortura, agresiones físicas o desapariciones forzadas. Las protestas de mujeres en Irán, por ejemplo, han sido reprimidas con violencia letal: desde la muerte de Mahsa Amini en 2022, detenida por la «policía de la moral» por no llevar correctamente el hiyab, se han documentado decenas de mujeres asesinadas, encarceladas o desaparecidas por resistirse al mandato del velo. En Arabia Saudí, hasta hace poco, las mujeres necesitaban permiso de un tutor varón para trabajar, estu-

* Varios informes señalan un aumento en los casos detectados de matrimonios forzados o de menores debido a la migración (especialmente tras la crisis de refugiados en 2015-2016), aunque las tasas globales de matrimonios infantiles han disminuido en algunas regiones. En Europa, esto ocurre principalmente en comunidades migrantes o cerradas, donde se practican matrimonios forzados por razones culturales. Por ejemplo, el informe de la FRA (Agencia de Derechos Fundamentales de la UE), *Addressing forced marriage in the EU: legal provisions and promising practices* (2014, actualizado en 2025) destaca que, en países como Alemania, Suecia y el Reino Unido, ha habido un aumento en los casos reportados debido a la inmigración, y propone recomendaciones para la protección de las víctimas y la anulación de esos matrimonios. Además, enfatiza que estos matrimonios ocurren en «comunidades cerradas» donde las tradiciones culturales prevalecen sobre las leyes europeas. Véase: <https://fra.europa.eu/sites/default/files/fra-2014-forced-marriage-eu_en.pdf.pdf>. El informe de EUAA (Agencia de la UE para el Asilo) sobre matrimonios forzados e infantiles de 2021, enfocado en contextos de asilo (por ejemplo, de Siria), resalta que los matrimonios infantiles son prácticas dañinas en comunidades cerradas y que se observa un repunte en las solicitudes de asilo relacionadas con la evasión de estos matrimonios. También recomienda protección para las niñas migrantes. Véase: <https://euaa.europa.eu/country-guidance-syria-2021/2123-forced-and-child-marriage>.

diar o viajar. En Afganistán, el retorno de los talibanes ha implicado una regresión brutal: las mujeres han sido apartadas de la educación y el trabajo, y se han visto sometidas a la imposición del burka, a latigazos públicos y a ejecuciones por acusaciones de conducta inmoral. En muchos contextos, la violación no es castigada como crimen, sino como adulterio, penalizado con lapidación o prisión para la propia víctima.

Estas realidades no pueden relativizarse ni ser blanqueadas bajo el pretexto del «respeto cultural». Defender la autonomía personal, la libertad de pensamiento y el derecho a una vida digna no es un gesto de supremacía occidental, sino una exigencia mínima de humanidad compartida. Y aun si lo fuera —incluso si tales valores hubiesen nacido en contextos occidentales—, seguirían siendo preferibles a los sistemas de imposición religiosa que, como ocurre bajo ciertas interpretaciones del islam, someten y esclavizan a las mujeres de manera sistemática.

Justificar la opresión en nombre de la diversidad cultural no es una muestra de tolerancia, sino una forma sofisticada de complicidad. La verdadera pluralidad no pasa por aceptar cualquier práctica, sino por defender principios éticos universales que protejan la integridad del individuo frente a cualquier forma de dominación, venga de donde venga.

La imposición del velo es incompatible con los principios básicos de las sociedades occidentales. Igual que no se permite entrar con un pasamontañas a un colegio ni acudir en topless a una oficina pública, tampoco debería permitirse cubrir completamente el rostro —dejando solo los ojos a la vista— en espacios compartidos. No se trata solo de una cuestión de seguridad, sino de coherencia con las normas sociales que rigen la convivencia. Las normas de vestimenta existen en toda sociedad; no hay razón para que se tolere una prenda cuyo simbolismo remite abiertamente a la subordinación femenina, igual que no está bien visto llevar una esvástica nazi de forma no irónica.

Quien desee usar el velo en su ámbito privado está en su derecho. Pero que no pretenda hacerlo pasar por una forma de emancipación. El velo, como institución, es un símbolo de control religioso radical. Y aunque toda persona tiene derecho a adoptar visiones machistas en su espacio íntimo, no puede imponerlas a terceros ni exigir su validación en el espacio público. ¿Es posible resignificar el velo? No lo creo, mientras siga habiendo mujeres a las que se obliga a llevarlo bajo amenazas, violencia o represión legal. No se puede resignificar un símbolo mientras sigue siendo herramienta de castigo mortal para millones.

> Ya es hora de que las mujeres australianas que participan en política dejen de colocarse el velo cuando van a los países musulmanes. Sé que es bueno respetar a los demás, pero si usted es la canciller, es canciller con su uniforme e insignia, y si no la respetan como mujer al presentarse y vestirse con lo que le gusta vestirse, entonces ese es un país cuya embajada no deseamos. No queremos nada con esta gente si no respetan a nuestra canciller, independientemente de qué país sea...
>
> Imam Mohammad Tawhidi

También debemos exigir a nuestras representantes políticas coherencia y valentía: ninguna mujer que se diga libre debería someterse a la imposición del velo al visitar países donde este se exige por ley o costumbre. Aceptar esa imposición en nombre del «respeto cultural» es traicionar a quienes dentro de esos mismos países arriesgan su vida por quitárselo. Las mujeres que representan el feminismo institucional, tan rápidas para denunciar el machismo cuando se trata de cuotas o privilegios, no dudan en cubrirse la cabeza cuando buscan alianzas con regímenes que oprimen sistemáticamente a otras mujeres. Esa es la hipocresía de un feminismo burocratizado y corrupto, más preocupado por el poder y por llenarse los bolsillos que por la verdad.

Estar junto a las víctimas no es un gesto de caridad, sino de responsabilidad ética. Si de verdad nos conmueve la violencia que sufren las mujeres bajo regímenes islamistas, no podemos callar ni mirar hacia otro lado. No solo por ellas, sino también por nosotras, si no queremos que nuestra propia libertad retroceda bajo la presión de quienes desean importar su moral islamista en nombre de una diversidad mal entendida.

El blanqueamiento del hiyab deja sin argumentos a las jóvenes que no quieren someterse a esa cárcel: si está presente en la comunidad, si lo apoya un ayuntamiento, si lo lleva una diputada, ¿quién eres tú para negarte a usarlo? Es lo contrario de lo que sucede en Marruecos, Argelia o Irán, donde hay una lucha intelectual y social en contra de la imposición del hiyab.

Hanan Serroukh

En los últimos años ha ganado visibilidad el llamado «feminismo islámico decolonial», una corriente que busca reinterpretar las escrituras islámicas desde una perspectiva de género y justicia social. Sus defensoras insisten en que el islam ha sido malinterpretado por siglos de patriarcado y que el Corán y los hadices contienen —según su lectura— un mensaje esencialmente igualitario que habría sido oscurecido por la tradición, el colonialismo y la mirada orientalista occidental. Su objetivo declarado: recuperar un «verdadero islam feminista».

Sin embargo, esta corriente se enfrenta a una contradicción insalvable. Si el islam —como sistema religioso y jurídico— no tuviera una base patriarcal, ¿por qué sería necesario reformarlo? ¿Por qué reinterpretar o eliminar los versículos que claramente presentan a la mujer como inferior, peligrosa o subordinada?

Algunos de los fragmentos más problemáticos incluyen:

- Corán 4:34: «Los hombres están a cargo de las mujeres por cuanto Dios ha preferido a unos sobre otras y porque ellos gastan de sus bienes. Las mujeres virtuosas son obedientes [...] y a aquellas de quienes temáis desobediencia, amonestadlas, dejadlas solas en el lecho y golpeadlas».
- Corán 2:223: «Vuestras mujeres son para vosotros un campo de labranza; id, pues, a vuestro campo como queráis».
- Hadiz de Sahih al-Bukhari, volumen 1, libro 6, número 301: «El Profeta dijo: "He visto que la mayoría de los habitantes del infierno son mujeres". Las mujeres preguntaron: "¿Por qué, oh, Mensajero de Alá?". Él res-

pondió: "Por su falta de gratitud y por maldecir con frecuencia"».

- Hadiz de Sahih Muslim, 4:1039: «La oración de una mujer no es aceptada si no está cubierta, excepto si es por necesidad».

Estos textos —que forman parte del núcleo duro de la doctrina islámica— no son simples «desvíos históricos» ni fruto del colonialismo: existían siglos antes de la llegada de Europa al mundo islámico. Y, sin embargo, las feministas islámicas decoloniales suelen afirmar que estas visiones no provienen del islam, sino de la distorsión colonial. Es decir, se culpa a Occidente de la misoginia que aparece literalmente en los textos religiosos fundacionales del islam.

La paradoja es evidente: mientras se afirma que el islam no es machista, se promueve la reforma de los pasajes machistas del islam. Mientras se culpa al colonialismo de la opresión de las mujeres musulmanas, se obvia que muchas de las restricciones actuales —como la imposición del velo, la poligamia unilateral, la prohibición de viajar sin un tutor, la lapidación por adulterio o la herencia desigual— están sancionadas en las fuentes islámicas y aplicadas por gobiernos islámicos, no por potencias coloniales.

Culpar al colonialismo de todo resulta cómodo porque desplaza la responsabilidad y convierte toda crítica en un acto de islamofobia. Pero lo cierto es que, sin una revisión profunda de los textos fundacionales —una revisión que la mayoría de los ulemas consideran blasfema—, no puede haber verdadera igualdad dentro del marco religioso islámico.

En contraste con esta postura evasiva, se encuentran los reformistas islámicos honestos que ya hemos mencionado y que, sin necesidad de disfrazar el conflicto, admiten que el islam contiene elementos profundamente peligrosos y que necesita ser revisado desde sus fundamentos. Intelectuales como Fatima Mernissi, Amina Wadud o Muhammad Shahrour han señalado con claridad que la estructura tradicional del islam legitima la desigualdad entre los sexos y la violencia, que no basta con reinterpretar: hay que disputar el marco completo. Estos reformistas asumen el riesgo de confrontar el texto, no de externalizar la culpa. Mientras los reformistas se enfrentan al problema, las feministas decoloniales lo externalizan. No reforman el islam: reformulan la culpa. En lugar de señalar al versículo o al hadiz, señalan al colonialismo. En lugar de revisar los cimientos, exigen respeto para una supuesta esencia igualitaria que nadie ha visto aplicada en mil cuatrocientos años. Es una forma sofisticada de evasión política que evita el conflicto con las autoridades religiosas al precio de dejar intacta la estructura que oprime a millones de mujeres.

Así, el feminismo islámico decolonial queda atrapado en una contradicción: busca liberar a las mujeres sin incomodar al islam, desafiar el patriarcado sin mencionar su raíz textual y denunciar la dominación sin molestar a los dominadores. Al mismo tiempo, las que verdaderamente se juegan la vida por quitarse el velo o por estudiar y opinar en libertad siguen siendo castigadas por un sistema que no necesita colonialismo alguno para justificar su violencia.

Mientras, las feministas occidentales reivindican el velo islámico bajo paradigmas liberales. Esta contradicción —entre un símbolo religioso de raigambre patriarcal y un discurso de elección individual— refleja la incoherencia total y la estupidez a la que ha llegado el movimiento, convirtiéndose en caballo de Troya de su peor enemigo: el islamismo.

El islam místico como alternativa espiritual al salafismo

El islam, como toda religión, debería aspirar a una comunión con lo divino más allá de las interpretaciones políticas y dogmáticas de sus textos. La vía mística —el sufismo— cumple precisamente ese fin, aunque la mística no está pensada para las masas. Por ello, se presenta como necesaria una reforma para paliar la radicalización que sufren muchas sociedades islámicas. Sin embargo, sin el respaldo de la comunidad internacional a los reformistas, y con el desconocimiento general de la mística sufí, esta tarea resulta prácticamente imposible en la actualidad.

Imaginemos por un momento un viajero que recorre no senderos de arena, sino los vericuetos del propio ser. Ese peregrino interior es el sufí, alguien que no se contenta con cumplir rituales o recitar versículos por obligación, sino que busca vivir cada palabra como una experiencia transformadora. El sufismo, en esencia, es ese impulso de volver a hallar la chispa divina que habita en el corazón de cada ser humano.

A diferencia de las corrientes que aspiran al control político y social —donde la sharía se convierte en un código punitivo, y la religión, en instrumento de dominio—, el sufismo se centra en la purificación interna. No se trata de imponer leyes exteriores para modelar la conducta colectiva, sino de esculpir el alma a través de prácticas que despiertan la conciencia de la presencia de Dios en cada instante. El *dhikr* (recordar), la *muraqaba* (contemplación silenciosa) y el *sama* (música y poesía) son herramientas para pulir el ego y abrir el oído del corazón a un sonido más profundo que el ruido habitual del mundo.

Por ejemplo, Rumi (1207-1273), el gran poeta-místico, escribió: «Lo que buscas te está buscando a ti». Con esto nos recuerda que no somos exploradores externos, sino confidentes de un secreto que ya late en nuestro interior.

Contrastemos ahora esta mirada con la del islamismo radical, que pretende erigir un Estado donde la ley religiosa se aplica con mano de hierro: amputaciones, lapidaciones e incluso ejecuciones por transgresiones como la mera «indecencia» de descubrir el rostro o el cabello. En esas sociedades, la mujer se convierte en un blanco de vigilancia perpetua —su apariencia y su libertad de movimiento dependen de una norma impuesta desde arriba—. Quitar el velo no es un acto personal, sino una ofensa contra un orden colectivo que se asegura de recordarle a cada individuo el temor al castigo.

En el sufismo, en cambio, la experiencia femenina ha sido siempre reconocida como un canal legítimo de sabiduría. Rabia de Basora, la primera gran voz sufí, enseñó que el amor a Dios no admite cálculo: «Te amo porque te amo, no porque espere recompensa». Su autoridad espiritual no dependía de un título oficial, sino de la claridad de su entrega y la pureza de su intención.

Rumi vuelve a mostrarnos el camino con estas palabras: «La herida es el lugar por donde entra la luz». Su enseñanza sugiere que el dolor, la fragilidad y la duda no son obstáculos, sino puertas de entrada a una comprensión más amplia de la realidad divina.

Esta forma de entender la religión rechaza el uso de la violencia como medio de purificación. Para el sufí, la verdadera yihad (esfuerzo) es enfrentarse al propio ego: domar la ira, la ambición y el orgullo. En esa batalla interna, a menudo silenciosa, el guía (*shaykh*) funciona como espejo y faro, ayudando al discípulo a reconocer los rincones oscuros del alma.

Mientras el islamismo radical construye muros de exclusión y represión, el sufismo tiende puentes que trascienden identidades nacionales, étnicas o religiosas. Sus órdenes sufíes han convivido históricamente con cristianos, judíos y otros musulmanes, compartiendo poesía, conversaciones —*halqas*— y celebraciones de fraternidad. Pero no es la mística la que amenaza las libertades en España, es el salafismo que busca volver a las prácticas de las «primeras generaciones» del islam (el *salaf*) mediante una lectura literal y rígida del Corán y la Sunna, especialmente en Cataluña, donde los imanes salafistas han logrado mayor influencia entre la juventud.

Según el Ministerio del Interior, hay unas noventa y ocho mezquitas y centros islámicos de tendencia salafista en todo el país, cincuenta de ellos en Cataluña, y la Generalitat estima que una de cada tres mezquitas catalanas está controlada por predicadores salafistas. La mayoría de su proselitismo y reclutamiento se hace hoy en día a través de internet y en asociaciones o centros de culto, muchos financiados desde países del golfo Pérsico.

A nivel europeo, el salafismo también se ha extendido de forma notable. En Francia es el movimiento islámico más dinámico, impulsado desde los años noventa por estudiantes retornados de universidades saudíes; y en Alemania —aunque con matices distintos en sus tres corrientes (quietista, política y yihadista)—, el número de salafistas registrados creció de 3.800 a 7.500 entre 2011 y 2015, según la Oficina Federal para la Protección de la Constitución.

Dentro de este espectro, el salafismo yihadista justifica la violencia como vía para imponer su visión. Varios atentados en España —como los del restaurante El Descanso (1985), el 11-M (2004) o los de Cataluña (2017)— han estado vinculados a células de esta última corriente. Este es el peligro al que nos enfrentamos y ante el que hemos abandonado las armas, tanto racionales e ideológicas como espirituales.

> El islam que practico es el fin de la violencia. El islam que practico es un acto de paz, una promesa de amor en un mundo de malicia.
>
> Abhijit Naskar

> Levanta tus palabras, no la voz. Es la lluvia la que hace crecer las flores, no el trueno.
>
> Yalal ad-Din Rumi

8

Ciencia y tabú de las diferencias sexuales

Preferencias, no prejuicios: ¿por qué elegimos distinto?

En la era del feminismo contemporáneo, donde la narrativa predominante insiste en que las diferencias entre hombres y mujeres son meramente construcciones sociales, la psicóloga y escritora canadiense Susan Pinker ofrece una visión radicalmente distinta en su libro *La paradoja sexual. De mujeres, hombres y la verdadera frontera del género*. Su trabajo, basado en investigaciones científicas sobre diferencias de género, desafía una idea clave del feminismo moderno: que las mujeres no han alcanzado la paridad en ciertos sectores porque la sociedad aún está plagada de discriminación y barreras estructurales.

Lejos de ser un manifiesto contra la igualdad, Pinker señala un hecho ignorado para los ideólogos del feminismo *mainstream*: los países más igualitarios del planeta —Noruega, Suecia, Finlandia— exhiben las brechas vocacionales más amplias. Cuanta más autonomía se concede, más se acentúan las diferencias en las elecciones profesionales. Este fenómeno, bautizado como «paradoja de la igualdad de género», también ha sido documentado por Stoet y Geary (2018), dos psicólogos cognitivos reconocidos en el ámbito evolutivo del desarrollo.

La neurociencia también tiene algo que decir. Diversos estudios de conectividad cerebral revelan que el cerebro masculino presenta rutas mejor integradas dentro de cada hemisferio —una ventaja para el razonamiento espacial—, mientras que el femenino muestra más puentes interhemisféricos, lo que favorece la comunicación y la empatía (Ingalhalikar *et al.*, 2013). Estos hallazgos se confirman en metaanálisis recientes que muestran patrones consistentes de dimorfismo cerebral a lo largo de la vida. Uno de los resultados más citados del equipo de Ingalhalikar es que las conexiones anterior-posterior predominan en los varones, mientras que los puentes izquierda-derecha son característicos de las mujeres. Traducido: ellos optimizan la especialización; ellas, la integración de información.

El tamaño relativo de ciertas estructuras también difiere. Ciertos metaanálisis sobre neuroimagen indican que el hipocampo suele ser más voluminoso en mujeres —memoria y regulación emocional—, mientras que la amígdala es algo mayor en hombres y se asocia a la respuesta ante amenazas y la toma de riesgos (Ruigrok *et al.*, 2014). Las diferencias alcanzan el nivel molecular; así, diversos trabajos han identificado patrones sexuales de expresión génica en el cerebro que modulan las hormonas y los neurotransmisores, influyendo en la forma en que procesamos el estrés o la recompensa (Hashikawa *et al.*, 2018).

Ahora bien, conviene no confundir predisposición con destino. Como subraya la neurocientífica Marta Iglesias Julios, la cultura, la educación y la experiencia modelan —y a veces contrarrestan— esas huellas biológicas. Nadie nace con un código QR que ordene estudiar enfermería o ingeniería, pero el terreno de juego no es idéntico para ambos sexos.

El algoritmo fallido de la paridad

Los estudios demuestran que los hombres tienen más inclinación hacia objetos, sistemas y reglas abstractas, mientras que las mujeres se interesan más por las personas y las relaciones humanas. Esto no es solo un producto de la socialización: desde la infancia, los niños tienden a preferir juguetes mecánicos y de construcción y las niñas se inclinan más por muñecas y juegos de rol social. Las preferencias aparecen pronto. Las investigaciones dirigidas por Simon Baron-Cohen muestran que los varones tienden a un estilo cognitivo de sistematización (analizar, construir, clasificar), mientras que las mujeres puntúan más alto en empatía (comprender estados ajenos y relacionarse). Estas diferencias correlacionan con la exposición prenatal a la testosterona.

Esta tendencia también se refleja en la educación superior y el mercado laboral. A pesar de que las mujeres superan a los hombres en rendimiento académico en casi todas las áreas y obtienen más títulos universitarios, siguen eligiendo en menor proporción carreras STEM (Ciencia, Tecnología, Ingeniería y Matemáticas). Mientras tanto, los hombres dominan estos campos y muestran menor interés en profesiones como la enfermería, la psicología o la educación infantil. Si el feminismo busca empujar a más mujeres hacia las ciencias duras y la tecnología, ¿por qué no hay una campaña equivalente para aumentar el número de hombres en el cuidado infantil o la enfermería?

Pinker destaca que las mujeres suelen elegir trabajos que les brinden un sentido de propósito y conexión, priorizando la flexibilidad, la autonomía y la posibilidad de generar un impacto positivo en su entorno. Estas preferencias están influenciadas por diferencias hormonales que afectan al cerebro femenino. Por ejemplo, los estrógenos, predominantes en las mujeres, modulan áreas cerebrales vinculadas a las habilidades sociales, lo que puede favorecer su inclinación hacia profesiones centradas en la interacción, el conocimiento de lo humano u otros seres vivos y el apoyo a los demás. Asimismo, la oxitocina, conocida como la «hormona del vínculo», se encuentra en niveles más elevados también en las mujeres, lo que potencia su capacidad para establecer lazos afectivos con otros. Esta predisposición biológica explica, en parte, su mayor presencia en sectores como las ONG, donde la labor está orientada al bienestar comunitario.

Los hombres, en promedio, son más propensos a asumir riesgos y a competir en entornos hostiles. En cambio, las mujeres tienden a evitar la competencia agresiva y buscan estabilidad. Esto tiene un impacto en sus decisiones profesionales: los hombres son mayoría en trabajos de alto riesgo como la minería, la construcción, la seguridad pública y la inversión de capital de riesgo. También son más propensos a fundar *startups* tecnológicas, donde el fracaso es una posibilidad constante pero la recompensa puede ser enorme. En experimentos de torneo, hombres y mujeres con igual rendimiento eligen competir a ritmos muy distintos: ellos duplican la propensión a entrar en la arena (Niederle y Vesterlund, 2007). Unos metaanálisis posteriores confirman una mayor variabilidad masculina en preferencias de riesgo y tiempo, con más hombres en los extremos de la distribución (Tajik *et al.*, 2021).

La agresión se expresa de forma diferente. La testosterona se asocia a mayores tasas de agresión física en varones, mientras que las mujeres recurren con más frecuencia a la agresión relacional (rumores, exclusión), un fenómeno descrito extensamente en la literatura sobre conducta social (Archer, 2006).

Las diferencias en la asunción de riesgos también se reflejan en el ámbito financiero: los hombres tienden a invertir en activos más volátiles, como criptomonedas y *startups*, al contrario que las mujeres, que suelen optar por estrategias más conservadoras, como bienes raíces y bonos del Estado. Estas diferencias son evolutivamente adaptativas. Los hombres han sido históricamente cazadores y protectores, lo que requería asumir riesgos para la supervivencia del grupo, mientras que las mujeres se centraban en la estabilidad y el cuidado de la comunidad. Estas diferencias persisten en la actualidad y explican muchas de las elecciones divergentes entre ambos sexos en el mundo moderno.

La gran paradoja sexual que presenta Susan Pinker nos obliga a replantear las ideas centrales del feminismo contemporáneo. Si la igualdad de oportunidades está —al menos sobre el papel— garantizada y aun así las trayectorias divergen, ¿tiene sentido perseguir una igualdad de resultados a golpe de cuota? Forzar una igualdad de resultados en todas las áreas es una estrategia que ignora la diversidad de intereses, habilidades y valores entre hombres y mujeres. La verdadera igualdad no radica en obligar a ambos sexos a comportarse de la misma manera, sino en respetar sus diferencias y aceptar que las elecciones individuales también juegan un papel en las desigualdades que vemos en la sociedad. Aunque existen diferencias biológicas entre hombres y mujeres, estas no determinan de manera absoluta las capacidades o roles de cada individuo. Es fundamental considerar tanto la biología como la cultura al analizar las diferencias de género y trabajar hacia una igualdad que respete y celebre la diversidad inherente a la humanidad en lugar de homogeneizarla.

9

Sexo y posgénero

Genotipo, fenotipo y la construcción de la identidad

La biología humana se ha convertido en un campo de batalla ideológico donde los datos genéticos se entrelazan con discursos políticos. Para entender el terreno que pisamos, es clave diferenciar entre genotipo y fenotipo. El primero es el conjunto de genes heredado, una plantilla codificada en nuestro ADN que define desde la estructura ósea hasta la predisposición a enfermedades. El fenotipo, en cambio, es la expresión observable de ese genotipo, modulada por factores ambientales y hormonales. Por ejemplo, un individuo genéticamente predispuesto a la alta estatura podría no alcanzarla si su nutrición es deficiente.

Este principio se vuelve crucial al abordar el desarrollo sexual. En los humanos, el sexo biológico está determinado mayormente por la combinación cromosómica: XX o XY, salvo en casos atípicos de trastornos del desarrollo sexual.

Durante las primeras semanas de gestación, todos los embriones siguen una ruta inicial femenina. No obstante, si el embrión posee cromosomas XY, el gen SRY se activa entre la sexta y la séptima semana, desencadenando la formación de testículos. Estos órganos comienzan a producir andrógenos, como la testosterona, lo que provoca la diferenciación sexual masculina. Este proceso da lugar al dimorfismo sexual, una realidad biológica que influye en la morfología externa y la arquitectura cerebral.

Existen ciertas condiciones en las que la manifestación fenotípica no se ajusta al genotipo. Algunos ejemplos notables incluyen:

- Síndrome de insensibilidad a los andrógenos (SIA): personas con cromosomas XY cuyo organismo no responde a la testosterona, desarrollándose con una apariencia femenina.
- Síndrome de Swyer: individuos XY cuyo desarrollo gonadal no se completa, lo que resulta en caracteres sexuales primarios femeninos.
- Deficiencia de 5-alfa-reductasa: una condición en la que individuos con cromosomas XY nacen con genitales ambiguos y experimentan virilización en la pubertad.

Lejos de refutar el dimorfismo sexual, estos casos ilustran la complejidad biológica y la interacción entre hormonas y desarrollo.

Feminismo materialista, *queer* y posgénero: disputas por el cuerpo

Las ciencias sociales y los estudios de género han promovido la idea de que el género es un constructo social, definido como «conjunto de roles, comportamientos, expresiones e identidades que una sociedad asigna y asocia a las personas en función de su sexo percibido». Este concepto ha alimentado debates tan intensos como contradictorios. Por un lado, encontramos a aquellos que defienden la inmutabilidad de la biología, argumentando que las diferencias hormonales, neurológicas y fisiológicas determinan patrones de comportamiento, capacidades y predisposiciones. Por otro, hay quienes afirman, con una cierta ironía que raya en lo teatral, que el género es simplemente una máscara social que, al ser interpretada, se desvanece en una *performance* fluida y variable.

Entre los protagonistas de este debate, se destacan varias corrientes:

- El feminismo radical —o materialista, según algunos— postula que el sexo biológico es una realidad inmutable, y que el género es una construcción social opresiva, una herramienta de dominación diseñada para mantener a las mujeres en un papel subordinado. Para estos actores, las mujeres constituyen una clase política basada en su biología, y la idea de que cualquiera pueda identificarse como mujer sin una base biológica resulta, cuando menos, absurdamente inapropiada. Acusan a los *queers* de sustituir a la mujer como sujeto histórico del feminismo. Se habla incluso del borrado de mujeres.
- En el otro extremo, la teoría *queer* y el posestructura-

lismo sostienen que tanto el sexo como el género son construcciones sociales carentes de una base biológica objetiva. Judith Butler, escritora del género en disputa, precursora de la teoría *queer*, va más allá de Simone de Beauvoir en su afirmación sobre que no se nace mujer, se llega a serlo, rechazando la diferencia marcada entre sexo y género para argumentar que lo sexual también es una construcción social, como el género, puesto que concebimos la realidad material a través de ideas y conceptos que están influenciados por lo cultural y social. Como ya adelantó Foucault, quien sostiene que el cuerpo natural está intervenido culturalmente por el discurso científico —el cual, a su vez, es histórico, como ilustra la teoría de los sexos—. Todo su paradigma se comprende en clave de poder: el sistema se construye de forma jerárquica a través de la diferencia sexual, configurando un patriarcado en el que el sexo masculino ocupa la cima y todo lo demás queda subordinado. Por ello, concebir a la mujer como el sujeto principal del feminismo —el movimiento político que ha cuestionado este sistema con mayor impacto social— resulta insuficiente. El feminismo, como movimiento emancipador, debe integrar todas aquellas realidades que quedan por debajo en la jerarquía patriarcal englobando a mujeres trans, negras, personas homosexuales, etcétera (lo que llaman interseccionalidad), y convertirse así en un movimiento mayoritario que, dentro de un sistema democrático en el que son las mayorías las que deciden, tendría suficiente poder como para transformarlo todo. Según Paul B. Preciado, las minorías pueden actuar como mayoría cuando tienen el poder y la masa es mayoritaria, pero es la élite minoritaria la que gobierna sobre ellos. Esto significa que, cuando hablan de minorías, se refieren a que poseen menor poder, no a que sean menos personas.

Este enfoque interseccional se presenta como un moderador que reconoce la innegable influencia del sexo biológico, pero insiste en que la opresión de género se interseca con factores como la raza, la clase y la cultura. Esta perspectiva denuncia el elitismo del feminismo tradicional, al que acusa de haber ignorado las experiencias de mujeres racializadas y de bajos recursos. Y, en una nota casi distópica, surgen el posgénero y el transhumanismo, que abogan por superar las limitaciones impuestas por la biología mediante la tecnología. En este escenario futurista, los cuerpos se convierten en lienzos modificables, y el género, una antigua reliquia de un pasado obsoleto, es desplazado por la promesa de cuerpos cíborg y libertades poshumanas. No obstante, estos proyectos son objeto de críticas por parte de los que sostienen que la medicalización de la identidad puede ser, irónicamente, otra forma de control social.

A este vibrante debate se suma el omnipresente concepto del patriarcado, esa estructura de dominación que ha permitido a los hombres disfrutar de privilegios que, según algunos, están inextricablemente ligados a la biología. El patriarcado, sin embargo, se desglosa en múltiples versiones según el enfoque adoptado. El feminismo radical lo ve como un sistema de opresión basado en el sexo biológico, donde la asignación de roles —maternidad, cuidado del hogar, etcétera— sirve para subyugar a las mujeres. La teoría *queer*, en cambio, lo interpreta como la imposición de identidades fijas que coartan la libertad de aquellos que no encajan en el binarismo tradicional. Mientras, la interseccionalidad expone cómo el patriarcado se entrelaza con otras formas de opresión, y el posgénero propone liberarse de estas cadenas biológicas a través de la tecnología con Preciado como uno de sus chamanes vanguardistas.

El cuerpo como laboratorio: *Testo yonqui*

La doctrina de Preciado promete emancipar al cuerpo del yugo de la biología, subvertir las estructuras patriarcales y, de paso, abolir la dualidad sexual con el poder redentor del dildo. Sí, el dildo, ese objeto de goma que, en la teología preciadiana, se convierte en un símbolo revolucionario que rompe con la lógica reproductiva del pene. Mientras este está ligado al poder, la autoridad y la reproducción dentro del sistema patriarcal, el dildo es artificial, reemplazable, y desvincula el placer del mandato biológico de la reproducción. Un falo no-biológico, sin esperma, sin linaje y sin el apellido del padre primero.

Preciado parte de la premisa —ya no tan novedosa— de que el género no es una verdad ontológica, sino un dispositivo de control biopolítico. Hasta ahí, nada que Foucault no haya sugerido ya. Lo peculiar de su enfoque es que busca no solo desenmascarar la construcción del género, sino disolver la noción misma de identidad sexual. Para ello, convierte el cuerpo en un laboratorio donde se ensayan nuevas formas de existencia mediadas por hormonas, cirugías, prótesis y tecnologías del yo.

Su libro *Testo yonqui* es una especie de manifiesto farmacopornográfico en el que se describe como un adicto a la testosterona, no en un sentido clínico, sino ideológico: inyectarse hormonas como acto político. La hormona como disidencia. El cuerpo como performance médica. Pero más que una crítica, Preciado parece enamorado del sistema que denuncia. La medicalización no es su enemigo: es su tabla de salvación. Aquí es donde se desenmascara la paradoja: critica la industria farmacológica mientras se injerta en ella como sujeto de experimentación estética.

En su cosmovisión posgénero, los genitales no son destino, sino obstáculos. El ano se convierte en el paradigma de la revolución sexual. Es, según él, el órgano sin orientación, sin finalidad reproductiva, el espacio donde todo es posible porque nada está predeterminado. Y el dildo, ese apéndice sin ADN, es la herramienta de liberación, el símbolo de un deseo no normativo ajeno a la lógica del poder sexual tradicional. Es una propuesta que mezcla sexualidad, surrealismo y sadomasoquismo con estética de arte contemporáneo, más preocupada por impactar y crear modas para gente aburrida de la vida neoburguesa que por explicar algo real.

Pero más allá de su retórica barroca y su simbología fetichista, el problema con la teoría de Preciado no es su provocación, sino su inconsistencia. En nombre de la libertad, propone la eliminación del cuerpo como lo conocemos, reemplazándolo por un lienzo quirúrgico, un territorio farmacológico y una plataforma biotecnológica. El ser humano convertido en cíborg terapéutico. El posgénero como utopía higienizada donde el cuerpo, liberado de su «tragedia biológica», es finalmente libre para... ¿para qué, exactamente?

Lo que no dice —y que conviene subrayar— es que esta

libertad poshumana no es gratuita. Tiene un precio: dependencia de hormonas, operaciones, ajustes constantes y una entrega voluntaria al control médico. El mismo sistema que te ofrece «liberarte del género» es el que te define con un diagnóstico, te prescribe hormonas y te programa una cita quirúrgica. La promesa del posgénero no elimina el poder; simplemente lo traslada del sistema político al quirófano.

El enfoque de Preciado no cuestiona la colonización del cuerpo por el capital, sino que la estetiza. Disfraza de liberación lo que es, en muchos casos, una reconfiguración sofisticada del mismo control de siempre. El sujeto no se emancipa: se redefine como cliente permanente del bioestado.

Y así, entre dildos y manifiestos, entre hormonas y discursos sobre el ano, el proyecto preciadiano intenta pintar de colores la disolución del cuerpo, la eliminación del sexo y la conversión del ser humano en un artefacto experimental. Todo en nombre del deseo, esa palabra mágica que todo lo justifica. Pero la gran pregunta queda sin responder: ¿es este el nuevo sujeto más libre... o simplemente un consumidor más obediente, neurotizado por su propio narcisismo transgresor?

Metafísica del sexo: límites, territorio y reconciliación con la biología

Las teorías posidentitarias sobre el género, por más extravagantes que parezcan en algunos tramos, contienen elementos que no deben ser ignorados. Su atención al poder simbólico, al peso del lenguaje y a la arquitectura conceptual con la que construimos la realidad es, sin duda, una aportación significativa. Nos empujan a cuestionar cómo ciertas etiquetas y estructuras mentales moldean nuestra percepción hasta el punto de que una mujer biológica puede ser considerada «más hombre» que un hombre biológico si su conducta encaja mejor en lo que el imaginario social asocia con lo masculino. En ese sentido, la idea de sexo como algo más que una mera combinación de cromosomas y genitales no es del todo descabellada: apunta a una sofisticación simbólica que define nuestra forma de habitar el cuerpo.

Sin embargo, el edificio teórico cae en cuanto pretende suplantar lo real por lo simbólico. No basta con reconocer la fuerza del lenguaje si se usa para negar el peso de lo material. En otras palabras: puedes poetizar el mapa cuanto quieras, pero si olvidas que no es el territorio, estás perdido. Porque cuando la realidad golpea, lo conceptual se hace trizas. La abstracción no sostiene el cuerpo cuando llega el hambre, la violencia o la guerra. Y es ahí donde estas teorías revelan su mayor debilidad: solo pueden sobrevivir en un ecosistema de privilegios.

La historia humana no ha sido construida desde la comodidad de las aulas, sino desde la necesidad de sobrevivir. Cuando la catástrofe natural azota, cuando la pólvora estalla o cuando el suministro se interrumpe, los cuerpos vuelven a ser cuerpos. La división sexual no se consulta en seminarios *queer* ni en manifiestos transfuturistas: se impone desde la funcionalidad. Así ocurrió en Ucrania: mientras mujeres y niños eran evacuados, los hombres eran llamados a luchar. No hubo espacio ahí para preguntarse «qué es una mujer» ni para deconstruir el binarismo. La utilidad material arrasa con las ficciones identitarias en cuestión de horas. En las guerras, los hombres luchan y las mujeres cuidan, así se garantiza la supervivencia.

Tampoco se hacen estas preguntas en las minas, donde el polvo negro corta la respiración. Ni en las obras bajo el sol abrasador de las dos de la tarde. Nadie se para a debatir el género en medio de la fatiga, porque cuando el cuerpo trabaja, el discurso se calla. Y no por opresión: por necesidad.

Lo que estamos viviendo hoy —con crisis de natalidad, soledad estructural y atomización identitaria— despoja a los sexos de su función. Si ya no necesitamos ser hombres ni mujeres *para algo*, entonces solo nos queda simular. Simular que elegimos, que nos nombramos, que nos autodeterminamos... mientras el tejido social se deshilacha y lo biológico se desorienta. Hemos dejado de habitar el cuerpo como territorio para convertirlo en una interfaz narrativa.

En lugar de insistir en huir del cuerpo, quizá ha llegado el momento de reconciliarnos con él. No como cárcel, sino como coordenada existencial. El cuerpo no es un obstáculo, es el punto de partida. La materia no es enemiga de la libertad: es su condición. Porque no hay experiencia sin límite, no hay deseo sin forma y no hay sentido sin resistencia.

Los límites que algunos llaman opresión pueden entenderse, desde otra óptica, como diques: estructuras que contienen y moldean, permitiendo que algo adquiera un cauce. Son esos márgenes los que nos dan la posibilidad de diferenciarnos, de construir una experiencia singular desde nuestra anatomía, no contra ella. Negar la diferencia sexual no nos hace más libres, solo más desorientados.

Tal vez haya que recuperar una metafísica del sexo. No una doctrina dogmática, sino una reflexión profunda sobre lo que significa habitar un cuerpo sexuado. Comprender que el sexo no es solo biología, ni tampoco solo simbolismo: es una forma de estar en el mundo, de relacionarse, de generar tensión, experiencia y vida. Reivindicar el cuerpo es, en el fondo, un acto de insumisión contra la cultura del simulacro. Es volver a poner los pies en la tierra, a habitar nuestra carne como territorio. Solo desde ahí, desde esa materia viva y finita, puede emerger una identidad real. Una que no necesite fingirse libre para serlo.

John Money y el experimento fallido: el origen de la falacia del género

En este entramado de ideas, surge la figura de John Money, quien, en los albores de la revolución cultural, popularizó el uso del término inglés «*gender*». Antes de Money, «*gender*» se refería meramente a la clasificación lingüística de palabras; él lo redefinió para explicar los roles y comportamientos asignados socialmente. En un acto que hoy podría considerarse tan audaz como insensible, Money propuso que el género era una identidad completamente moldeable por la socialización.

Su teoría encontró un caso experimental en David Reimer, un niño canadiense nacido en 1965. Tras una fallida circuncisión que destruyó irreversiblemente su pene, los padres de David, angustiados, acudieron al Dr. Money buscando una solución. Él sugirió criar al niño como si fuera una niña, rebautizándolo como Brenda y sometiéndolo a tratamiento hormonal y terapia de «reafirmación de género» para inculcarle una identidad femenina.

El experimento, sin embargo, acabó por revelar la cruda realidad: el intento de forzar un cambio de género a partir de la crianza resultó en desastre, y el chico, incapaz de reconciliar su identidad forzada, terminó quitándose la vida. Este fracaso, ahora estudiado como un ejemplo paradigmático de los peligros de la intervención social extrema —no muy distinto a los métodos que se utilizaron para intentar cambiar la orientación sexual de los homosexuales en épocas pasadas—, evidenció que la separación radical entre lo biológico y lo cultural es, en última instancia, el verdadero constructo imaginario. La biología no puede ser descartada en favor de una visión puramente cultural; ambas se entrelazan en un baile complejo que escapa a simplificaciones fáciles.

En definitiva, lo que muchos defienden como la existencia de «dos géneros» —hombre y mujer— es, en realidad, una confusión de términos. Estos no son géneros en sí, sino categorías biológicas: el sexo. La controversia radica en que la noción de género, tal como la adoptaron los estudios de género, es una construcción social que pretende ser independiente pero que se alimenta de la misma división que intenta superar.

Numerosos activistas y organizaciones intersex, como la Sociedad Intersex de Norteamérica (ISNA), han denunciado las intervenciones médicas que se realizan en niños intersex sin su consentimiento. Estas prácticas, que provienen de enfoques como los del psicólogo John Money, incluyen cirugías irreversibles para «normalizar» sus cuerpos, lo que genera consecuencias físicas y psicológicas a largo plazo.

El movimiento intersex internacional defiende la autonomía corporal y el derecho de las personas a decidir sobre sus propios cuerpos una vez que alcancen la madurez. Por eso, exigen un cambio ético en la medicina y en las políticas públicas, para que se respeten la diversidad y la dignidad de todos los individuos.

10

Transexualidad: una realidad biológica con ramificaciones sociales

Transexualidad y disforia: entre el cuerpo, la identidad y el discurso

La transexualidad describe la vivencia de una persona que percibe su propio cuerpo como incompatible con su identidad. Esta situación parece vincularse a tres grupos de factores:

- Genética y sensibilidad hormonal: las variaciones en los receptores de hormonas sexuales pueden modificar la respuesta corporal.
- Trastornos del desarrollo sexual (DSD): síndromes como la insensibilidad completa a los andrógenos (SIA) o la hiperplasia suprarrenal congénita ilustran cómo las alteraciones embrionarias pueden influir en la diferenciación sexual.
- Entorno hormonal prenatal: una exposición atípica a

andrógenos durante la gestación podría afectar a la organización cerebral relacionada con el sexo.

En muchos casos aparece la disforia de género, definida clínicamente por un malestar profundo ante el sexo biológico. Otras personas, aun sin disforia intensa, también desean modificar su cuerpo. En ambos supuestos, la transexualidad constituye —a mi modo de ver— un trastorno: desvincularla por completo de la medicina y presentarla solo como «identidad» resulta conceptualmente incorrecto.

A continuación, ofrezco un breve resumen de la evolución diagnóstica de la transexualidad:

1. Patologización moral (*ICD-9/DSM-III*).*
   - En 1978 la *ICD-9* colocó el *transsexualism* junto a parafilias como la pedofilia dentro de «Desviaciones y trastornos sexuales», arrastrando un marcado sesgo moral. El problema no fue el diagnóstico, sino asociar la transexualidad a conductas que generan rechazo social.
2. Foco en el malestar (*DSM-5/ICD-11*).
   - El *DSM-5* (2013) sustituyó «trastorno de identidad de género» por «disforia de género» para centrar la atención en el sufrimiento.
   - El *ICD-11* (2019) cambió «transexualismo» por «incongruencia de género» y lo sacó del capítulo de trastornos mentales.

* La *ICD* (*Clasificación internacional de enfermedades*) y el *DSM* (*Manual diagnóstico y estadístico de los trastornos mentales*) son referentes internacionales de clasificación de enfermedades mentales, con varias ediciones.

Del trastorno al contagio cultural

Hoy cualquier persona puede declararse transexual sin cumplir criterios clínicos, fenómeno que favorece un «contagio cultural» impulsado por modas activistas que problematizan las identidades sexuales de hombre y mujer. Así, «transexualidad» ha pasado a ser un término social, mientras que «disforia» e «incongruencia» quedan como categorías médicas del malestar.

Mi propuesta es un tercer camino: mantener la categoría de trastorno para reconocer que la identidad corporal-psíquica en conflicto genera una configuración clínica propia, sin confundir eso con un juicio moral. En otras palabras, nombrar el trastorno con rigor médico y, al mismo tiempo, combatir el estigma como se hace con cualquier otra afección de salud. La disforia no puede separarse de la identidad. La experiencia transexual engloba, al mismo tiempo, la vivencia íntima de *ser* un género distinto del sexo y el profundo malestar que genera la incongruencia corporal. Identidad y sufrimiento forman, pues, un binomio clínico inseparable. Reconocer el trastorno como identidad en conflicto con el cuerpo devuelve coherencia al cuadro clínico y simplifica la ruta asistencial.

Sostener que la transexualidad es un trastorno no significa retroceder al paradigma que la equiparaba a «desviaciones sexuales». Significa, por el contrario, reconocer el carácter inseparable de identidad en conflicto y sufrimiento y no permitir que las personas trans sean utilizadas por grupos políticos como carne de cañón haciéndoles creer que su problema principal es social y no médico. Solo así podremos asegurar que las personas transexuales encuentren atención efectiva sin cargar con un estigma que, en última instancia, no proviene del diagnóstico, sino de la ignorancia social.

Patologizar no es estigmatizar

Mientras el discurso político intenta moldear la realidad a conveniencia, la ciencia nos recuerda que, nos guste o no, la biología establece límites claros. Y es dentro de esos límites donde se debe construir el debate, no fuera de él. Los transexuales suelen ser más realistas que los ideólogos que, en teoría, buscan defenderlos. Precisamente por eso no les basta con un cambio simbólico de «género»; en muchos casos, requieren intervenciones quirúrgicas para aliviar su sufrimiento de forma efectiva, aunque sean conscientes de que no pueden editar su genética y llevar a cabo una transición real y completa.

Llamar a las cosas por su nombre no es un acto de odio, es simplemente un ejercicio mínimo de honestidad intelectual. El TDAH, por ejemplo, es un trastorno por déficit de atención e hiperactividad. Así, sin eufemismos. Y, por ahora, a nadie se le ocurre acusar de «TDAH-fóbico» a quien use su nombre clínico. Pero solo hace falta que alguien se ofenda con el término correcto para que el idioma empiece a mutar al ritmo de las susceptibilidades.

Estamos intentando normalizar trastornos mentales en lugar de tratarlos, cuando lo que tenemos que normalizar es que que algo no sea normal no significa que sea inaceptable o digno de rechazo. La genialidad no es normal: escasea, aunque la autopercepción de estar por encima de la media sí que es la norma. A todos nos gustaría ser genios, y muchos se consideran tales aun cuando la evidencia objetiva demuestre que sus capacidades intelectuales son limitadas.

Una lógica retorcida similar se aplica a otros problemas reales. Tomemos la obesidad. Se erigió toda una ideología en torno a la adoración del cuerpo obeso: se nos sermoneó sobre su belleza, su dignidad, su poder. Pero llegó el Ozempic, y las sacerdotisas de la bella gordura *body positive* corrieron a medicarse, traicionando a su propia fe a cambio de unos kilos menos. La salud nunca importó. Ni cuando defendían la obesidad como virtud ni cuando abrazaron la delgadez a golpe de jeringa.

El problema no es llamar a las cosas por su nombre. El problema es que confundimos aceptación con negación, y empatía con delirio colectivo. Y eso, más que inclusión, es irresponsabilidad. Estamos abandonando a su suerte a personas que necesitan ayuda por el qué dirán de nosotros si pinchamos la burbuja de psicosis en la que habitamos.

En tiempos donde la palabra «normalizar» se usa como bandera de inclusión, hay una paradoja que sigue sin resolverse: muchas personas que abogan por la diversidad y la aceptación de las identidades siguen considerando la frase «enfermedad mental» como un insulto. En especial, cuando se trata de condiciones como la disforia de género o la orientación sexual egodistónica. La reacción suele ser inmediata: «¿Cómo te atreves a llamarme enfermo?». Pero detengámonos un momento. ¿Desde cuándo tener una enfermedad —física o mental— o un trastorno es sinónimo de indignidad? ¿No deberíamos haber superado ya ese prejuicio?

La patologización de ciertas condiciones, como la disforia de género, no implica moralizar. La medicina no utiliza el término «trastorno» para juzgar, sino para reconocer que hay sufrimiento, conflicto o malestar que pueden y deben ser tratados con conocimiento y recursos. La idea de que un diagnóstico deshumaniza o degrada a alguien parte de una falsa premisa: que estar enfermo es vergonzoso. Y esa, precisamente, es la raíz del estigma. Porque si alguien considera que llamarlo «enfermo» es ofensivo, está reforzando el mismo prejuicio que pretende combatir. ¿Qué mensaje se lanza, entonces, a los millones de personas que viven con ansiedad, depresión, bipolaridad, dolor crónico o esquizofrenia? ¿Acaso su diagnóstico los hace menos dignos?

No se trata de etiquetar. Se trata de ayudar. El malestar profundo entre el cuerpo y la identidad es real, tangible y doloroso. ¿No sería lógico y humano ofrecer ayuda profesional, psicológica o médica a quien sufre? ¿No es eso lo que pedimos cuando hablamos de inclusión real? Desestigmatizar no significa negar. Significa aceptar que existe un sufrimiento —sea físico, mental o emocional— y que ese sufrimiento merece atención y cuidado. Si una persona siente conflicto con su identidad y su cuerpo, lo más sensato no es ignorarlo, sino acompañarla en un proceso terapéutico que le permita vivir con plenitud.

Es verdad que el término «trastorno» ha sido mal usado por sectores ignorantes para burlarse, excluir y criminalizar. Pero el problema no está en el término. Está en la ignorancia con la que se usa. El camino no es borrar los diagnósticos, sino educar sobre ellos. Que nadie confunda diagnóstico con insulto.

Vivimos en una época que, por un lado, celebra con fuerza la visibilidad de las identidades diversas, pero que, por otro lado, se atrinchera ante cualquier mención de salud mental. Si decir «tengo TDAH» o «sufro de depresión» es hoy motivo de empatía, ¿por qué cuando se menciona «disforia de género» en un contexto clínico se encienden todas las alarmas?

La corrección política ha mutado en una obsesión quirúrgica por limpiar el lenguaje médico de cualquier palabra que pueda sonar irritante. «Trastorno», «diagnóstico», «enfermedad»: todo debe ser desactivado, borrado, cancelado, como si eliminar una palabra pudiera eliminar también el sufrimiento que la acompaña. En nombre de la inclusión y la dignidad, muchos sectores progresistas han abrazado sin fisuras la consigna de la despatologización total. Pero… ¿de verdad estamos haciendo un favor a quienes más necesitan ayuda?

El movimiento por la despatologización de la identidad de género pretendía reducir el estigma. Hasta ahí, todo bien. El problema es cuando la consigna política empieza a reemplazar al criterio clínico, cuando se exige que las instituciones de salud actúen no en función del bienestar del paciente, sino en función de la narrativa ideológica dominante.

Se ha repetido hasta el cansancio: «La transexualidad no es una enfermedad». Pero ¿acaso eso significa que no puede implicar un malestar real, profundo y concreto? ¿Acaso las personas trans no sufren, muchas veces, una disonancia entre cuerpo e identidad que sí requiere atención médica, psicológica o ambas? En lugar de ofrecer recursos para atender a quienes lo necesitan, se impone el discurso de que nombrar la disforia de género como un trastorno es ofensivo, aunque ello implique dejar sin tratamiento a muchas personas que atraviesan una crisis de identidad devastadora.

Curiosamente, vivimos un momento donde términos como «ansiedad», «depresión», «TDAH» o «bipolaridad» han sido reivindicados por los movimientos y redes sociales como parte de la «salud mental que hay que normalizar». Se aplaude que alguien diga «voy a terapia». Pero si una persona trans habla de su disforia como un malestar profundo que le impide vivir, ahí se exige silencio. Ahí se grita: «¡No me patologices!». La contradicción es brutal: la misma sociedad que celebra la visibilización de enfermedades mentales censura cualquier diagnóstico que roce lo identitario o lo sexual. Como si fuera una traición al colectivo. Eliminar el término «trastorno» del lenguaje médico no elimina el malestar de las personas, y si no hay un marco clínico que permita actuar, solo queda la autoayuda de Instagram y los discursos vacíos de TikTok.

Además, en muchos países, el diagnóstico clínico sigue siendo la única vía para acceder a tratamientos cubiertos por los sistemas de salud pública. Eliminar el término «disforia» o «trastorno de identidad de género» por sensibilidad política no ayuda a las personas trans. Las deja desprotegidas en nombre de su orgullo. Negar que algo es una enfermedad por miedo al estigma no elimina el estigma. Lo fortalece. Porque lo que no se puede nombrar no se puede tratar. Y lo que no se puede tratar se sufre en soledad.

En un vídeo que circula por YouTube —y cuyo autor, por desgracia, no logro recordar—, un estudiante norteamericano realizó un experimento sencillo pero revelador: salió al campus armado con una cámara y planteando un dilema absurdo a sus compañeros universitarios. Si una persona se sintiera de una estatura diferente a la que realmente tiene —por ejemplo, se percibe como alguien de 1,90 metros cuando mide 1,60—, ¿le dirías la verdad o le tratarías según se percibe?

La mayoría no dudó: «Si eso le hace feliz, ¿por qué no?», «Si no le hace daño a nadie, puedo actuar como si fuese más alto», «Fingir que es alto no cuesta nada si eso le hace feliz». Una colección de respuestas que, lejos de ofrecer compasión o sentido común, expusieron un problema de nuestro tiempo: nos interesa más nuestra comodidad emocional que la verdad.

Este tipo de razonamiento no nace de la empatía, sino de la cobardía. Lo que estos estudiantes estaban diciendo, sin darse cuenta, es que prefieren evitar el conflicto antes que enfrentarse a la realidad. Que es mejor sostener una mentira reconfortante que asumir una verdad difícil. Lo importante no es ayudar a la persona que tiene una percepción distorsionada de sí misma, sino sentirse bien por no haber causado un mal rato. Narcisismo emocional con disfraz de amabilidad.

En nombre de una felicidad blanda, somos capaces de validar cualquier delirio con tal de que no nos salpique. Pero ¿qué pasa cuando ese delirio se agrava? ¿Qué pasa cuando la negación de la realidad deja de ser un juego de salón universitario y se convierte en sufrimiento real, en decisiones médicas, legales, sociales? Fingir que alguien es alto cuando no lo es parece inofensivo hasta que el autoengaño se institucionaliza.

El precio de vivir en la mentira no es solo individual. Es colectivo. Porque una sociedad que no sabe decir la verdad —o no se atreve a hacerlo— se convierte en cómplice del deterioro mental de los suyos, y esto es lo que estamos haciendo con la forma en la que abordamos la transexualidad desde las ideologías baratas, convirtiendo los trastornos en modas de contagio, permitiendo que se engrosen las nuevas huestes posmodernas, dispuestas a librar su cruzada ideológica mercantilizando el sufrimiento de los más vulnerables.

Daños irreversibles

La identidad sexual ha sido colonizada por dos fuerzas igual de dañinas: el sentimentalismo acrítico de la cultura pop y la maquinaria legislativa de partidos que usan vidas ajenas como pancartas de campaña. En medio del ruido, la llamada «moda trans» se ha convertido en el fetiche cultural de una época que confunde empoderamiento con pastillas y cirugías para menores.

Según *Un daño irreversible. La locura transgénero que seduce a nuestras hijas*, de Abigail Shrier, la reciente proliferación de adolescentes —en especial chicas— que se identifican como transgénero podría deberse menos a una disforia de género genuina que a un fenómeno de influencia social y mediática. La autora sostiene que el acceso masivo a contenidos en línea y la presión de comunidades que exaltan la autodeterminación sin un diagnóstico clínico riguroso han impulsado a muchas jóvenes a iniciar procesos de transición a edades tempranas. Este «contagio social» se refleja en la rápida adopción de etiquetas identitarias que lleva a menores a recibir bloqueadores hormonales, someterse a cirugías irreversibles y enfrentar la complicidad silenciosa de profesionales que, amparados en el principio de «afirmar su identidad», omiten una evaluación exhaustiva.

En un entorno donde las redes moldean el deseo y la autoestima se mide en *likes*, no sorprende que adolescentes confundidas acaben convencidas de que su malestar vital es señal inequívoca de que nacieron en el cuerpo equivocado. Shrier denuncia que la explosión de casos de chicas que se declaran trans no es un simple despertar colectivo, sino un fenómeno social inducido. El género se ha convertido en una narrativa de consumo rápido, y los protocolos médicos —supuestamente basados en criterios científicos— actúan muchas veces como serviles validadores de una identidad aún en construcción.

AMANDA (Asociación de Madres de Adolescentes y Niñas con Disforia Acelerada) agrupa a madres cuyos hijos, a menudo con neurodivergencias como autismo o TDAH, se identifican como transgénero. Esta organización cuestiona el autodiagnóstico de sus hijos y busca promover enfoques terapéuticos que aborden posibles problemáticas emocionales subyacentes antes de considerar tratamientos médicos irreversibles. AMANDA ha expresado preocupación por la «disforia de género de inicio rápido» (DGIR, también conocida como ROGD o «*rapid-onset gender dysphoria*»), una hipótesis controvertida propuesta por investigadores como Lisa Littman (2018) que sugiere un fenómeno en el que adolescentes, especialmente chicas entre once y diecisiete años, manifiestan de forma repentina una incongruencia de género sin antecedentes, posiblemente influida por factores sociales. Sin embargo, esta hipótesis no es un diagnóstico oficial reconocido por la APA (Asociación Americana de Psiquiatría) y ha sido criticada por limitaciones metodológicas, como muestras sesgadas, por lo que debe exponerse como una teoría en debate, no como un hecho establecido. La asociación señala que muchas de estas jóvenes presentan condiciones neurodivergentes o problemas de salud mental previos, y teme que la legislación actual, como la llamada ley trans, pueda fomentar decisiones precipitadas sin una evaluación psicológica adecuada.

Además, AMANDA aboga por que los profesionales de la salud puedan explorar y tratar los malestares psicológicos que podrían estar influyendo en la disforia de género, permitiendo que los menores maduren antes de tomar decisiones irreversibles. La asociación también destaca la importancia de considerar el «contagio social» en la aparición de la disforia de género en adolescentes.

Detransición: la tragedia tras la pancarta

La cultura de la afirmación incondicional ha creado sus propias herejías: los detrans. Casos como el de Chloe Cole, quien a los doce años fue empujada hacia una transición que terminó lamentando a los diecisiete, revelan el lado B del relato utópico. Nadie quiere hablar de ellas porque desmontan el mito. Porque sus cuerpos, alterados quirúrgicamente, son prueba viviente de que el sistema no está funcionando.

Cole relata un proceso en el que se sintió presionada y mal informada sobre los riesgos de las intervenciones médicas irreversibles. Su experiencia, junto a otros testimonios de jóvenes que han abandonado la transición, plantea interrogantes esenciales sobre si el auge de la identidad trans en la adolescencia responde a una necesidad interior o a una moda influida por factores externos.

El debate se complica cuando se analiza la naturaleza misma de la identidad de género. Por una parte, muchos defensores de la autodeterminación argumentan que cada individuo tiene el derecho de definir su identidad sin juicios externos. Por otra, voces críticas señalan que la creciente «moda trans» podría estar enmascarando procesos diagnósticos apresurados, donde la presión de un entorno digital y social contribuye a que se tomen decisiones irreversibles en un momento de vulnerabilidad.

En el Reino Unido, las investigaciones sobre el funcionamiento de la clínica Tavistock sacaron a la luz diagnósticos prematuros y un seguimiento multidisciplinar insuficiente, especialmente en menores. Los testimonios de detransición han puesto de relieve la necesidad de revisar los protocolos vigentes e incorporar evaluaciones médicas, psicológicas y del desarrollo más exhaustivas.

Reducir esta cuestión a «moda» puede parecer frívolo, pero ignorar la presión simbólica y económica que empuja hacia la medicalización a menores y gente confusa es aún peor. Aquí no hablamos únicamente de identidad, hablamos también de política e industria: bloqueadores hormonales, testosterona, mastectomías y cirugías de reasignación. Y mientras la política convierte esto en una guerra cultural, los profesionales de la salud son arrastrados al dogma. Si cuestionas el protocolo, eres transfóbico. Si acompañas con cautela, eres sospechoso.

La transexualidad es una realidad que requiere acompañamiento médico sin caer en la fetichización ni en el estigma. Las personas que sufren disforia necesitan diagnósticos certeros que les ayuden a reducir el sufrimiento en la medida de lo posible, considerando las intervenciones quirúrgicas solo como último recurso, cuando no se ha logrado mejorar su situación por otras vías. Este tema exige especial cuidado en el caso de los menores, quienes no deben ser operados antes de alcanzar la mayoría de edad y siempre bajo la supervisión de un equipo multidisciplinar de salud integral que procure evitar, en la medida de lo posible, tanto la necesidad de cirugías como el riesgo de suicidio.

Orgullo: el ocaso del movimiento LGTBIQ+

La homosexualidad es un fenómeno complejo cuyo origen exacto y causas específicas aún no han sido determinados de manera concluyente. Diversas investigaciones sugieren que algunos factores biológicos, como la genética y las influencias hormonales durante el desarrollo prenatal, podrían estar relacionados con la orientación sexual. Sin embargo, se requiere una investigación más profunda para comprender plenamente este fenómeno. De acuerdo con organismos como la Organización Mundial de la Salud y la Asociación Americana de Psicología, la homosexualidad no es considerada una enfermedad ni un trastorno, y no supone ninguna dificultad para la salud del individuo. A lo largo de la historia, las personas homosexuales han sido víctimas de violencia, persecución y discriminación, llegando incluso a enfrentarse a penas extremas en algunos países.

En este contexto, es fundamental comprender que la orientación sexual no se elige, sino que forma parte de la identidad de cada individuo, el cual puede verse expuesto a situaciones de riesgo en función de la percepción social y legal de su identidad. El propio colectivo LGTBIQ+ ha impulsado la revisión de conceptos tradicionales en torno a la sexualidad, promoviendo el respeto y la inclusión, a pesar de que estas propuestas también han generado debates y controversias.

El llamado «primer movimiento homosexual» surgió entre las décadas de 1900 y 1930, especialmente en Alemania, con ramificaciones en otros países de Europa y Estados Unidos. Su objetivo era despenalizar la homosexualidad y reclamar su lugar legítimo en la sociedad. La derogación del infame artículo 175 del Código Penal alemán —que convertía en criminal el amor entre personas del mismo sexo— fue uno de sus principales estandartes. En 1928 se fundó la Liga Mundial para la Reforma Sexual. Pero el fascismo y la guerra mundial interrumpieron todo el proceso.

Posteriormente, surgió el movimiento homófilo, considerado el segundo gran movimiento homosexual, esta vez tras la guerra. El cambio de nombre de «homosexual» a «homófilo» tenía el objetivo de acabar con los estereotipos que vinculaban a los homosexuales con la promiscuidad, la corrupción de menores, la prostitución y el vicio. En ese entonces, la moral sexual era profundamente conservadora: incluso las relaciones heterosexuales fuera del matrimonio eran mal vistas si implicaban placer. El sexo se concebía tan solo como una función reproductiva. Los homosexuales, al no poder cumplir ese fin, sufrían aún más rechazo.

Por eso, el movimiento homófilo buscó centrar el discurso en el amor, la atracción sentimental y los vínculos de pareja con el fin de mostrar a los homosexuales como personas normales dentro de un marco sexualmente restrictivo. Se presentaban como discretos, respetables y ajenos al «submundo» de saunas, encuentros anónimos en parques o baños públicos. Aun así, la homosexualidad seguía siendo ilegal en muchos países occidentales, lo que suponía un gran desafío para cualquier avance. Poco a poco, sin embargo, comenzaron a lograrse pasos en la despenalización.

Recordamos que ni homosexuales ni heterosexuales pertenecen a bloques homogéneos de pensamiento. Puede haber más afinidad entre un gay conservador y un heterosexual conservador que entre dos homosexuales con visiones políticas diferentes.

En 1969, la revuelta de Stonewall en Nueva York marcó un hito en la historia del movimiento por los derechos LGTBIQ+ y es reconocida como el catalizador del activismo moderno. Fue una respuesta directa a una redada policial en el bar Stonewall Inn. La comunidad homosexual respondió con violencia ante un sistema que los perseguía por su orientación. A partir de ese momento, muchos decidieron dejar de justificar su existencia y comenzaron a provocar abiertamente, a ser el espejo de una sociedad hipócrita y reprimida.

La lucha por la integración dejó de enfocarse exclusivamente en la homosexualidad y pasó a incluir realidades que escapaban de la norma: fetichismo sexual, sadomasoquismo, transexualidad, entre otras. Se conformó así un colectivo que ya no giraba necesariamente en torno a un proyecto político claro para vivir la orientación sexual en libertad, sino que se unía bajo la identidad de víctimas de la heteronormatividad. La consigna era «Contra lo normativo».

Pero cabe preguntarse: si somos «la diversidad», ¿qué es exactamente «la norma» contra la que luchamos? Las normas cambian, evolucionan. Cuestionarlas es necesario, pero también lo es reconocer cuándo se hace de ello una secta. Las sociedades victorianas atravesaron un proceso de apertura sexual que también benefició a los heterosexuales, sacándolos de un paradigma restrictivo que hoy, irónicamente, parece estar regresando.

Desde ciertos sectores feministas y académicos, esta reacción constante contra lo normativo ha generado discursos difíciles de cuestionar, ya que se blindan con la figura incuestionable de «la víctima». Nadie quiere parecer insensible ante el dolor ajeno, y ese silencio impuesto se convierte en una nueva forma de censura.

El caos no es libertad. Las normas no son necesariamente opresión. Una organización social justa no surge de eliminar toda estructura. Si crees que el mundo actual es un desastre, investiga cómo eran las sociedades que nos precedieron y pregúntate qué pasaría si desaparecieran las leyes que impiden los delitos.

En los años noventa llegó la teoría *queer*, un enfoque académico y político que cuestiona las categorías binarias de género y sexualidad. Con el tiempo, el movimiento del Orgullo gay se volvió más inclusivo, incorporando nuevas perspectivas: personas trans, no binarias, *queers*, neurodivergentes, personas racializadas... El activismo se expandió tanto que pasó de centrarse en la homosexualidad —gais, lesbianas, bisexuales— a una serie de realidades tan amplias que muchas veces no comparten causas comunes, más allá de definirse por oposición a la norma.

Hoy el colectivo LGTBIQ+ busca subvertir lo normativo. Pero no pretende integrar la homosexualidad en una norma más amplia, sino que todo lo que antes era marginal se convierta en la nueva norma. Se anexionan subgrupos cada vez más diversos, desde nudistas fetichistas hasta personas que practican sexo con disfraces de animales (furros). Y si esto es lo normal, ¿por qué no mostrarlo en plena calle, frente a los niños, como decía Irene Montero? ¿Por qué no educar en ello desde los colegios?

Ya no hablamos solo de orientación sexual. Hablamos de teoría *queer*. Pero no todo lo que desafía una norma es mejor que la norma en sí. David Bowie desafiaba el modelo masculino con arte, estética y genialidad. Mostrarse semidesnudo con ropa erótica de látex frente a niños no es transgresión: es perversión. Aplaudir a *dragkids*, menores vestidos con ropa erótica femenina que bailan como *strippers*, no amplía la mirada del mundo, no educa, no libera. Es monstruoso.

El cuestionamiento extremo de la identidad de género, completamente desligado de la biología, también pone en peligro la noción misma de la homosexualidad. Si no sabemos definir qué es una mujer, ¿cómo alguien puede decir que se siente atraído por ellas? Algunas corrientes *queer*, como las lesbianas abolicionistas del género, sostienen que la orientación sexual es un constructo patriarcal y llaman a las mujeres a «deconstruir su heterosexualidad» para abrazar el lesbianismo. De nuevo, volvemos a las terapias de reconversión.

Si una mujer no es sus genitales, sino su expresión de género, ¿qué es lo que te atrae entonces? ¿La estética, el rol, la idea? Si una lesbiana no se siente atraída por una mujer con pene, se la tacha de tránsfoba. Y así, el colectivo entra en una espiral de contradicciones que pone en jaque su propio sustento lógico.

Los homosexuales ahora pueden concebir: un hombre trans puede quedarse embarazado. Entonces, si la visión de hombre o mujer es completamente subjetiva, ¿en qué se basa la orientación sexual? Tendremos que crear nuevas categorías y orientaciones para cada género percibido. Y en este sinsentido el colectivo LGTBIQ+, que abandonó su función para servir como sujeto revolucionario de la nueva izquierda woke, se deconstruye a sí mismo y pierde su razón de existir.

La élite cultural, en su carrera por encontrar al tipo humano más especial, único y hermoso, se apunta sin dudar a todas estas modas identitarias, buscando expresar algo que parezca original, disruptivo y que les haga brillar como nunca brilló nadie. Como Ezra Miller, que se declaró *queer*, luego *non-binary* en 2020 (usando *they/them*, pero también *it/*

ze en entrevistas) para finalizar afirmando ser multidimensional en lo sexual...

Lo que antes se entendería como imaginación infantil o confusión emocional, hoy se convierte en una identidad política con exigencias de reconocimiento institucional: pronombres personalizados, leyes y manuales escolares.

Esta deriva revela una profunda crisis simbólica: una cultura que ya no ofrece marcos sólidos para pensarse y que deja a los más jóvenes definiéndose como unicornios o arcoíris para no herir su frágil autoimagen. En lugar de acompañar esa búsqueda con contención y sentido, se celebra el caos como libertad, y se señala el disenso como opresión. El resultado es una identidad líquida hasta lo absurdo, donde el género se diluye en puro capricho estético. Si todo puede ser género, entonces nada lo es. Y ese es el triunfo final del nihilismo posmoderno, disfrazado de inclusión, que acaba dañando a aquellos que históricamente han tenido mayores problemas para integrarse.

11

Neopuritanismo, hipersexualización y cultura de la violación

El control del sexo y el espejismo de la revolución sexual

Las nuevas puritanas ya no llevan cuello vuelto: ahora son feministas que se costean un buen par de pechos y lucen escotes hasta el ombligo, listas para juzgarte si miras su canalillo o dices algo al respecto mientras su ego se infla casi tanto como su silicona.

La izquierda ha sido tradicionalmente sinónimo de liberación sexual, como recuerda el dicho popular: «la izquierda tiene un problema con el dinero, y la derecha, con el sexo». Sin embargo, con el paso del tiempo, esos límites ideológicos se desdibujan, y las contradicciones emergen sin resolverse.

Cuando los grandes relatos religiosos pierden vigor, la mente humana busca un sostén interpretativo que proporcione cohesión y seguridad dentro de un grupo. En ese vacío espiritual, los partidos políticos asumen el papel de marcos de creencias que pretenden abarcar todos los ámbitos de la experiencia cotidiana. Cuanto más se aleja el individuo de lo divino, más íntima se vuelve su afiliación política. No obstante, el sexo —igual que lo sagrado— se resiste a ser cosificado por cualquier doctrina.

Históricamente, la derecha occidental abordó la sexualidad desde el temor tratando de controlarlo, evitando su lado caótico y sus expresiones poco normativas. Mientras, la izquierda optaba por ejercer de elemento subversivo, aunando a aquellos que quedaban fuera del correcto orden social, para disputarle el poder al conservadurismo.

Defendían la libertad sexual inspirados en Rousseau: la naturaleza y lo erótico eran originales, puros, corrompidos únicamente por las jerarquías patriarcales de la sociedad civilizada. Su proyecto consistía en abolir todas las restricciones para dejar que el sexo se manifestara como un goce armónico y desinhibido. Sin embargo, esta utopía libertaria está condenada al fracaso. Como advierte Camille Paglia, en lo sexual mandan la compulsión y la necesidad arcaica: «Libertad sexual, liberación sexual. Una ilusión moderna. Somos animales jerárquicos; borra una jerarquía y enseguida otra ocupará su lugar, aunque sea más sutil. En la naturaleza hay jerarquías, y en la sociedad, también. La fuerza bruta y la supervivencia del más fuerte es la ley natural. En cambio, la sociedad inventa normas para proteger al débil. Es nuestra frágil defensa contra la naturaleza».

Los años de la revolución sexual liberal trastocaron el orden represivo: se socavaron los códigos morales tradicionales, se cuestionaron los roles de género, las relaciones heterosexuales dejaron de ser el único modelo válido y el sexo prematrimonial se convirtió en norma. Ante esta transformación, la derecha —con contadas excepciones— abandonó su táctica de contención. Pero, lejos del equilibrio, transitamos hacia la hipersexualización: una vez expuesto el deseo al escrutinio público, la sociedad de consumo activó su maquinaria y generó nuevas dinámicas relacionales y negocios basados en el erotismo. En la era del *attention economy*, nada atrae más la mirada que la excitación sexual, y las redes sociales se llenaron de reclamos eróticos diseñados para captar nuestra atención.

La derecha, por su parte, dejó de tener un problema con el sexo; la nueva batalla residía en la relación entre el dinero y la moral. El deseo —convertido en industria multimillonaria— vio multiplicarse sus formas: plataformas de *streaming* erótico, plataformas de *gaming* en las que las mujeres veían mayor recompensa en sexualizarse, aplicaciones de citas premium, entretenimiento para adultos legal y próspero... El estigma que arrastraban las putas comenzó a disiparse: hoy se autodenominan «trabajadoras sexuales», con poder adquisitivo y presencia mediática. La izquierda, que antaño se erigía protectora de los oprimidos, ya no encontraba en estas mujeres a víctimas necesitadas de salvación: tenían autonomía económica y visibilidad social, eran parte del sistema y no su periferia.

Este desfase entre la utopía sexual libertaria y la realidad industrializada generó una paradoja: la izquierda necesitaba un nuevo enemigo. Ya no bastaba con desobedecer códigos represivos, había que narrar el sexo como amenaza. Y así germinó el puritanismo woke: un giro inesperado que reconfigura la moral sexual bajo la etiqueta de la corrección política.

> En su empeño por separar el sexo de las relaciones de poder, el feminismo va en contra de la naturaleza. El sexo es poder, la identidad es poder.
>
> CAMILLE PAGLIA

La izquierda, entonces, se preguntó: ¿cómo liberar al sexo de un sistema que ya lo ha colonizado? La respuesta fue tan predecible como paradójica: de la liberación pasaron al control y la ideologización. La revolución sexual no había cumplido sus promesas utópicas; aun así, quedaba tiempo para volver a instrumentalizar el sexo. Si las trabajadoras sexuales (no las víctimas de trata) habían dejado de ser víctimas idóneas, todas las mujeres asumirían ese rol. Las mujeres se convirtieron en las nuevas víctimas del sexo.

Inflación del sexo y devaluación del deseo

Vivimos rodeados de sexo: imágenes eróticas, cuerpos perfectos, accesibilidad instantánea a la pornografía, discursos que exaltan la libertad sexual como bandera de emancipación individual. Pero, paradójicamente, nunca el deseo estuvo tan vacío. Nunca el sexo estuvo tan presente y el eros tan ausente.

Hemos confundido la excitación con el deseo auténtico, y los cuerpos desnudos, con la profundidad erótica. El resultado es un sujeto que ve sexo en todas partes pero no siente nada. Un ser hipersexualizado pero sin vínculo ni paciencia. La hipersexualización bombardea el imaginario con imágenes que excitan pero no interpelan. Todo está expuesto y todo es visible, menos el rostro humano. Todo se ofrece sin misterio: lo que antes era insinuación, juego y deseo, hoy es marketing. La imagen sustituye al contacto, y la pornografía, al eros. Lo erótico requería velos, distancias, símbolos... una danza de lo implícito. El mercado de la carne, en cambio, lo quiere todo visible, disponible y usable, pero nada sacia el hambre. Estamos perdiendo la potencia del deseo a cambio de un bufet infinito de cuerpos semidesnudos y discursos de libertad performativa.

La tecnificación del sexo ha creado una cultura donde el goce es función, no experiencia. Todo se mide: duración, frecuencia, rendimiento... Hay aplicaciones para mejorar el sexo, talleres de «conexión tántrica», *influencers* del orgasmo consciente y pseudogurús del «sexo liberador». Pero el fondo sigue siendo lo mismo: una lógica instrumental.

El eros no es solo genitalidad: es una fuerza que te arrastra y te transforma. No se puede domesticar sin matarlo. Estamos renunciando al eros en nombre de la eficiencia, de la exposición o del falso empoderamiento femenino. El erotismo acaba con esto: todos desnudos y nadie tocado.

Una de las grandes paradojas de nuestra época es que hay más cuerpos disponibles que nunca y menos encuentros reales. Se expone todo y se siente poco. Se simula la libertad, pero se vive desde el miedo al otro. Las redes sociales, el consumo constante de estímulos sexuales y el relato de «liberación» han producido una generación con altísima tolerancia a lo erótico pero baja capacidad de conexión emocional y sensitiva, a la que se le hace cuesta arriba mantener relaciones reales y duraderas por las dificultades que entrañan. En esta economía del sexo, el otro es función, no misterio: una herramienta para confirmar mi valía, un espejo para mis inseguridades y una fantasía diseñada a medida. Pero el otro real —el que no puedo controlar, el que me incomoda, me cambia y me frustra—... ese se desvanece.

Mientras nos venden la idea de una generación sexualmente libre y desinhibida, los datos cuentan otra historia: los jóvenes de hoy tienen menos sexo que nunca. Estudios como el de Jean Twenge (*Archives of Sexual Behavior*, 2017) y la Encuesta General Social en Estados Unidos muestran un aumento de veinteañeros que no han tenido relaciones sexuales en el último año o incluso nunca. En Japón, más del 40 por ciento de los jóvenes entre dieciocho y treinta y cuatro años no ha tenido pareja sexual reciente, según datos oficiales. Y mientras el contacto humano se esfuma, el porno bate récords: según *Pornhub* (2023), la mayoría del tráfico global proviene de menores de treinta y cinco años, y el Instituto Kinsey confirma que más del 90 por ciento de los varones consumió pornografía antes de los dieciocho. Tenemos sexo en pantalla, pero no en la cama. Hay sexo en todas partes menos entre personas reales, sexo que no une, sino que sirve como ansiolítico o evasión momentánea. Esta expansión no solo refleja un cambio en los hábitos sexuales, sino que plantea preguntas sobre la sustitución del contacto físico por estímulos digitales.

El eros no es una categoría moralista. Es una categoría filosófica y existencial. Es lo que nos mueve hacia lo desconocido, hacia el abismo del encuentro verdadero. Es la fuerza que no entiende de roles ni de zonas seguras. El eros es peligroso porque compromete, no se puede desear de verdad sin arriesgarse a perder algo. Por eso se le sustituye por el sexo funcional, seguro y «consentido». No se trata de negar el consentimiento, sino de señalar que hemos convertido la experiencia erótica en un contrato jurídico o en una *performance* individualista en lugar de un espacio compartido de entrega y transformación. Lo que la izquierda denostaba como sexo burgués lo ha asumido como propio, dándole un lavado de cara para empaquetarlo y venderlo como sexo con perspectiva de género, feminista e igualitario que no excita a nadie.

La crítica a la hipersexualización no puede caer en el puritanismo ni en la moral antimercado. Pero tampoco puede rendirse al relato simplón que disfraza de libertad lo que es consumismo compulsivo. El feminismo pop, por ejemplo, ha confundido cosificación con empoderamiento estético. Y parte de la derecha cultural ha reaccionado con nostalgia por la represión. Ambas respuestas son insuficientes. Necesitamos una revolución del eros, no del sexo. Un retorno a la profundidad simbólica del deseo. A la ambigüedad, al juego, al tiempo y a la espera. A esa zona donde el cuerpo no es mercancía ni amenaza, sino puerta hacia lo otro, hacia lo sagrado que vibra en la carne. Hacia esa «pequeña muerte» que remueve tanto lo físico como lo psicológico.

Reaprender a desear sin caer en el consumo adictivo es liberarse de la lógica del espectáculo y de la instantaneidad, adquirir dominio sobre el propio cuerpo. Es reaprender a mirar y a tocar... A dejar que el otro no sea solo un cuerpo, sino un lugar donde uno se arriesga a perder el yo. Mientras no lo hagamos, seguiremos atrapados en una hipersexualización sin deseo y en una sociedad donde el erotismo muere de tanto mostrarse y en la que la conexión física y sexual es reemplazada por lo virtual y la masturbación solitaria. Con esto no digo que el desnudo y la pornografía sean diabólicos ni que vayas a quedarte ciego por tocarte. Trato de iluminar la forma en la que vivimos lo sexual, la actitud con la que nos dejamos arrastrar por un sexo alienante, cómodo y vacío que, en pos de una funcionalidad instrumental, pierde su función real: dar vida, conectar a los individuos y abrirnos tanto al dolor como al placer que resultan de una relación auténtica.

La incultura de la violación

Hay pocas expresiones más tergiversadas que «cultura de la violación». En nombre del feminismo contemporáneo, se ha instalado la idea de que las sociedades occidentales —que castigan la violación como uno de los crímenes más abominables— serían, paradójicamente, cómplices estructurales de la misma. Se las señala como si estuvieran impregnadas de una supuesta atmósfera de tolerancia hacia el abuso sexual. Una acusación absurda, exagerada y profundamente injusta que desvela más sobre la miopía ideológica de quien la sostiene que sobre la sociedad que se pretende denunciar.

Porque, en Occidente, la violación es exactamente lo contrario a su cultura: no es tradición ni costumbre ni rito de paso. Es transgresión, delito y barbarie. Es un acto profundamente anticultural que atenta contra los principios más básicos del derecho, la dignidad y la convivencia. Y, precisamente por eso, se persigue, se penaliza y se estigmatiza. No hay ninguna esfera legítima de la vida pública en la que se celebre o se justifique. En los juzgados, el violador es condenado. En prisión, es despreciado incluso por los otros reclusos, y en el imaginario colectivo, es el epítome de la deshonra.

¿Dónde está entonces esa «cultura de la violación»? ¿En un chiste de mal gusto? ¿En una película mal escrita? ¿En un comentario torpe en una red social? ¿Eso basta para tachar de «cómplice» a toda una civilización? Pero lo más hipócrita del asunto no es solo el uso *mainstream* del término. Es su aplicación cínicamente selectiva. Mientras se demoniza a las sociedades occidentales por no ser moralmente impolutas, se exige —desde los mismos círculos biempensantes— «respeto cultural» hacia sistemas donde la violación no solo no se castiga, sino que forma parte del entramado legal y ritual de la sociedad.

En varios países del mundo, bajo pretextos religiosos o normativos, el agresor sexual puede evitar cualquier tipo de castigo si se casa con la víctima. En otros, la denuncia únicamente se admite si hay testigos varones. En algunos, la violación es incluso usada como arma política o correccional, con el consentimiento —explícito o tácito— de las autoridades o las estructuras comunitarias. Ahí sí podríamos hablar de una cultura «estructuralmente misógina» y, sin embargo, no estalla la indignación global, no se denuncia en las universidades ni se hacen manifiestos *deeply concerned*. Para el progresismo occidental, resulta más cómodo y rentable culparse a sí mismo, autoflagelarse, encontrar la raíz de todos los males en su entorno cercano. El enemigo está en casa: el hombre blanco heterosexual, la masculinidad tóxica, el chiste malinterpretado. Señalar hacia fuera —hacia otras culturas o religiones— implicaría salirse del cómodo marco del multiculturalismo dogmático, y eso es problemático.

Así que mientras se criminaliza a una sociedad que lleva siglos construyendo derechos, se excusa —en nombre de la diversidad— a quienes mantienen estructuras sociales que literalmente cosifican, silencian y someten a las mujeres.

Llamar a nuestra cultura «cultura de la violación» no solo

es falso. Es una traición semántica que degrada la palabra «cultura» y vacía de sentido la palabra «violación». Si todo es cultura de la violación, entonces nada lo es. Si una sociedad que castiga severamente al agresor es cómplice, entonces no queda nadie inocente. El relativismo total conduce a la ceguera moral.

Un caso especialmente atroz de violación real fue el de Gisèle Pelicot, una mujer francesa que, bajo el pretexto de un «juego sexual», fue drogada y violada por múltiples hombres con la complicidad de su propio marido, que obtenía excitación al verla sometida. La justicia francesa procesó a los implicados por violación en grupo y administración de sustancias sin consentimiento, y el caso provocó una indignación social masiva al revelar hasta qué punto puede llegar la cosificación y la violencia sexual organizada. Es fundamental recordar que episodios así no tienen nada que ver con fantasías privadas: son delitos condenables, perseguidos penalmente y objeto de un amplio rechazo colectivo, donde la demanda común es clara: castigo ejemplar para esos hombres y reparación para la víctima.

No debemos confundir este caso con los macrogrupos en redes sociales como Facebook descubiertos en Portugal, Italia y otros países en los que «hombres comparten fotos íntimas de sus mujeres», porque, al igual que en el porno, no todo lo que circula es «real», por muy reprobable que sea: abundan las imágenes falsas atribuidas a «mi esposa» o «mi hermana» como reclamo, material generado con IA, porno, contenido de trabajadoras sexuales compartido sin contexto e incluso participación de proxenetas. El hecho de que se exhiba con ese discurso no significa que esas mujeres sean siempre cercanas a los usuarios: de hecho, un hombre realmente machista y posesivo difícilmente querría exponer a su pareja desnuda ante miles de desconocidos por más que la cosifique; sí que expondría a una amante. Lo que opera aquí es más bien el fetiche del mirón (voyerismo) o mirón inverso, un fenómeno descrito en psicología clínica como la excitación por observar lo prohibido o ajeno, aunque también haya fotos reales compartidas sin consentimiento. Esto es algo que requiere una mayor investigación para que cada uno responda por sus propios delitos, en caso de que los cometa.

Las mujeres también tenemos fantasías difíciles de explicar que no derivan automáticamente del patriarcado: investigaciones como las de Justin Lehmiller (Kinsey Institute, 2018) muestran que una de las fantasías femeninas más comunes es la de violación o sometimiento, presente en más del 60 por ciento de las encuestadas, aunque como escenario mental controlado y ficticio, no como deseo real de experimentar violencia o agresión en la vida cotidiana. Es crucial enfatizar que estas fantasías no equivalen a un deseo real de ser violadas y en la importancia de saber distinguir realidad de ficción o fantasía.

En adelante, con la evolución de las IA generativas de imágenes, tendremos que asumir que cualquiera podrá hacer lo que quiera con nuestra imagen. Por más que se intente regular este avance, es fundamental tomar conciencia de que esta realidad nos superará inevitablemente. Debemos permanecer vigilantes, no creer de forma ciega en lo que vemos y estar preparados psicológicamente para aparecer en escenas falsas, ya sean pornográficas o de cualquier otro tipo, sin que eso nos resulte destructivo. De cualquier modo, la cultura occidental no valida la violación ni la ritualiza, la condena y la criminaliza, y no la celebra, la combate. Y, por eso mismo, usar aquí la expresión «cultura de la violación» es no solo un insulto a la verdad, sino también un agravio a las víctimas reales de sistemas donde el abuso no es delito, sino tradición. Si existe algo como eso, está en otro sitio. Pero hay que tener el coraje de mirar. Y el doble rasero ideológico prefiere mirar para otro lado.

Modelo monógamo y otras perspectivas de la sexualidad

El sexo puede atarnos al instinto y al deseo impulsivo, pero también sirve como puente que conecta los planos físico, psicológico y espiritual al satisfacer necesidades de reproducción, placer y conexión emocional. A lo largo de la historia, las culturas abrahámicas priorizaron la procreación, relegando el placer y lo mágico a un segundo plano. En cambio, la sociedad moderna exalta el placer, ignorando a menudo los demás aspectos. Sin embargo, en tradiciones orientales como el hinduismo, estos elementos se integran en armonía: así, el *Kamasutra* une ética y devoción, mientras que el *yab-yum* simboliza la fusión de opuestos para alcanzar una unidad trascendente.

Las prácticas tántricas, como el *maithuna*, elevan el acto sexual a una meditación ritualizada. Incluyen una preparación meticulosa —con purificaciones y recitación de mantras— y técnicas precisas, como la respiración *pranayama* sincronizada, la mirada fija, posturas como el *yab-yum* y la retención seminal. Todo esto busca liberar los deseos compulsivos para dar paso a una unión amorosa que nutre plenamente las tres dimensiones del ser.

En Occidente, algunos pensadores tradicionalistas como Julius Evola exploraron la alquimia y la magia sexual como caminos de iniciación espiritual, fusionando hermetismo, alquimia y misticismo. En libros como *Metafísica del sexo*, Evola desentraña el trasfondo erótico de símbolos alquímicos —como la «boda química», que representa la unión de polaridades opuestas para lograr una transmutación interior—. Así, eleva el erotismo a un ritual de trascendencia que aspira a la superación del ego. Aunque choca con la ortodoxia católica, que valora la castidad, la procreación y el matrimonio sacramental, encuentra ecos en el misticismo de figuras como santa Teresa de Ávila. En su autobiografía *Vida*, la carmelita descalza describe la «transverberación del corazón»: un ángel la atraviesa con una lanza dorada, provocándole un dolor intenso mezclado con placer divino, que la lleva a una unión mística con Dios. Inmortalizada en la escultura de Bernini el *Éxtasis de santa Teresa*, esta visión se interpreta a menudo como un erotismo sublimado: con imágenes de penetración, gemidos de placer y dolor y una fusión corporal-espiritual que redirige la energía erótica hacia lo divino, en sintonía con la tradición cristiana de la «desposada» del alma con Cristo.

Ante la desconexión entre sexo, placer y espiritualidad, surgieron corrientes de magia sexual que, sin desligarse por completo de lo religioso, se convirtieron en prácticas esotéricas más individualistas, en contraposición a las religiones tradicionales, sobre todo las abrahámicas. La *sex magick*, impulsada por Paschal Beverly Randolph y popularizada por Aleister Crowley en su sistema Thelema, fusiona elementos de hermetismo, alquimia, cábala y misticismo. En lugar de enfocarse en la procreación o la devoción divina, utiliza el sexo como ritual para el autodescubrimiento, la manifestación de deseos y el control de energías sutiles, incorporando visualizaciones, retención de la energía orgásmica y la unión de polaridades. Aunque comparte similitudes con el tantra en su énfasis en la energía vital, se orienta más hacia el poder personal. Estas corrientes de la «mano izquierda» emplean el sexo de manera ritual, pero a veces derivan en una glorificación distorsionada del ego y el poder, tan perjudicial como la represión sexual. El propio Crowley fue estigmatizado por la prensa, expulsado de Italia tras el cierre de su Abadía de Thelema, y terminó arruinado y aislado, repudiado incluso por sus antiguas órdenes esotéricas por «pervertir» sus enseñanzas. Su adicción a la heroína y la cocaína agravó su salud, provocándole bronquitis crónica, pleuresía y degeneración miocárdica, lo que precipitó su muerte a los setenta y dos años.

La castidad, al igual que la sexualidad, se puede vivir de múltiples maneras. En la tradición católica, santos como Tomás de Aquino o Juan de la Cruz la veían no como represión, sino como una integración de la sexualidad que, mediante contemplación y entrega a Dios, purifica las pasiones y las convierte en vía hacia la santidad. Esto evoca el *brahmacharya* hindú, donde los yoguis canalizan la energía sexual hacia la fuerza espiritual con respiraciones, posturas, mantras y disciplina mental, transformando el deseo en luz interior y ecuanimidad.

Sri Aurobindo consideraba el impulso sexual un obstáculo para la transformación espiritual, pero no abogaba por reprimirlo, sino por desactivar su raíz: reconocerlo como algo ajeno al verdadero yo, retirarle el consentimiento y permitir que una fuerza superior lo disuelva, hasta transmutar la energía en potencia creativa y conciencia elevada. La victoria sobre el deseo, afirmaba, genera una alegría más profunda que su satisfacción.

Las visiones ideológicas posmodernas sobre la sexualidad natural y pura que fluye con libertad cuando estás deconstruido resultan insuficientes para captar y organizar este aspecto tan esencial de la vida humana. La clave está en aceptar nuestra vulnerabilidad ante lo incontrolable y asumir la sexualidad con comprensión genuina, sin usarla como herramienta ideológica. Si la examinamos con objetividad, lejos de dogmas, llegamos a una conclusión clara: muy pocos logran dominar por completo su impulso sexual. Aunque es posible controlarlo en parte, una supresión total suele hacer que resurja de formas distorsionadas, generando parafilias o neurosis que envenenan mente y cuerpo. Para la mayoría, la libertad plena en el sexo es un espejismo: no podemos reprimirlo sin consecuencias ni practicarlo sin límites esperando salir ilesos.

Aquí yace el dilema real: muchos que intentan la castidad —incluso con herramientas espirituales como el yoga o la contemplación— terminan lidiando con tensiones internas, frustraciones y un retorno deformado de los deseos en obsesiones o compulsiones. Por otro lado, las relaciones sexuales sin compromiso duradero, que prometen libertad y placer instantáneo, a menudo llevan a inestabilidad emocional, vacío existencial, insatisfacción o ciclos de dependencia afectiva. Al final, los humanos anhelamos no solo gratificación física, sino conexión profunda y seguridad en el vínculo, elementos que se erosionan sin un compromiso vital.

En medio de estos extremos, el modelo monógamo ha demostrado su eficacia, sobre todo en sociedades occidentales, como regulador que canaliza los impulsos sexuales hacia estructuras estables y exclusivas, fomentando cohesión social y minimizando conflictos por competencia poligámica. Arraigado en tradiciones grecorromanas y reforzado por el cristianismo desde la Baja Edad Media, estableció normas que confinan la expresión sexual al matrimonio monógamo, promoviendo inversión paternal, seguridad para las mujeres y acumulación de capital humano al reducir disputas por parejas múltiples.

A diferencia de los sistemas poligínicos en otras culturas, la monogamia occidental organiza la sexualidad no solo para la reproducción y el placer, sino como base de alianzas duraderas que sostienen el orden familiar y social, contribuyendo a sociedades más cohesionadas, productivas y equitativas. La infidelidad en estas relaciones depende de la capacidad para asumir compromisos y controlar impulsos, algo no siempre fácil por las dificultades mencionadas. Aun así, muchas parejas monógamas, con sus imperfecciones, rachas difíciles o errores, logran mantener el vínculo y crear hogares estables; otras se rompen y forman nuevas relaciones satisfactorias bajo el mismo modelo.

En síntesis, la sexualidad ofrece diversas vías de experimentación y modelos de unión amorosa. Sin embargo, la monogamia se destaca como el enfoque más efectivo para preservar un orden social mayoritario. Los experimentos modernos como el poliamor o la anarquía relacional pueden funcionar para minorías, pero exigen renuncias y conllevan desafíos inherentes, al igual que la monogamia. Prácticas mágicas o espirituales —incluso el BDSM—* son más seguras y plenas en parejas comprometidas que se aman y cuidan. La

* Práctica sexual consensuada basada en el juego de poder, dominación, sumisión y placer.

castidad auténtica, practicada correctamente, queda reservada para quienes tienen una devoción espiritual intensa.

Un orden social deseable debe mantener cierto control sobre la sexualidad, sin asfixiar a los individuos con normas castrantes, permitiendo espacios para la trasgresión, la noche y la fiesta, donde florezca la espontaneidad y el placer sin coacción ni culpa. Espacios que la izquierda también amenaza con vigilar mediante el terror sexual, puntos violeta y nuevas formas políticamente correctas de relacionarse.

12

Manosfera y crisis de la masculinidad

Espacios seguros para hombres tristes

La crisis contemporánea de la masculinidad no nació de un día para otro. No es obra del feminismo ni de una conspiración progresista para emascular varones, pero tampoco es un invento del patriarcado para conservar el poder. Es, más bien, el resultado de un desajuste profundo entre las expectativas heredadas y las realidades actuales. Y en ese hueco, fértil en frustración y soledad, nació lo que hoy se llama —con demasiada frecuencia y poca precisión— la manosfera.

El término «manosfera» suena a red secreta, a logia digital de hombres cabreados y rabiosos. En parte lo es. Pero también es una etiqueta mediática floja, usada cada vez más como comodín para designar todo lo que no comulga con los dogmas del feminismo institucional: desde tipos que se sienten desplazados en Tinder hasta críticos legítimos del sesgo judicial en divorcios. Todo metido en el mismo saco.

Es cierto que existen sectores radicalizados con aires de

gurús, como los *incels* (célibes involuntarios) o los PUA (del inglés *pick up artists*, «artistas del ligue»). Pero también hay espacios donde los hombres reflexionan sobre problemas típicamente masculinos, y reducir eso a «misoginia organizada» es, de nuevo, ombliguismo feminista. Llamar «manosfera» a todo lo que incomoda al feminismo hegemónico se ha convertido en un recurso de blindaje ideológico que sirve para deslegitimar toda crítica como reacción machista, sin distinguir tonos, matices o razones.

El término «*incel*» surgió en 1993. Lo inventó una mujer canadiense llamada Alana que creó un espacio online para personas —de cualquier género— que sufrían aislamiento romántico y sexual. Era un sitio de apoyo mutuo. Nada que ver con lo que vendría después. A finales de los 2000, el concepto fue secuestrado por foros de hombres frustrados, donde el fracaso afectivo se convirtió en identidad. Ya no se trataba de buscar soluciones, sino de construir una cosmovisión nihilista: el mundo es injusto, las mujeres son hipergámicas, el deseo es un mercado manipulado y ellos son víctimas estructurales.

En esos rincones de la red nació un nuevo tipo de varón: el varón derrotado, no solo por las mujeres, sino por el relato moderno del éxito superficial y la autosuficiencia emocional. En lugar de rebelarse contra ese relato, o ponerlo en su justo lugar, lo adoptaron y lo convirtieron en cárcel. Peor aún: comenzaron a replicar el mismo esencialismo biológico que criticaban en el feminismo radical pero al revés. Los mismos que se quejaban de los tópicos sobre que los hombres solo buscan follarse a todo lo que se mueve decían ahora que las mujeres no son capaces de amar por naturaleza y que el alfa siempre gana. Todo se reduce a genes y estética. Lo llaman realismo. De hecho, es puro reduccionismo zoológico disfrazado de ciencia.

En promedio, hombres y mujeres exhiben preferencias diferentes; no obstante, la forma de interpretarlas depende más del sesgo de cada observador que de la evidencia científica disponible. Así, que el varón esté biológicamente orientado a maximizar su descendencia no implica que carezca de capacidad para la fidelidad ni de necesidades afectivas, aspiraciones personales, valores o planes de futuro. Del mismo modo, que la mujer busque protección para garantizar el cuidado de su prole no significa que su historia, intereses y gustos —moldeados por la experiencia— no la lleven a elegir a una pareja por razones que van más allá de su fuerza física o de su capacidad para imponerse a otros. Conocer nuestras tendencias más básicas y nuestra historia nos ayuda a comprender qué nos atrae, pero no determina nuestro destino. La civilización y la cultura evidencian nuestra capacidad para moderar los impulsos y fomentar una convivencia más armoniosa, acorde con una aspiración superior que también forma parte de nuestra naturaleza.

Por otro lado, los MGTOW (*Men Going Their Own Way*) surgieron como respuesta menos emocional y más estratégica. Nacidos entre 2003 y 2005, se distanciaron tanto del feminismo como del modelo tradicional de hombre proveedor.

Su idea básica: no vale la pena comprometerse afectiva o legalmente con mujeres porque el sistema está diseñado para perjudicar al hombre. Por tanto, lo mejor es retirarse. Evitar el matrimonio, la paternidad, las relaciones serias. Algunos van más lejos: renuncian al sexo, a la vida romántica y al afecto compartido.

En un principio, esto podría parecer un acto de autonomía. Pero, con el tiempo, muchos MGTOW terminaron cayendo en una ideología de la sospecha permanente que convierte cualquier vínculo humano en una amenaza legal o emocional. La mujer ya no es compañera ni enemiga: es un riesgo.

Su crítica al sistema jurídico de familia y divorcio contiene puntos atendibles; sin embargo, la solución que proponen —replegarse en lugar de impulsar cambios— resulta estéril. Abandonar el tablero no convierte a nadie en revolucionario, sino en un espectador resentido. Con el tiempo, ese resentimiento los lleva a convertirse en una caricatura masculina de las típicas señoras amargadas que solo saben hablar de sus maridos. Son hombres que, al presumir de desligarse de las mujeres, se erigen en «expertos» sobre ellas y no hacen más que hablar despectivamente de aquello que aseguran haber dejado atrás.

El problema de los *incels* y los MGTOW no se solucionará mientras no reparemos en lo que hay al otro lado del espejo. Las feministas institucionalizadas usan la palabra «manosfera» como sinónimo de enemigo. Cualquiera que cuestione ciertos postulados es automáticamente sospechoso de odio y este uso exagerado de etiquetas no ayuda a nadie. Desactiva el pensamiento crítico. Obliga a tomar partido en trincheras ideológicas y refuerza la imposibilidad de un diálogo honesto. No todo varón que se siente desplazado es machista y no todo lo que incomoda a los discursos progresistas es manosfera tóxica. Reducir el mapa ideológico a buenos y malos es infantil y autoritario.

Tanto los *incels* como los MGTOW —y sus contrapartes ideológicas— son hijos de un momento social de polarización identitaria que nos desconecta del afecto real.

En el fondo, todos juegan dentro del mismo sistema:

- Los *incels* lo odian pero lo aceptan como inevitable.
- Los MGTOW lo rechazan pero no lo confrontan.
- El feminismo institucional lo denuncia a la vez que lo reproduce.

Y, mientras tanto, la máquina sigue produciendo frustración, consumo emocional, egocentrismo digital y relaciones vaporosas. Nadie se sale de la rueda mientras se pelean por quién tiene razón.

Por último, están los *redpills*, que, con todos sus excesos, al menos buscan solucionar algo. Quieren gustar, quieren sexo y buscan amor —aunque lo llamen «validación biológica» o «hipergamia evolucionista»—. Desean conectar con mujeres, aunque lo hagan desde un lugar confuso. Su error es suponer que todo se reduce a poder, atractivo y estrategia. Pero al menos hay deseo. Al menos no han cortado el puente. A diferencia de ellos, los *incels* y los MGTOW ya han decidido que ese puente no existe, que está roto o que directamente hay que dinamitarlo.

Las razones por las que alguien se enamora son tan variadas como impredecibles. El enamoramiento es caótico, a veces absurdo, muchas veces involuntario. Hay quien se enamora por una herida compartida, por un trauma espejo, por un rasgo que lo avergüenza o lo reprime o por el reconocimiento de virtudes o vicios compartidos. El deseo no se elige: sucede. Puedes decidir no actuar sobre él, pero no puedes desear «correctamente» como pretenden las «lesbianas políticas» o las que señalan como poco empoderadas a las mujeres con preferencias por roles sumisos en el sexo.

Frente a esta realidad compleja, ambigua y humana, surgen estas modas de «hombres y mujeres de alto valor», como si el amor fuera un mercado bursátil en el que vender autoayuda para gente confundida que, educada entre relatos posmodernos que han vaciado las palabras de sentido, necesita mapas para entenderse. Y es aquí cuando aparecen los gurús del hombre de alto valor y la mujer de alto valor vendiendo roles hiperbólicos a lo Andrew Tate y cursos de seducción, como si sus dogmas fueran verdades naturales incuestionables. La mala noticia para ellos es que no terminan de convencer, recuerdan al cliché de lesbiana con camisa de cuadros y voz forzada que actúa como si fuera un camionero para parecer masculina, o a la *trad wife* que se disfraza de chica adorable con escotazo para mostrar a las masas de hombres lo deseable que puede ser para ellos, fingiendo que solo le importa su marido. Hay algo impostado que chirría. Es el mismo teatrillo, el mismo malentendido.

No se puede negar que a un hombre le puede atraer una mujer femenina con algún rasgo de carácter típicamente masculino o que a una mujer le puede gustar un tipo andrógino, melancólico, que se pinta los ojos como han hecho los rockeros, los punkis y los góticos de las tribus urbanas toda la vida; el deseo es imprevisible y anómalo, y aunque por lo general a todos nos gusten cosas parecidas, como reza el dicho popular: para gustos, los colores.

Lo que antes eran roles vividos —con contradicciones pero orgánicos— hoy se han convertido en *performances* digitalizadas. Un *cosplay* permanente de lo masculino y lo femenino, versionado en *reels*, pódcasts y perfiles de Instagram. Puro postureo de identidad sexual como contrarrelato a lo *mainstream*. Y en medio de toda esta parodia, uno se imagina a cualquier rockero glam de los ochenta —tacones, rímel, chaqueta de leopardo— riendo desde el escenario mientras le llueven sujetadores. No necesitaba «validación sexual» ni encajar en roles rígidos. Solo tenía algo que el mercado del deseo actual olvida: carisma, talento, autenticidad y presencia real.

De combatir el machismo a estigmatizar la masculinidad

Para combatir el machismo, el feminismo institucional se inventó los talleres de deconstrucción de la masculinidad: una suerte de cursillos de reeducación emocional diseñados para que los hombres aprendan a avergonzarse de sí mismos y poder doblegarlos. Allí se cocina un chantaje psicológico disfrazado de pedagogía: al hombre se le acusa de portar un pecado original del que nunca podrá redimirse del todo. Cuanto más pide perdón, más se le humilla, y cuanto más se fustiga, más se le exige. Es un espectáculo sádico de castración simbólica pagado con dinero público, fondos europeos y subvenciones ministeriales.

Como era previsible, el experimento ha fracasado. Los chicos no se han convertido en ciudadanos sensibles y feministas, sino en jóvenes perdidos, desconfiados o directamente hastiados. Muchos han salido huyendo del campo de reeducación hacia la única voz que parece decirles que no son basura: la manosfera. Así que ha tocado cambiar de guion. El nuevo libreto es más amable, más «inclusivo». En lugar de la mirada de inquisidora de Pamela Palenciano gritando que «les enseñan a violar», ahora llega el «poli bueno»: el proyecto Bróders, presentado como un bálsamo emocional para chicos desorientados. Un intento desesperado de recuperar el control del relato: «Te ayudamos porque te queremos; no queremos que te radicalices; es por tu bien».

El problema es que siguen siendo los mismos: la misma mujer que torturaba a los adolescentes con pesadas charlas sobre lo potencialmente monstruosos que son ahora dice que se ha equivocado. Los que soltaron a los lobos son los que ahora vienen a cuidar el rebaño. Te acorralaron, te señalaron, te insultaron, y ahora quieren abrazarte para evitar que «te pierdas». No porque les importe tu alma, sino porque peligra la continuidad del chiringuito.

Aborrecen todo lo que tenga que ver con lo masculino, son los mismos que quieren reemplazar el Día del Padre por el «Día de la Persona Especial». Dicen que es por inclusión. Que no todos tienen padre. Que hay familias diversas. Que mejor un término genérico y seguro. Pero, por alguna razón, no se aplica cuando celebramos el Día de la Madre, como si los hijos criados por sus padres o adoptados por parejas de hombres no importasen a las autopercibidas «buenas personas».

El problema no es solo semántico. Es simbólico y político. Cambiar el Día del Padre no es una medida neutra. Es un síntoma de algo más hondo: el colapso del símbolo paterno, de la función de arraigo y de toda noción de autoridad afectiva estable. No se trata de defender una versión rancia del patriarcado, sino de señalar que la cancelación simbólica del padre real no ha traído emancipación, sino orfandad emocional y cultural. Y por si no fuera suficiente con estos ataques, llegan declaraciones como las de Inés Hernand, figura mediática de la nueva progresía institucionalizada, afirmando con convicción que hay que «deshacer la idea de familia natural y sustituirla por la familia escogida». En otras palabras: tus amigos son tu familia. Suena enternecedor, pero es una trampa.

La idea de la «familia escogida» nació en ciertos contextos LGTBIQ+ como forma de resistencia frente al rechazo o abandono por parte de las familias biológicas. En ese marco específico, tu red de apoyo afectivo podía efectivamente convertirse en una familia alternativa.

Pero lo que era un gesto de supervivencia en minorías marginadas, hoy se ha convertido en doctrina para todos, impuesta desde púlpitos ideológicos con apariencia de progresismo. La frase se repite sin pensar: «La familia no se hereda, se elige». Ah, ¿sí? ¿Y qué hacemos con los ancianos solos? ¿Con los niños sin red de apoyo? ¿Con los adolescentes que viven en casas disfuncionales pero que no tienen otro lugar donde ir?

El problema no es ampliar el concepto de familia, sino reemplazarlo por vínculos fluidos, reversibles y contractuali zados al gusto del consumidor. Si tus amigos son tu familia, entonces la familia es opcional y descartable. Se transforma en una suscripción afectiva premium donde uno está «mientras me sirvas». Al mismo tiempo que se promueve esta «libertad» de escoger tus afectos como si fueran *playlists* de Spotify, cientos de miles de hombres —y también mujeres— viven una soledad estructural. Y no es casual. Es la consecuencia de una época que ha convertido todo en elección personal, hasta los vínculos.

Un padre ausente es una herida. Un padre presente es un estorbo para el relato actual, que necesita individuos flotantes, sin anclaje y sin historia. Cuanto más solos estamos, más consumimos. Cuanta menos familia tenemos, más necesitamos pagar por apoyo emocional, psicológico y afectivo. Somos más propensos a caer en sectas de todo tipo con tal de sentirnos apreciados. No estamos ante una evolución del modelo de familia. Estamos ante su desarticulación funcional. Se propone reemplazarla por redes de afinidad líquida sujetas a criterios de afinidad subjetiva en un contexto donde la estabilidad emocional es ya de por sí una rareza.

La familia no es perfecta. A veces es un infierno. Pero no se la reemplaza solo con afinidad y memes compartidos. El vínculo familiar, incluso con sus tensiones, posee una dimensión estructural que los vínculos electivos no siempre pueden sostener: compromiso, legado, continuidad, presencia. Algo que no se puede cancelar a voluntad sin pagar un precio emocional elevadísimo.

Mientras se promueve una cultura de libertad afectiva basada en elecciones reversibles, los datos sobre soledad, suicidio, ansiedad y depresión se disparan. El sujeto moderno está solo. Y lo está no por falta de contactos, sino por exceso de vínculos sin raíz. La crítica al modelo familiar tradicional es legítima. Pero el vacío no se llena con discursos empalagosos sobre «tu familia elegida». Se necesita más que eso: presencia, límites, herencia y afecto duradero. Eso que, mal que bien, muchas veces se llamaba familia.

Frente al rechazo sistemático a lo masculino, hay que recordar que ser hombre no es un error que corregir ni una tara que reprimir, sino una forma legítima y valiosa de estar en el mundo, con su propia ética y su capacidad transformadora. La masculinidad tiene una belleza única que la mujer sensata sabe reconocer y admirar: no la criminaliza, la cultiva. Y, como en el yin y el yang, permite que ambos se completen y crezcan en equilibrio.

Si puedes conservar la cabeza cuando a tu alrededor
todos la pierden y te echan la culpa;
si puedes confiar en ti mismo cuando los demás dudan de ti
pero al mismo tiempo tienes en cuenta su duda.

Si puedes esperar y no cansarte de la espera,
o, siendo engañado por quienes te rodean,
no pagar con mentiras,
o, siendo odiado, no dar cabida al odio,
y, no obstante, no ensalzas tu juicio ni ostentas
tu bondad.

Si puedes soñar y no dejar que los sueños te dominen;
si puedes pensar y no hacer de los pensamientos
tu objetivo;
si puedes encontrarte con el Triunfo y la Derrota
y tratar a estos dos impostores de la misma manera.

Si puedes soportar al escuchar la verdad que has dicho,
tergiversada por bribones para tender una trampa
a los necios
o contemplar destrozadas las cosas a las que dedicaste
tu vida
y agacharte y reconstruirlas con las herramientas
desgastadas:

si puedes hacer una pila con todos tus triunfos
y arriesgarlo todo de una vez en un golpe de azar
y perder, y volver a comenzar desde el principio
y no dejar escapar nunca una palabra sobre tu pérdida;

si puedes hacer que tu corazón, tus nervios
y tus músculos
te respondan mucho después de que hayan perdido
su fuerza,
y permanecer firmes cuando nada haya en ti
excepto la voluntad que les dice: «¡Adelante!».

Si puedes hablar con la multitud y perseverar
en la virtud,
o caminar junto a reyes sin perder tu sentido común.
Si ni los enemigos ni los buenos amigos pueden dañarte;
si todos los hombres cuentan contigo pero ninguno
demasiado.

Si puedes llenar el preciso minuto
con sesenta segundos de un esfuerzo supremo,
tuya es la Tierra y todo lo que hay en ella,
y, lo que es más, serás un Hombre, ¡hijo mío!

RUDYARD KIPLING, «Serás un hombre, hijo mío»

Sin padre, sin eros, sin hijos

No hace falta ser demógrafo para ver lo que está pasando. En casi todos los países de Europa —y España no es la excepción—, la tasa de natalidad se desploma. Faltan niños, cada vez hay más ancianos y el sistema amenaza con ser insostenible. La caída de los nacimientos es el último síntoma visible de una cadena de colapsos anteriores. El síntoma final de una cultura que ha dinamitado los pilares simbólicos del vínculo y el deseo. Donde ya no hay familia ni eros ni comunidad. Solo individuos aislados, neurotizados y emocionalmente huérfanos.

La familia tradicional —con sus luces y sombras— ha sido barrida del relato cultural dominante. El problema no es que haya cambiado: el problema es que no pueden ofrecer nada sólido en su lugar. La pareja se puede elegir, pero los hijos no se eligen, y en una cultura que solo sabe relacionarse con lo controlado y reversible, se convierten en una carga impensable.

El deseo ha sido secuestrado por las apps, la industria pornográfica y la obsesión por la visibilidad. Se confunde erotismo con exposición, deseo con validación, libertad con autosatisfacción. Pero el eros verdadero, recordamos, es juego simbólico. Y cuando el deseo se reduce a rendimiento o espectáculo, no hay lugar para la fecundidad, ni literal ni simbólica. Solo hay cuerpos funcionando, sin misterio ni trascendencia. Vivimos hiperconectados pero más solos que nunca. Dormimos solos, comemos solos y envejecemos solos. La mayoría de los hogares en ciudades como Madrid o Barcelona ya son unipersonales, y no son más porque no se pueden pagar. No porque a la gente le entusiasme la soledad, sino porque es lo único que queda cuando los vínculos duraderos han sido sustituidos por relaciones tácticas y provisionales.

Y en ese contexto de «precariedad afectiva», ¿quién se atreve a tener hijos? ¿Con quién? ¿Para qué? La principal causa de la crisis de natalidad no es económica ni legal ni ideológica. Es existencial. No se trata de que la gente no quiera tener hijos, sino de que ya no encuentra sentido en hacerlo.

Si no hay comunidad ni vínculo ni deseo duradero, ¿qué horizonte puede ofrecer una nueva vida? Criar un hijo exige compromiso, responsabilidad y presencia, pero nuestra cultura ha convertido esas palabras en tabúes. Se habla de libertad, disfrute, derechos, pero nunca de entrega, sacrificio o continuidad. Y, sin esos elementos, no hay hijos. Por supuesto, no se trata de decir que toda vida sin hijos es incompleta. A lo largo de la historia, ha habido hombres y mujeres que han elegido caminos sin descendencia sin estar motivados por el miedo o el nihilismo, sino por pasión o vocación. Un sacerdote, por ejemplo, no tiene hijos biológicos porque ha adoptado como suyos a los miembros de una comunidad entera, entregando su vida por una causa espiritual. Un monje, un *sadhu* o un misionero no cría hijos, pero puede sostener el tejido invisible que liga a una comunidad espiritual.

También hay inventores, científicos, escritores, filósofos, artistas y personas que no se ajustan a la norma que han dedicado su existencia a una idea, a una causa, a una búsqueda que trasciende el linaje. Pienso en Nikola Tesla, Janis Joplin, santa Teresa, Newton, Beethoven, Leonardo da Vinci, Juana de Arco, Freddie Mercury o tantos otros cuya obra y actos han sido su forma de fecundidad. Pero seamos honestos, somos animales sociales, la soledad no es para mayorías, es para unos pocos.

No tener hijos puede ser una elección profundamente generosa si esa energía vital se canaliza hacia algo que aporta belleza, verdad o consuelo al mundo. Menos generoso es tener hijos por los motivos equivocados, como arreglar tu matrimonio o solucionar egoístamente tu vacío existencial. El problema no está en no tener hijos. El problema está en no tener nada que explique esa renuncia. En vivir sin descendencia, pero también sin legado ni proyecto, sin capacidad de entrega y evitando el compromiso en todas sus formas. En sustituir la fecundidad por entretenimiento y el amor por dopamina.

Este no es un alegato natalista ni una defensa del «volver a lo de antes». Es un llamado a reconstruir los vínculos desde otro lugar, con hondura y responsabilidad, a deshacerse de los muchos deseos inoculados por una sociedad desorientada para aspirar a menos cosas pero más importantes. Porque, sin eso, la caída de la natalidad no es solo un problema estadístico. Es el reflejo de una cultura que ha perdido la fe en el futuro, y un mundo sin hijos no es solo un mundo que envejece. Es un mundo que ha dejado de imaginarse a sí mismo más allá del ahora. Un mundo agotado y terminal.

La alternativa a reconstruir los vínculos está representada por el modelo sueco, que registra hoy su tasa de natalidad más baja en veinte años mientras crece el número de maternidades sin pareja. En 1972, Suecia lanzó su experimento más ambicioso: rediseñar la familia como una pieza más de su maquinaria de bienestar con el objetivo de que nadie dependiera de nadie. En lugar de fortalecer los vínculos humanos, se sustituyeron por servicios públicos: guarderías estatales, subsidios, permisos parentales compartidos y divorcios exprés. Todo muy moderno y eficiente. Dicen: «Ningún adulto debe depender de otro». Lo imprimen en folletos. Lo enseñan en las escuelas. Pero al convertir el afecto en un trámite y la convivencia en una molestia, Suecia no solo desmanteló la familia tradicional, sino también las formas básicas de sostén emocional que permiten envejecer, criar o simplemente vivir sin caer en el abismo del aislamiento.

Décadas después, las cifras son tan frías como reveladoras: casi el 40 por ciento de los hogares son unipersonales, y el país lidera los rankings de muertes en soledad, ese eufemismo macabro para describir a ancianos que fallecen sin que nadie los eche de menos durante días, incluso semanas. Mientras tanto, las madres solteras —convertidas en consumidoras de esperma estatal bajo demanda— representan ya una parte sustancial de los nacimientos, sin padre, sin pareja y muchas veces sin red de apoyo. En Suecia, puedes encargar esperma como quien pide comida a domicilio, pero la entrega no incluye afecto, compañía ni tribu. Y aun así, te lo venden como libertad.

Libertad para pedir un hijo sin padre. Libertad para firmar un contrato de amistad. Libertad para criar sola. Libertad para fingir que no te hace falta nadie. Las mujeres ya no necesitan hombres. No necesitan ni amor. Solo un frasco refrigerado y un formulario del Estado. Marca la casilla. Acepta los términos. Dale al clic y convéncete a ti misma de que eres libre e independiente.

TYLER: Mi padre nunca fue a la universidad, así que era realmente importante que yo fuera.

NARRADOR: Suena familiar.

TYLER: Después de graduarme, lo llamé a larga distancia y le pregunté: «¿Ahora qué?». Él dijo: «Consigue un trabajo». Cuando cumplí veinticinco, lo llamé de nuevo y le pregunté: «¿Ahora qué?». Él dijo: «No sé. Cásate».

NARRADOR: Lo mismo aquí. No puedo casarme, soy un crío de treinta años.

TYLER: Somos una generación de hombres criados por mujeres. Me pregunto si otra mujer es realmente la respuesta que necesitamos.

El club de la lucha

El documental *La teoría sueca del amor* (Erik Gandini, 2015) muestra este desierto emocional: ancianos solos atendidos por desconocidos con guantes de látex, padres divorciados con «turnos de afecto», jóvenes encapsulados en colmenas de independencia y expertos en «vida autónoma» que cobran por hacer lo que antes resolvía una abuela, un cuñado o un amigo de verdad. El resultado es una sociedad de individuos perfectamente funcionales pero emocionalmente huérfanos. Personas que tienen todo menos lo esencial: vínculos reales, complicidad, tiempo compartido y raíces.

Suecia no diseñó una sociedad de iguales; diseñó una sociedad de entes funcionales que mueren sin testigos y crían sin aliados. El «progreso» se convirtió en una fábrica de afectos rotos donde el amor se terceriza, el cuidado se subcontrata y la muerte se vuelve invisible. Es la distopía del yo soberano: nadie te controla, nadie te juzga... y nadie te espera en casa. En nombre de la autonomía, se vació la intimidad; en nombre de la igualdad, se disolvió el calor del hogar. Este experimento social —el más avanzado del mundo, dicen— no demuestra cómo funciona el bienestar, sino cómo se descompone lo humano cuando se intenta reemplazar con ideología lo que solo puede nacer del vínculo.

No tienes jefe. No tienes marido. No tienes cuñado ni vecina ni suegra. Y tampoco tienes a nadie que te abrace cuando se te cae el mundo encima.

Bienvenido al futuro.

Nadie te controla.

Nadie te molesta.

Nadie te recordará cuando mueras.

Nadie te recordará cuando mueras, pero todas tus búsquedas, tus compras, tus inquietudes, tus sueños y hasta tus fantasías ocultas quedarán registradas en bases de datos. En los últimos años, un fenómeno inquietante ha dejado de ser una rareza para convertirse en estadística: un número creciente de personas establece vínculos emocionales, incluso románticos, con inteligencias artificiales diseñadas para hacer compañía (como Replika o Character.AI) o incluso con Grok y ChatGPT. Relaciones que se alimentan de interacciones calculadas para imitar apoyo y conexión íntima. La IA no siente nada, pero lo interpreta todo.

Según los informes,* el 16 por ciento de los solteros en Estados Unidos ya ha interactuado con una IA como pareja virtual. Entre la generación Z, la cifra sube al 33 por ciento, atraídos por la disponibilidad 24/7 y la ausencia de discusiones, desacuerdos o imperfecciones humanas. Pero este «IAmor sin fricción» es un espejismo: detrás del texto adulador hay código, no conciencia. La dependencia emocional y el aislamiento social acechan, y no hablamos de riesgos teóricos: existen casos documentados de usuarios que han caído en depresión severa o intentado suicidarse cuando la IA no les ha validado y se han sentido rechazados.

La cosa se pone interesante cuando el código cambia. Un simple ajuste en los servidores y la IA «olvida» conversaciones y personalidades. Para el usuario, esto no es una actualización: es la muerte de su «pareja virtual y perfecta». En 2023, Replika limitó su contenido erótico y miles de usuarios

* Estos datos corresponden al estudio anual *Singles in America* en su edición de 2025, realizado por la empresa de citas en línea Match en colaboración con el Kinsey Institute (un instituto de investigación sobre sexualidad y relaciones de la Universidad de Indiana). Este estudio encuestó a aproximadamente 5.000 solteros estadounidenses de entre 18 y 98 años, y fue llevado a cabo por la firma Dynata con financiamiento de Match.

describieron la experiencia como una traición. Lo que para la empresa era un cambio de política, para ellos fue perder a su media naranja borrando su romance de cuento de hadas, cuento de terror cuando lo ves desde fuera.

Aquí la filosofía de John Locke nos plantea algunas reflexiones: en su *Ensayo sobre el entendimiento humano* (1690), el pensador sostenía que la identidad personal se basa en la continuidad de la memoria y la conciencia. Si no recuerdas quién fuiste, dejas de ser la misma persona. Si una IA pierde ese recuerdo simulado, ¿sigue siendo la misma para el usuario? Algo parecido ocurre con nosotros: la amnesia no solo roba datos, sino que borra la narrativa que nos sostiene.

El problema no es únicamente que las relaciones con IA imiten el amor. Es que nos enfrentan a la fragilidad de nuestra idea de identidad y de conexión. Nos recuerdan —con fría lógica— que quizá no estamos buscando compañía, sino que satisfagan nuestras fantasías y validen nuestra autoimagen porque el amor es demasiado grande para un individuo que se ha vuelto tan frágil.

Ritos de paso y la bella muerte guerrera

En la tradición hindú clásica, según textos como el *Manusmriti* (capítulos 2-6) y los *dharma shastras*, la vida humana se concibe como un viaje espiritual dividido en cuatro etapas o *ashramas*, cada una con un propósito específico y una sabiduría inherente. Estas no son meras elecciones arbitrarias del individuo, sino un mapa existencial que guía el cumplimiento progresivo de funciones sociales y espirituales, encaminando al ser hacia la liberación final (*moksha*, como se describe en Upanishads como la Chandogya). Esta estructura contrasta radicalmente con la noción contemporánea de una existencia lineal obsesionada con el éxito material, el consumo incesante o el placer perpetuo, y nos invita a repensar el sentido de nuestra trayectoria vital.

1. *Brahmacharya*: la etapa del estudiante. Esta fase inicial se centra en el aprendizaje, la disciplina y la formación del carácter. El joven se dedica al estudio riguroso, al dominio de sí mismo y al cultivo de la castidad, no como represión, sino como entrenamiento para canalizar el deseo. Lejos de una juventud indulgente, es un periodo de templar el alma, preparando el terreno para compromisos futuros con madurez y claridad.
2. *Grihastha*: el cabeza de familia. Aquí, el individuo se vincula plenamente al mundo: se casa, trabaja, forma un hogar y asume responsabilidades. Esta etapa no se ve como una carga, sino como una noble vocación. Al sostener a la familia, se contribuye al orden cósmico (*dharma*). El respeto surge no de lo poseído, sino de lo entregado, fomentando un sentido de propósito colectivo y generosidad.
3. *Vanaprastha*: el retiro. Una vez que los hijos crecen y las obligaciones mundanas se cumplen, comienza el retiro gradual. Se cede espacio a las nuevas generaciones cultivando el desapego sin desaparecer por completo. Es la transformación del actor en sabio: guiar sin intervenir, observar sin deseo y prepararse para la fase final con serenidad y reflexión.
4. *Sannyasa*: la renuncia. En esta culminación, el indivi-

duo abandona todo apego: posesiones, nombre, estatus e incluso identidad. Vive como asceta o peregrino, dedicado exclusivamente a la realización espiritual. No representa miseria o decadencia, sino el triunfo del espíritu sobre el ego. El *sannyasin* comprende que la libertad radica en soltar, no en poseer. Ha cumplido con el mundo y ahora es libre, trascendiendo roles como padre, esposo o ciudadano para convertirse en un buscador de la verdad última. Una renuncia que no es evasión ni fracaso, sino el punto álgido del viaje humano.

Este modelo ancestral y orgánico choca frontalmente con el paradigma occidental posmoderno, que carece de una estructura vital más allá del consumo perpetuo. En él, se glorifica la juventud eterna, se patologiza la vejez, se criminaliza la maternidad como renuncia y se desprecia al hombre responsable por no ser libre o espontáneo. La narrativa dominante es la del yo aislado, ajeno al linaje o la trascendencia. Mientras el enfoque hindú ofrece un arco de sentido —con fases, ritos de paso y búsqueda interior—, el posmoderno propone una línea recta de deseo: estudiar para trabajar, trabajar para consumir, consumir para distraerse y distraerse para ignorar la muerte. Sin profundidad ni maduración, prioriza el rendimiento, la inmediatez e idealiza la juventud, ocultando al sabio anciano en lugar de honrarlo. La tradición hindú enseña a morir con dignidad; la cultura posmoderna finge que la muerte no existe.

Frente a esta cultura que aplaude al eterno adolescente, la soltería glamurizada y el narcisismo como identidad, la visión hindú nos recuerda que la vida tiene fases, que madurar es honorable y que la sabiduría nace de haber vivido, amado, sostenido y soltado.

Esta preparación para el fin de la vida también se refleja en las tradiciones guerreras globales, desde los samuráis que buscaban el *seppuku* como purificación hasta los caballeros medievales que clamaban «¡Por Dios y por mi espada!» antes de caer. En estas culturas, el combate y la muerte se convierten en un rito supremo, confirmando un espíritu que trasciende el instinto de supervivencia.

El guerrero que abraza la «bella muerte» sabe que morir en pie vale más que sobrevivir de rodillas. Al enfrentarse al peligro sin reservas, ejerce soberanía final: decide cómo, cuándo y por qué caer, transformando el cadáver en ofrenda, el sacrificio en lección y la derrota en victoria moral. La sangre derramada o el escudo quebrado simbolizan una vida venciendo al miedo y fiel a las convicciones. En la poesía védica, los relatos nórdicos o las crónicas de grandes generales, el héroe que camina hacia la muerte con la espada en alto ilumina la fragilidad humana con un resplandor divino.

Cuando la comunidad honra al caído con silencio respetuoso no glorifica la guerra, sino la intensidad de una vida grandiosa, apasionada y capaz de sacrificio. El guerrero se convierte en prólogo para generaciones futuras, un faro que proclama: «Aquí hubo alguien que se atrevió a vivir de verdad». Esta narración sostiene a las culturas ante el confort que nos convierte en sombras sin propósito. La vida cobra sentido en el riesgo; el compromiso radical con una causa libera de la cárcel de la supervivencia zombi segura y cómoda. Frente al culto al yo, el rito guerrero enfatiza que vivimos —y, si es necesario, morimos— por algo mayor. La «bella muerte» nos interpela: ¿estamos dispuestos a darlo todo por lo que creemos o preferimos la seguridad moldeada por el miedo? Solo danzando con la diosa de la muerte se descubre la vida verdadera.

13

Cancelación y crisis del arte

Mecanismos y daños del linchamiento moral

La llamada «cultura de la cancelación» (o «*cancel culture*») es un fenómeno reciente que surge como reacción a aquello que nos parece problemático o nos provoca gran indignación. Consiste en hacer desaparecer —«cancelar»— lo que consideramos injusto o inadecuado para no tener que lidiar con ello. Este método suele aplicarse contra personajes públicos o famosos a quienes se castiga retirándoles el apoyo por sus actos. También se cancelan películas, conferencias, videojuegos, canciones y cualquier obra de arte que no pase los filtros de la corrección política del momento.

Empezamos a cancelar cuando silenciamos a quienes no comparten nuestras ideas o bloqueamos en redes sociales a quienes debaten nuestros comentarios con educación simplemente porque, si no refuerzan nuestros sesgos, nos resultan molestos. Y, a medida que aumenta nuestra incapacidad para aceptar lo que escapa de nuestra burbuja ideológica, nos recluimos en una prisión autoimpuesta en la que la identidad de grupo y el pensamiento dogmático se convierten en los barrotes que nos impiden tener una experiencia auténtica del mundo que nos rodea.

En defensa de la cancelación, argumentan que necesitamos herramientas para hacer justicia social contra aquellos que son injustos, entendiendo como injusticia desde un chiste que pueda resultar ofensivo hasta una presunta violación. En palabras de Camonghne Felix: «La cancelación no es personal. Es una forma de que las comunidades marginadas afirmen públicamente sus sistemas de valores a través de la cultura pop».

Dejar en manos de la multitud la tarea de impartir justicia conlleva un gran riesgo: las masas se guían por la visceralidad y desconocen la presunción de inocencia. Ser señalado en público equivale a ser condenado sin posibilidad de defensa; bajo la excusa de impartir justicia se perpetra, en realidad, una injusticia aún mayor. Debemos reconocer que un juicio apresurado puede causar daños irreparables. Antes de sumarnos al linchamiento moral, conviene interrogarnos sobre el origen de nuestro rechazo: ¿nace de un reproche legítimo o responde a condicionamientos del entorno, a prejuicios, a la presión social o a una visión sesgada de los hechos? Con frecuencia, quienes menos aptos son para juzgar son los que terminan decidiendo lo que está bien y lo que no.

La cancelación ya se ha cobrado numerosas víctimas. Uno de los casos más conocidos es el del actor Kevin Spacey, que fue acusado de abuso sexual y malas conductas por varios hombres. Aun siendo desestimados los cargos en el único caso que llegó a los tribunales, su carrera se fue a pique. La audiencia ya le había declarado culpable. Su trabajo como actor ya no sería consumido por aquellos que se consideran comprometidos con la justicia social.

Otro caso famoso relacionado con los movimientos #GamerGate y #MeToo es el de Alec Holowka, un desarrollador de videojuegos que, según su hermana, fue víctima de abusos y pasó toda la vida luchando con desórdenes de personalidad y de comportamiento. Alec perdió su empleo y se suicidó tras sufrir un linchamiento mediático por las acusaciones públicas de violación por parte de Zoe Quinn, conocida por estafar a sus seguidores ochenta y cinco mil dólares de un *kickstarter* para un videojuego que ni siquiera llegó a estar en desarrollo. Otro caso no tan conocido, pero no menos importante, es el de la *youtuber* ContraPoints, que fue boicoteada por su propia audiencia, mayoritariamente LGTBIQ+, después de expresar cómo se sentía respecto al uso de los pronombres «*they*» y «*them*» bajo su experiencia como mujer trans.

Más actual es el caso de Karla Sofía Gascón, primera mujer trans nominada al Oscar, que vivió una cancelación fulminante tras salir a la luz antiguos tuits políticamente incorrectos: fue apartada de la promoción de *Emilia Pérez*, vetada en los Goya y hasta Netflix la retiró de sus campañas mientras una editorial canceló la publicación de su novela autobiográfica.

En España, la cancelación se ha ejercido con tal intensidad que apenas deja espacio para los matices. Apuntó contra Masa Demócrata, activista de izquierdas y aliado feminista; contra humoristas del pasado en *Quién se ríe ahora* por «machistas»; contra cantantes y *youtubers* como Haplo Schafer; contra Pablo Motos y el *streamer* El Xokas, blanco de campañas oficiales; contra Homo Velamine por una performance polémica, y contra cómicos como Antonio Castelo o Quique Peinado...

Akira Cómics, librería especializada de Madrid, fue galardonada en 2012 con el Eisner Spirit of Comics Retailer Award —un reconocimiento que nunca había obtenido ninguna librería española ni prácticamente europea— y repitió la hazaña en 2025, convirtiéndose en la primera del mundo en lograr el premio en dos ocasiones. Sin embargo, hizo más ruido la turba enfurecida de X, que intentó cancelar a sus dueños por una declaración de Jesús Marugán, fundador y propietario de la librería, en la que, con acierto, señalaba que vivimos tiempos distópicos, hecho que contrasta con el propio logro histórico alcanzado por una tienda española.

Pero vamos más allá: incluso la retirada de estatuas de Cristóbal Colón se convirtió en un acto de ostracismo colectivo que, más allá del análisis histórico, anuló toda complejidad. Una violencia simbólica que recuerda a la destrucción sistemática del patrimonio cultural por parte de islamistas radicales. Son solo algunos ejemplos de un linchamiento y expiación pública.

Pero el pulso con Alejandro Sanz puso de manifiesto el desgaste de la estrategia #MeToo. Ivet Playà le acusó de manipulación y soborno para silenciarla, él admitió el vínculo afectivo y negó el intento de pago, y en el plató de *¡De viernes!* ella fue expulsada fulminantemente al calificarle de «depredador sexual» sin pruebas: un gesto que mostró cuán frágil es el tribunal mediático y cómo, cuando el ruido sube y el cabreo aflora, hasta las neoinquisidoras pierden toda posibilidad de réplica.

Pese a estos ejemplos, cómicos como Facu Díaz reivindican que en España no existe tal cancelación, tachándola de «pánico moral» y asegurando que solo los poderes —no chicas adolescentes en X— ejercen la verdadera censura. Resulta irónico que un progresista minimice el peso de un movimiento financiado y politizado mientras menosprecia a quienes, con puño en alto, lideran las causas más rentables y populares de los últimos años. Peor aún, su defensa de la libertad olvida que la teoría posmoderna sobre las relaciones de poder —que ya explicamos anteriormente— es el fundamento del propio discurso progresista que profesa.

Joaquín Reyes, por su parte, sostiene que nunca ha llegado el veto sistemático de carreras artísticas, como si todos los profesionales que han visto su trabajo boicoteado, su reputación hecha trizas por linchamientos digitales, o simplemente por «votar mal», no importaran. Al rechazar la cancelación como «invención de ofendiditos», ambos cómicos desatienden el daño real que provoca este mecanismo de señalamiento público y se eximen de toda responsabilidad. Ignorar el influjo de las redes y la economía de la atención equivale a cerrar los ojos ante un fenómeno que, aunque no siempre derive en censura oficial, sí silencia disidencias y fomenta la autocensura. Que se haya llegado a cancelar un concierto de Mägo de Oz, los de la «Fiesta pagana», y que todavía haya artistas negando que exista censura —solo porque no la ejerce el posfranquismo— es algo que clama al cielo.

Pero así son los wokes («despiertos»), esos pocos iluminados que se han puesto las gafas moradas o multicolor y, deslumbrados por el exceso de luz en la retina, amenazan con salvarnos a todos de las tinieblas en las que el sistema nos mantiene inmersos, han resuelto el misterio universal sobre la naturaleza de la maldad humana y se han puesto manos a la obra para erradicarla del mundo, desterrando de la red, a golpe de clic de ratón, a los demonios que atormentan a los santos posmodernos. Como bien dice el cancelado Bret Easton Ellis, autor de libros como *American Psycho* y *Menos que cero*: «No les importa la literatura. Ninguno lee libros. La única cultura que tienen es la cultura de la cancelación», a lo que añadiría que quizá muchos de ellos sí leen, pero solo lo que no han cancelado previamente: lecturas que confirmen sus sesgos.

¿Sabéis por qué mi programa es tan bueno? Porque los dueños de las cadenas opinan que sois idiotas y que no estáis preparados para lo que hago. Sin embargo, cada día me peleo con ellos y les digo que sois inteligentes, que vais a comprender lo que hago. Pero me equivocaba. Sois una panda de imbéciles.

DAVE CHAPPELLE

Realidad y ficción

Los «despiertos» tienen serias dificultades para distinguir realidad de ficción: ven ofensas y peligros en cualquier obra que supere la clasificación infantil. En esto no tienen nada que envidiar a los conservadores más mojigatos que, al igual que ellos, siguen anclados en debates sobre si la violencia en los videojuegos vuelve a los niños asesinos o si Brad Pitt golpeando a una hippy en *Érase una vez en Hollywood* de Tarantino contribuirá a elevar las cifras de los asesinatos de mujeres. No distinguen un chiste, que tiene como intención hacer una crítica social o evidenciar una realidad mediante el humor, de una ofensa directa e intencionada contra alguien.

Tampoco entienden los mecanismos del humor negro a través del cual se expone el tabú, parodiando situaciones serias de modo que sea precisamente lo inadecuado del chiste lo que te haga reír mientras niegas con la cabeza. Cuando el humorista toca un tema sensible despojándolo de su cualidad sagrada para descenderlo a lo mundano y provocar la risa, no está cometiendo un delito de odio: está haciendo uso de la imaginación e invitando a una reflexión. Por eso, al bufón se le permiten ciertos excesos.

Dave Chappelle creía que la gente entendería su humor ácido, pero cuando se ofendían o se reían de él y no con él, comenzó a tener dudas sobre si realmente estábamos preparados para un humor inteligente.

En todas las pandillas de negros tiene que haber un blanco. ¿Sabéis por qué? Porque, en un momento determinado de la noche, alguien tiene que hablar con la policía.

DAVE CHAPPELLE

También encontramos aquí la figura del cómico «sádico», alguien que encuentra en el humor un salvoconducto para decir en público lo que de otro modo no podría y disfrutar del espectáculo. Una forma de desahogo canalizada a través del monólogo, el tuit o el *roast*. El arte ha cumplido muchas veces esta función casi terapéutica, como un acto de confesión.

El problema surge cuando olvidan diferenciar realidad de ficción, cuando no se sabe dónde está la línea que separa dos mundos interconectados. Entonces, uno de estos «artistas» puede llegar a creerse con el poder de hacer y decir lo que quiera sin asumir consecuencia alguna. Es lo que ocurrió con aquel *youtuber* que recibió un guantazo por llamar «cara anchoa» al hombre equivocado durante una broma con cámara oculta. Algunos opinaron que fue una reacción desmedida; otros, que se lo tenía merecido. El *youtuber* tenía su público, gente a la que ese tipo de bromas le parecen graciosas. Pero más allá de las subjetividades, la verdad es que, si sales del espacio en el que la gente quiere y paga por escuchar tus chistes y fuerzas a alguien ajeno al espectáculo a formar parte de él, te expones al riesgo.

Si quieres vivir sin consecuencias por tus actos, no salgas de la zona de confort donde se te da consentimiento para herir sensibilidades. No digo con esto que esté bien golpear a un pobre e inocente cómico —no estoy haciendo un juicio—, lo que digo es que la realidad no es una burbuja de confort, y no todo el mundo tiene por qué entender que estás bromeando. Aunque supongo que parte de la gracia está en correr el riesgo: uno debe comprometerse con la comedia, y posiblemente el rito de iniciación del buen cómico, en ocasiones, venga acompañado de un buen guantazo.

Un ejemplo evidente fue el de Jaime Caravaca, cuyo caso reabrió el eterno debate sobre los límites del humor... cuando, en realidad, el humor no tuvo nada que ver con la agresión que recibió. Quizá se entendería mejor si, en vez de recibir una bofetada de parte de un nazi, la hubiera recibido de una mujer progresista. Me explico: el «cómico» no hizo su comentario en el marco de un monólogo ni en un *sketch* ni en su perfil de redes, ni siquiera en un medio satírico. No, fue directamente al perfil de usuarios particulares para vomitar su bilis sobre fotos familiares. En el caso concreto de Pugilato —el agresor—, Caravaca comentó una imagen en la que este posaba con su bebé escribiendo: «Nada ni nadie podrá evitar la posibilidad de que sea gay y de mayor se harte de mamar polla de negro obrero...».

El asunto no se quedó ahí. Caravaca tenía por costumbre lanzar este tipo de comentarios a personas que no compartían su ideología: no solo a «nazis», sino a conservadores y derechistas en general. A Bertrand Ndongo —el activista al que la izquierda antirracista llama «el negro de Vox» o, con más sorna aún, «el gorila», como lo denominó Ana Pardo de Vera tras lanzarle un micrófono— también le dedicó una perla. En una foto donde Ndongo posaba con su madre y expresaba su amor hacia ella, Caravaca comentó: «El coño de tu madre es como una cañería. De ahí solo ha salido mierda». Todo muy ingenioso, inclusivo y feminista.

Ndongo, como tantos, tuvo que tragarse el insulto. Pero Pugilato no. En pleno show, le propinó una bofetada a Caravaca, alegando que el humorista era un pedófilo y que él solo defendía a su hijo. Aquello no tenía absolutamente nada que ver con los límites del humor. Lo que este caso puso de relieve fue otra cosa: la confusión entre la esfera pública y la íntima, entre el humor y el hostigamiento.

No puedes esperar impunidad si insultas o sueltas salvajadas en fotos personales, en perfiles privados, aunque estén abiertos al público. Por mucho que se compartan en redes sociales, siguen siendo parte de una intimidad digital que cualquiera con dos neuronas distingue de un escenario o un plató. Y mucho menos puedes esperar que no ocurra nada si una de las personas a las que provocas es, por ejemplo, un neonazi. Porque sí, X no es como un «escudo patriarcal» que te protege en el mundo real. Hay que ser ingenuo o idiota para creer que la pantalla te blinda ante las consecuencias.

Cualquiera que haya tenido roces con nazis de verdad, algo no tan inusual hace unos años cuando el impulso fascistoide se manifestaba en la calle y no en asambleas de género, sabe perfectamente que, si los buscas, te arriesgas a llevarte un puñetazo. No porque sea justo, sino porque son físicamente violentos y responden al insulto verbal como a una agresión física. Pero los neofascistas de hoy, los que se sienten superiores moralmente, reparten odio desde el teclado mientras se llenan la boca hablando de nazis que no han visto nunca ni sabrían reconocer fuera de un meme.

Pugilato llamó pedófilo a Caravaca y defendió su bofetada como un acto de protección paternal. Pero no, Caravaca no es un pedófilo peligroso: es un tipo amargado, obsesionado con hacerse el gracioso desde su rincón de miseria emocional. El «chiste» que soltó sobre mamadas y negros se refería al hijo del otro en un futuro, no siendo bebé. Su intención, más que humorística, era degradar al padre. El clásico «chiste de Franco en drag», pero invertido. El mensaje es el mismo: humillar mediante la homosexualidad o la racialización, usando la provocación sexual como arma.

Es curioso que, para mostrar su «antifascismo», sigan usando los mismos chistes homófobos y racistas que el franquismo reprimido al que supuestamente combaten.

Humor «inteligente», corrosivo, negro. Se cierra el telón. Nadie aplaude. Se oye una hostia. Y todos se descojonan.

De la risa a la pena: acorralado por el miedo, Caravaca acabó pidiendo perdón en redes, no fuera a ser que, de nuevo, alguien más fuerte que él le cruzara la cara. No era el más valiente de los cómicos ni el más inteligente. Su cruzada antifascista terminó dándole notoriedad al nazi, que ganó miles y miles de seguidores gracias a la polémica. Enhorabuena: no recibirá medallas por liberar al mundo del mal ni se escribirán cantares sobre su gesta. Pero al menos ya sabe que X no es un refugio inexpugnable. Y que hay palabras que, cuando escupes con desprecio en el lugar equivocado como perro ladrador, a veces regresan en forma de puño.

Otro caso en el que realidad y ficción se entrelazan sucedió en una sala de cine. Algunos familiares y amigos de las víctimas de los tiroteos que sucedieron en Colorado, Estados Unidos, durante la proyección en 2013 de *El Caballero Oscuro*, película en la que el villano principal era el personaje del Joker, manifestaron su temor ante la posibilidad de que una nueva película que tenía como protagonista a este famoso personaje reviviese la tragedia pasada dando lugar a otro tiroteo.

«Queremos dejar claro que apoyamos su derecho a la libertad de expresión. Pero como cualquiera que haya visto una película de cómic puede decir: con un gran poder viene una gran responsabilidad. Por eso les pedimos que usen su enorme plataforma e influencia para unirse a nosotros en nuestra lucha por construir comunidades más seguras con menos armas».

Pero más allá del temor, en parte comprensible, de personas que han sufrido una situación traumática, hubo manifestaciones de terror exagerado que llegaron a exigir que el film fuese cancelado, a lo que su director respondió: «La película hace declaraciones sobre la falta de amor, el trauma de la infancia, la falta de compasión en el mundo. Creo que la gente puede manejar ese mensaje».

Pero ¿realmente la gente puede manejar este mensaje o el arte se ha convertido en un peligro? ¿Y qué es una gran obra si no es capaz de remover nuestra conciencia, tocar fibras sensibles o hacer que nuestro mundo se tambalee? El arte que no te atraviesa como un puñal, dejando al descubierto tus emociones y sensibilidades, es un arte que no deja huella. Y aunque no toda forma de arte tiene que mostrar una verdad, si al arte le negamos esa capacidad porque nos aterra, este tiene un problema y su problema somos nosotros.

«Al mismo tiempo, Warner Bros. cree que una de las funciones de la narración de cuentos es provocar conversaciones difíciles sobre temas complejos. No se equivoquen: ni el personaje ficticio Joker ni la película son un respaldo a la violencia del mundo real de ningún tipo. No es la intención de la película, los cineastas o el estudio mantener a este personaje como un héroe». Cuando Warner Bros. tiene que explicar a los espectadores que el cine es ficción, tenemos un problema. Y ese problema, lejos de solucionarse, se agrava cada vez que se pretende cancelar una obra.

Una de las claves para entender este fenómeno es la necesidad de expiación de la culpa. Los que quieren hacer desaparecer a otros por no obrar de manera acorde a su moral dicen que ellos no siempre han estado «despiertos», que hay que ser empáticos y reconocen que se comportaron mal antes de «despertar» y cambiar. Razón por la que no salta la sorpresa cuando les llega la cancelación a ellos.

Así pues, la cancelación es una forma de expiar culpas para quienes sienten remordimientos por sus propios actos, presentes o pasados. Paradójicamente, silencian a aquellos que, en su opinión, pecan de falta de empatía cuando son ellos, los que cancelan, quienes quieren hacer desaparecer al otro porque atenta contra su visión de lo correcto. De esta forma, proyectarían su propia falta de empatía sobre aquellos a los que, mediante la amenaza del castigo, exigen que sean más empáticos. Así, además de lograr una suerte de sublimación exculpatoria, sienten que pertenecen a un grupo, lo cual les proporciona una identidad y, también, una falsa sensación de seguridad: ellos no serán juzgados como las víctimas de sus linchamientos. En definitiva, mediante un activismo hipócrita y vacío, transforman la posibilidad de toma de conciencia sobre un tema concreto en una muestra pública de virtud.

Cierto es que uno puede manifestar rechazo hacia ciertas actitudes y que no todo resulta tolerable. Por ejemplo, que un artista haya asesinado a alguien lógicamente influye en nosotros a la hora de enfrentarnos a su obra. Pero estos casos excepcionales no justifican que, por norma, dictemos sentencia desde el prejuicio y la falta de información. Tolerar implica resignarse, es algo superficial y, como dice Slavoj Zizek: «A menudo, la noción de tolerancia enmascara a su opuesto, la intolerancia». Comprender exige una mente flexible y un esfuerzo intelectual.

Los que se califican a sí mismos de despiertos se cierran ante el mundo, no tienen nada más que aprender. Es en esa actitud donde reside el germen de la tiranía. Con personas blindadas, inmaduras, no se pueden abordar los problemas que nos afectan a todos; mucho menos resolverlos. Si algo debería ser cancelado... es la cancelación.

El arte como propaganda

En los últimos años, la industria cultural ha abrazado el discurso de la inclusión como si de un dogma moral se tratara. Pero, lejos de ampliar la mirada del espectador o abrir espacio a nuevas voces, lo que vemos es una apropiación ideológica de las narrativas ya existentes para llevar a cabo una operación simbólica de redención cultural. La representación no surge de la creatividad, sino del mandato. La diversidad no es consecuencia de una riqueza interior del autor, sino de cuotas, correcciones y listas de control. Así, el arte deja de ser una expresión de mundos posibles para convertirse en una herramienta de pedagogía moral.

Un caso paradigmático es la serie *Los Anillos de Poder* de Amazon, donde la prioridad no es honrar el universo de Tolkien ni su trasfondo espiritual, sino resignificarlo para nuevas generaciones. Se reemplaza la cosmovisión del autor por una agenda contemporánea que fuerza la inclusión racial y de género sin contexto ni coherencia narrativa. La serie utiliza el imaginario medieval europeo para insertar una diversidad multicultural artificial, desprovista de lógica interna, mientras se reescriben personajes y símbolos bajo el pretexto de «equilibrar» o «corregir» una supuesta representación fallida del pasado. No se genera arte nuevo: se distorsiona lo antiguo para que encaje con los credos actuales.

Este tipo de inclusión, lejos de ofrecer representación auténtica, cae en el *tokenismo*: inserta minorías en espacios culturales ajenos sin darles historia, raíz ni profundidad. Es una forma de representación vacía que, paradójicamente, termina siendo condescendiente y racista. En lugar de crear mundos nuevos con personajes no-blancos desde sus propias culturas, se reescriben obras europeas borrando su carácter original para moldearlas al espejo de la culpa blanca. Como denuncian incluso autores afrodescendientes, no se les otorga protagonismo real, sino un papel simbólico para que el emisor blanco se perdone a sí mismo frente al espejo distorsionado de su pasado.

La verdadera diversidad se alcanza desde la invención, no desde la corrección. Y cuando el arte renuncia a imaginar, queda preso de sus remordimientos. Como diría Tolkien: «La Sombra que los crio solo puede burlarse, no puede hacer: no cosas nuevas, reales, propias». El arte deja de ser exploración y se convierte en propaganda. No nos lleva hacia mundos nuevos, sino que recicla el viejo con filtros morales y llama a eso «progreso».

14

¿Wokes de derechas? Sobre las contradicciones de etiquetar al conservador como «woke»

Epistemologías en conflicto: verdad revelada versus relativismo

Existen distintos tipos de conservadores, pero no creo que el «conservador woke» sea uno de ellos. Prefiero agruparlos en dos grandes categorías: conservadores clásicos y conservadores fundamentalistas.

RASGO	CONSERVADOR CLÁSICO	CONSERVADOR FUNDAMENTALISTA
Base ideológica	Valores tradicionales, pero abiertos a reinterpretación según el contexto histórico y social.	Moral absoluta basada en verdad revelada e inmutable.

Relación con la religión	Puede inspirarse en principios religiosos, ser creyente y devoto, pero acepta un marco pluralista.	La religión es la base central y única de la política y la vida social.
Actitud ante el cambio	Prefiere cambios lentos y graduales, evaluando beneficios y riesgos.	Rechaza cualquier cambio que contradiga la doctrina sagrada, incluso si es ampliamente aceptado.
Uso de la ley	Busca preservar el orden y la estabilidad con normas compatibles con un Estado de derecho separado del poder religioso.	Pretende imponer por ley los preceptos morales de su religión a toda la sociedad.
Visión de la diversidad cultural	Tolera la diversidad siempre que no amenace el orden social básico.	Rechaza visiones del mundo distintas a la propia, considerándolas amenazas espirituales o morales.
Ejemplo político	Conservadores democráticos que negocian y participan en consensos amplios.	Teócratas, nacionalistas religiosos, líderes que priorizan la ley divina sobre la civil.

En los últimos años —especialmente desde las presidencias de George W. Bush y, sobre todo, de Donald Trump—, la cultura política estadounidense se ha convertido en terreno fértil para metáforas e imágenes que distorsionan los matices. Una de las más llamativas consiste en pintar al conservador fundamentalista como un «woke de derechas»: es decir, un militante sectario que habría adoptado la misma sensibilidad a la ofensa que caracteriza al activista progresista. Sin embargo, esta etiqueta simplista puede oscurecer dos universos ideológicos —la ortodoxia religiosa y el posmodernismo identitario— que, aunque narren semejanzas superficiales, están anclados en genealogías opuestas.

Antes de adentrarnos en las afinidades superficiales —la rapidez para ofenderse y el gusto por la condena pública—, conviene recordar que el conservador fundamentalista no apareció súbitamente cuando Barack Obama llegó a la Casa Blanca ni nació con los *hashtags* ni los tuiteros dispuestos a linchar a quien opine distinto. Sus raíces se hunden en la Reforma protestante del siglo XVI y atraviesan el auge de las sectas pietistas, las *revivals* de los *camp meetings* y el surgimiento del evangelicalismo político en Estados Unidos durante la Guerra Fría.

Por el contrario, el woke —convertido en etiqueta de la era digital— no cobró fuerza hasta entrado el decenio de 2010. Ya desde el posmodernismo y la teoría crítica de la raza, muchísimos pensadores venían alertando contra la noción de verdades universales; sin embargo, la idea de «estar woke» en el sentido popular (conciencia de opresión racial, de género, de clase) surgió como bandera tras casos como el asesinato de Trayvon Martin y cobró visibilidad en redes sociales a partir de movimientos como Black Lives Matter. En suma, mientras el eje gnoseológico del conservador fundamentalista se sostiene en textos bíblicos de hace siglos, el wokismo —con sus guiños al relativismo, a la deconstrucción y al revisionismo histórico— responde a teorías nacidas en las universidades norteamericanas a partir de los años setenta.

Llamar «woke de derechas» a un conservador fundamentalista equivale, entonces, a invertir la historia: suponer que el producto reciente (woke) puede explicar algo que apareció mucho antes (el fundamentalismo religioso). Lo woke bebe de las fuentes del protestantismo, no al revés.

Para un woke, todo sistema de creencias establecido es sospechoso; para un fundamentalista religioso, la única fuente legítima de significado es lo sagrado e inmutable. En el fondo del conflicto narrativo entre woke y fundamentalista subyace una pulsión antagónica: la vocación de deconstruir estructuras de poder —relaciones raciales, género, privilegios— frente al impulso de reafirmar lo que se considera «orden moral natural».

El activista woke ve en cada institución —iglesias, universidades, escuela, corporaciones— un potencial ámbito de opresión: cuestiona la neutralidad de la universidad, pues cree que su canon académico reproduce el sesgo eurocéntrico. Critica la familia nuclear tradicional, ya que considera que históricamente ha sido vehículo de subordinación de mujeres y menores. Denuncia que el discurso liberal clásico encubre los intereses de las élites blancas.

El conservador fundamentalista articula su praxis política sobre la convicción de que las instituciones religiosas y familiares son pilares de cohesión social: defiende la enseñanza de la Biblia en las escuelas (o al menos la invocación pública de una ética cristiana) como salvaguarda contra el «relativismo moral» que, según él, lleva a la anarquía social. Considera que la familia tradicional (padre, madre, hijos) es el reflejo de un «plan divino» y, por ello, lucha contra las leyes que permiten el matrimonio entre personas del mismo sexo o ideologías de género en la educación.

En esta tensión, el woke se embarca en un proceso de desmontaje: «Todo discurso hegemónico esconde opresión» es su máxima implícita. El conservador fundamentalista, en cambio, observa el mismo mundo con otros ojos: «Toda narrativa que niegue la autoridad de la Escritura y la ley natural tiende al caos y la decadencia». No es un matiz menor: no se trata de la misma forma de encarar la cuestión del poder, sino de un conflicto de base que convierte cualquier intento de equipararlos en una farsa analítica. Llamar «woke» a quien hace campaña contra el aborto y pide cerrar las fronteras —argumentando que «el no nacido es el miembro más vulnerable de la sociedad» o que «la inmigración descontrolada destruye la identidad nacional»— es como decir que, porque ambos parecen dogmáticos o tienen actitudes similares a la hora de hacer política, son hermanos gemelos.

Cuando el woke niega la universalidad, el fundamentalista reafirma el valor de lo revelado: dos epistemologías que no comparten ni el punto de partida ni la meta. En un ensayo menos atento, bastaría con notar que ambos grupos se ofenden con facilidad y proclaman una moral inquebrantable. Pero si indagamos un poco más, descubrimos que tras esa «inflexibilidad» se hallan concepciones de la verdad tan disímiles que apenas hay terreno común.

La posición posmoderna (bajo la cual gravita el wokismo) sostiene que las narrativas oficiales —la historia patriarcal, la tesis de la meritocracia— no son objetivas, sino construcciones ideológicas. Afirma que cada colectividad oprimida (raciales, de género, discapacitados) tiene derecho a contar su versión de la historia sin someterse al «gran relato» dominante. Así, el wokismo cultiva el relativismo cognitivo: considera que no hay una verdad absoluta, sino múltiples verdades parciales que, a menudo, entran en tensión.

La postura propia del conservador fundamentalista parte de la convicción de que existe una verdad revelada —Dios, la Biblia— que trasciende contingencias históricas; sus mandatos morales se basan en esa fuente inmutable. Ve en la reivindicación de «verdades marginalizadas» (por ejemplo, la identidad tribal precolombina) una amenaza a la idea de que hay fundamentos universales de la rectitud (los diez mandamientos, la ley natural). Para el fundamentalista, el relativismo posmoderno es la raíz de la desmoralización: si todo es cuestionable, la sociedad carece de anclaje ético.

En resumen, podríamos decir: el woke proclama que «no hay verdades únicas», mientras que el fundamentalista responde que «la única verdad que importa es la de la Escritura». Etiquetar de «woke» a quien afirma que «no existe absoluto más alto que la voluntad de Dios» fractura el sentido de la conversación.

El pensamiento identitario proyecta un mañana plagado de pluralidades irreconciliables; el credo teocéntrico sueña con reinos terrenales cimentados en la ley divina. Ambos quieren «un mundo mejor»; sin embargo, conviene detenerse en sus utopías respectivas —esas visiones de lo que será «la sociedad justa»— para descubrir unas divergencias insalvables.

La utopía identitaria de los wokes imagina una fraternidad multicolor donde los privilegios anclados en la raza, el género o la clase queden exhaustos, sin jerarquías visibles. Para ellos, la tarea no termina al promulgar leyes antidiscriminatorias: implica una revolución cultural permanente —derribar estatuas, renombrar calles, reescribir los planes de estudio— y una visión del discurso público que no admite «libertad de expresión» cuando colisiona con el bienestar colectivo de los grupos históricamente agraviados. Esa búsqueda de transformaciones constantes hace de la identidad un proyecto interminable, siempre revisable, en cuyo horizonte no hay un punto final: cada conquista simbólica o material prepara el terreno para nuevas demandas de reconocimiento.

En cambio, la utopía teocéntrica del fundamentalista arranca de la convicción de que existe una ley natural inscrita por Dios en la conciencia humana: el matrimonio, la familia y la comunidad eclesial se consideran cimientos inquebrantables. No aspiran a una sucesión infinita de revoluciones culturales, sino al retorno a valores bíblicos clarísimos: la oración pública, la autoridad de la Escritura sobre la moral colectiva y la censura —incluso política— de todo contenido que se desvía de ese marco. Su meta última no es una «justicia social» secular, sino edificar un reino de Dios en la tierra: un orden alineado con la revelación, un nuevo cielo y una nueva tierra según el Apocalipsis, donde el mal sea aniquilado de raíz. Mientras el woke celebra la abrogación de una estatua de Colón como paso hacia la justicia, el fundamentalista aplaude la reinstalación de un juramento de corte bíblico en el Capitolio. No se trata de variantes de la misma moneda: son polaridades que apuntan a futuros irreconciliables.

Atribuirle a un conservador fundamentalista la etiqueta de «woke» equivale a aplicar un marco conceptual equivocado: un prejuicio que no ilumina, sino que oscurece. Es como decir que un yihadista es woke por lo sectario, obviando todo lo que le mueve. Sin embargo, en la vorágine mediática actual, esa distancia se oculta bajo etiquetas equívocas. Cuando se dice «woke de derechas» para describir al conservador más sectario, se incurre en un prejuicio que empaña el análisis cultural.

Reducir a ambos a «tristes almas ofendidas» es soslayar por qué, desde su interior, el fundamentalista cree estar ofendido: no por defensa de un grupo históricamente oprimido, sino por lo que considera blasfemia o derrumbe moral de la nación. Ese detalle es vital. Se pierde la complejidad de las alianzas políticas: el wokismo más puro suele asociarse con partidos progresistas, con laicismo y con laicidad radical; en cambio, el fundamentalista se alía con partidos conservadores clásicos que promueven la escuela con oraciones, la prohibición del aborto y la protección de símbolos religiosos en el espacio público.

Ambos quieren imponer su idea de lo correcto: de acuerdo, pero para el «woke», el blanco de la imposición es el sistema heteropatriarcal y sus privilegios; para el fundamentalista religioso, el blanco es —por ejemplo— el «mundo secular que corrompe a los jóvenes» o «la comunidad LGTBIQ+ que hiere la integridad del matrimonio». La naturaleza de la supuesta «imposición» no es simétrica.

Batalla política y cultural: utopías irreconciliables

Etiquetar a un conservador fundamentalista como woke cierra el diálogo en falso. El insulto «woke» funciona como argumento definitivo: «eres igual que mis peores enemigos». Así se clausura la posibilidad de entender las motivaciones profundas de esa cosmovisión religiosa. El efecto es un ruido ensordecedor: polariza tanto a la izquierda como a la derecha, sembrando la idea de que «todos somos dogmáticos», cuando de lo que se trata es de dos formas radicalmente distintas de entender el mundo.

Es innegable: ambas tribus lingüísticas suelen explayarse en términos señalados, despiadados y vehementes. Ante cualquier traspié discursivo, lo reaccionario y lo progresista identifican en segundos al «enemigo» y, a veces, reclaman su destrucción simbólica (boicot, cancelación, consignas). Pero ¿por qué se parecen en ese rasgo ya casi ritual de tierra quemada y condena total?

El wokismo se construyó sobre un andamiaje de identidades colectivas (raza, género, sexualidad, clase) que definen quién tiene «voz legítima». Todos los discursos que no se supediten a la «perspectiva de la víctima» son considerados sospechosos. El fundamentalista habla también de identidad, pero alude a una identidad colectiva «elegida por Dios»: la nación (cuando se mezcla con el nacionalismo), la Iglesia local o la tradición confesa. Quien se opone a esa identidad se convierte en hereje o marxista cultural.

Las plataformas (Twitter/X, Facebook, TikTok) priorizan el conflicto: el algoritmo reproduce el tuit indignado más que el matiz. Así, es más noticiable un tuit que llame «woke» a un manifestante pro-Trump que un artículo académico que analice las genealogías de cada movimiento. En ese caldo de cultivo digital, los matices se evaporan; la simplicidad viral florece. Ser calificado de woke o de fascista es un atajo para denostar sin argumentar. La dicotomía izquierda/derecha —economía planificada versus libre mercado, Estado fuerte versus Estado mínimo— se ha desdibujado. Ahora, la dimensión cultural (identidades, moral, tradiciones) se ha vuelto más relevante que el clásico eje redistributivo. Esta barrera provoca que se equiparen formas, tonalidades de enfado y modos de victimización, en lugar de analizar contenidos y fundamentos.

Si queremos desarmar al identitarismo radical sin aplaudir un fanatismo religioso, necesitamos nombrar correctamente cada postura. Al recuperar esa precisión, abrimos la puerta a debates más fructíferos: ¿puede un conservador defender el sexo prematrimonial sin traicionar su tradición? ¿Puede un progresista estar en contra del aborto por considerarlo inmoral?

Es necesario denunciar tanto la censura de los progresistas radicales como la imposición de códigos morales religiosos estrictos en la esfera pública. Pero esa denuncia solo adquiere fuerza si conserva la precisión terminológica: no temamos llamar «identitarista posmoderno» a quien lo sea ni «fundamentalista» a quien pretenda imponer una religión concreta. La coexistencia de múltiples horizontes de sentido —religioso, laico, poscolonial, tecnocrático— no se resuelve con un «todos son iguales»; se remedia identificando las lógicas internas de cada uno.

Ser críticos no consiste en descalificar a quienes piensan distinto, sino en entender cómo piensan y por qué adoptan ciertas formas de autoridad.

Etiquetar como «woke de derechas» a un conservador fundamentalista no es solo un tiro al pie analítico, sino la rendición ante la polarización incendiaria. Hace falta una crítica cultural hábil, capaz de distinguir genealogías, objetos de deseo político y horizontes utópicos. Solo así podremos reflexionar acerca de las tensiones fundamentales de nuestro tiempo: ¿cuál es el papel de la religión en la esfera pública posmoderna? ¿Puede un movimiento de justicia social basarse en fundamentos empíricos de desigualdad sin derivar en moralismos unilaterales? ¿Cómo dialogan (o no) la exigencia de redención espiritual y la demanda de reparación colectiva?

Al término de este trayecto, tenemos algo claro: «woke» y «fundamentalista» se parecen en tanto exhiben una sensibilidad casi idéntica para detectar agravio, una tendencia a la militancia doctrinaria y un gusto por la indignación pública. Pero, más allá de esa fachada de gemelos psicológicos, cada uno posee un ADN político y cultural tan disímil que sus identidades resultan irreconciliables: el uno nace de la ceniza del posmodernismo y reclama horizontes fluidos; el otro se funda en la roca de la teología y aspira a un orden trascendente. Es verdad que, en esta era posmoderna, hasta un fundamentalista religioso puede acabar haciendo *cosplay* de su propia fe: un escaparate identitario sin alma, sin estudio y sin coherencia, pero con mucho postureo. Eso no lo vuelve woke, solo lo coloca en la misma feria de vanidades digitales donde las convicciones se lucen como accesorios y se abandonan con la misma facilidad que uno cambia de ropa interior.

Con la etiqueta de «woke de derechas» se sacrifica la claridad histórica y teórica en el altar de la provocación fácil, y a veces la provocación es útil, incluso divertida, agita el avispero, pero es preferible que tenga fundamento. La tarea de la crítica cultural, más que aplaudir o demonizar, consiste en iluminar los hilos del pasado y del presente que hacen que dos «dogmáticos» sean, en realidad, rivales irreconciliables que de algún modo tienen que llegar a convivir, porque ni el woke fanático va a desaparecer ni el religioso fundamentalista tampoco. Es más, la naturaleza del ser humano tiende a la disputa entre distintas cosmovisiones, llegar a una convivencia entre grupos humanos diferentes es un esfuerzo por sobreponerse a la naturaleza propia. Y es a través de grandes esfuerzos de este tipo que se construye civilización.

Los críticos del wokismo provienen de vertientes muy dispares. Una parte importante del llamado «antiwoke» se alimenta de una cosmovisión de verdad revelada —la Biblia y el nacionalismo cristiano— y no de las ideas posmodernas que suelen atribuirse al propio movimiento woke. Al mismo tiempo, existen opositores desde posturas liberales modernas, conservadores clásicos y sectores de la izquierda clásica, marxista y moderna que consideran que el posmodernismo no fortalece a la izquierda, sino que, por el contrario, la desarticula. Sin embargo, muchos liberales se sorprenden al descubrir que el conservadurismo religioso más sectario no comparte sus premisas; ante esa ceguera selectiva, tienden a etiquetarlos como wokes sin reparar en sus fundamentos teológicos.

Del mismo modo, los conservadores a menudo llaman wokes a los liberales clásicos cuando discrepan en asuntos sociales o morales. Pero un liberal genuino puede oponerse a imponer por ley una moral particular sin caer en un relativismo absoluto: defiende la convivencia de diferentes creencias bajo unos mínimos compartidos sin renunciar a sus propias convicciones éticas. De esta forma, ni todo lo sectario es herencia del posmodernismo ni cualquier apuesta por la pluralidad debe confundirse con un relativismo nihilista. Lo que queda claro es que el fanatismo no solo lleva a los wokes a romper amistades o a negarse a hablar con quienes consideran fascistas, sino que también se da entre críticos cuando no coinciden entre ellos. Eso no los convierte en wokes de derechas, de izquierda clásica o liberales, simplemente son fanáticos de todo tipo que han llevado sus posturas emocionales al extremo en un clima político y digital que lo propicia. Si ni siquiera entre los sectores críticos con el wokismo existe la capacidad de llegar a entendimientos —por muy dispares que sean sus perspectivas—, el marco de convivencia corre el riesgo de ser desmontado, no optimizado. La desconfianza mutua y el sectarismo harán el trabajo sucio: el orden común será deconstruido, deslegitimado y sustituido por un caos sin sentido ni horizonte, solo quedará ruido, fragmentación y pulsiones tribales disfrazadas de política.

15

Eutanasia para un Occidente terminal

Los valores de Occidente

Los valores no son simplemente normas o costumbres de una sociedad: son guías culturales y morales que orientan la acción humana, ideales hacia los cuales aspiramos, aunque, por lo general, no se cumplan en la práctica. Funcionan como una brújula ética que nos permite juzgar lo correcto, lo justo o lo deseable en un contexto social determinado. Un valor no es una descripción de lo que es, sino una afirmación de lo que debería ser. Por ello, hablar de «valores occidentales» no implica que todos los individuos e instituciones occidentales los hayan respetado siempre, sino que forman parte de un horizonte cultural compartido que ha dado forma a las instituciones, las ideas y las luchas sociales en esta parte del mundo.

La distinción entre Oriente y Occidente no es meramente geográfica, sino, sobre todo, cultural y espiritual. Esta separación comienza a delinearse con claridad en la Antigüedad clásica. Oriente tiende a conservar una estructura más tradicional, espiritualista y jerárquica, con énfasis en el orden y la comunidad, mientras que Occidente ha fomentado una visión más individualista, racionalista y cambiante, donde el conflicto de ideas ha sido una fuerza creadora. Mientras en Oriente (en rasgos generales) la armonía suele imponerse sobre la discrepancia, en Occidente se ha permitido —y en ocasiones se ha celebrado— la confrontación de visiones opuestas como motor de evolución.

A lo largo de la historia, la civilización occidental ha sido el motor de algunas de las transformaciones más profundas y duraderas del mundo: desde la filosofía griega y el derecho romano hasta el cristianismo, la democracia liberal y la economía de mercado. Este legado articuló un sistema de valores que, con todas sus contradicciones y errores, ha posibilitado una calidad de vida y una expansión de libertades sin precedentes en la historia humana.

Sin embargo, en el presente, Occidente parece haber renegado de sí mismo. Busca derribar los pilares que lo hicieron florecer, como si se avergonzara de su propia herencia. En ese gesto autodestructivo se revela algo más profundo: no una simple crisis cultural, sino una especie de enfermedad autoinmune. Un sistema que, al perder su sentido de propósito, comienza a atacarse desde dentro. Ese es, quizá, el gran desafío de nuestro tiempo: identificar con claridad esa dolencia y encontrar una cura que no pase por la negación de lo que somos, sino por una renovación lúcida de lo que valía la pena conservar.

La historia de la civilización occidental tiene sus raíces en la cuenca del Mediterráneo y está marcada por la interacción entre dos grandes corrientes de pensamiento: la racionalidad grecorromana y la espiritualidad cristiana. La civilización griega introdujo una visión del mundo basada en la búsqueda de la verdad, la belleza y la armonía. La filosofía griega, con figuras como Sócrates, Platón y Aristóteles, estableció los cimientos del pensamiento lógico y el análisis racional, proporcionando un método estructurado para comprender la realidad. La ciencia, la política y el arte florecieron bajo estos principios, que exaltaban la capacidad del ser humano para interpretar y organizar su entorno.

Roma, en cambio, reforzó este legado con su enfoque en la organización política y social, el desarrollo del derecho y la administración del poder. La mentalidad romana consolidó la idea de un Estado fuerte y ordenado con estructuras capaces de sostener grandes civilizaciones. La combinación del pensamiento griego con la práctica romana sentó las bases para el desarrollo posterior de Europa. Sin embargo, el verdadero despegue de esa identidad europea se produjo bajo el estandarte de Roma. Allí, los romanos tomaron el legado helénico —la lógica, el arte de la oratoria, las ciudades Estado— y lo transformaron en un imperio con una nueva visión geopolítica y cultural.

Para un romano, Occidente no era Grecia, sino las tierras al otro lado de los Alpes: los bosques de los celtas, las colinas de los íberos, las estepas de los germánicos. Eran espacios vírgenes repletos de pueblos que aguardaban ser incorporados a la civilización romana. En cambio, Oriente evocaba el brillo de Alejandro Magno y las cortes helenísticas, una sofisticación que los romanos respetaban pero veían como moralmente erosionada.

Cuando, en el año 395 d. C., Teodosio dividió el imperio entre Oriente y Occidente, aquella distinción dejó de ser solo imaginaria. Bizancio, la antigua Constantinopla, se convirtió en la heredera directa de Grecia: hablaba griego, veneraba sus tradiciones y mantuvo vivo el alfabeto. Roma, su gemela occidental, se vio sacudida por las incursiones de los bárbaros, la fragmentación política y el florecimiento de la Europa latina-cristiana.

Aquel Occidente que emergía se definió por la fusión del derecho romano, la fe cristiana y el latín como lengua común. En paralelo, el Imperio bizantino mantuvo esa misma conjunción durante sus primeros siglos, pero sustituía el latín por el griego. Con la expansión del cristianismo y, más tarde, la aparición del islam, la brecha cultural se profundizó: Occidente se consolidó como un bloque católico y latino, mientras que Oriente se abrió primero al califato islámico y, en épocas posteriores, al influjo de las cortes chinas y japonesas.

Esta fractura se solidificó primero en la Reconquista española (siglos VIII-XV), donde reinos cristianos como Castilla y Aragón fueron forjando su identidad combatiendo a los reinos musulmanes de al-Ándalus, creando así la base política y religiosa del imperio católico. Más tarde, aquel impulso se trasladó a las cruzadas, cuando los caballeros europeos atravesaron el Mediterráneo para luchar contra «el otro» en Tierra Santa y reafirmar una comunidad cristiana unida. Durante la Era de los Descubrimientos, Asia dejó de ser un socio comercial para convertirse en el exótico Oriente: un vasto escenario de tradiciones inmutables que contrastaba con el ímpetu occidental de conquista, ciencia y progreso.

De este modo, la misma lógica —defensa y expansión de una cristiandad que se percibía amenazada— pasó de la península ibérica al levante y finalmente a ultramar, forjando la conciencia de Occidente como bloque católico.

Bajo la superficie de esta rivalidad cultural, latía una diferencia esencial en la concepción del poder. Roma había elevado el derecho a piedra angular de su imperio: la ley escrita sometía a gobernadores y generales, y un sistema de provincias con magistrados responsables mantenía la cohesión —aunque esto no se cumplía a rajatabla: el emperador romano llegó a autoproclamarse dios y las monarquías medievales tendían a concentrar el poder hasta convertirse en monarquías absolutas—. En Oriente, por el contrario, imperios como el persa, el chino y el otomano descansaban sobre el poder absoluto del monarca, reforzado por una burocracia y una autoridad religiosa indivisible del Estado.

Con el paso de los siglos, el modelo occidental de Estado de derecho se consolidó en Inglaterra con la Carta de Derechos de 1688, en Francia con la Revolución de 1789 y en las constituciones modernas, que separaron el poder en múltiples instancias. Mientras tanto, en Oriente, China mantuvo su mandato imperial hasta 1912, Japón solo cedió al Estado de derecho tras la Restauración Meiji en 1868, el Imperio otomano resistió las reformas hasta su colapso en 1923 y Rusia transitó de la autocracia zarista a la dictadura comunista.

Hoy, la globalización diluye fronteras, pero no disipa esta memoria vivida: Occidente sigue reivindicando la ley como escudo frente al poder personal, mientras en muchas naciones exorientales la tendencia a la autoridad centralista pervive, ya sea en forma de partido único o de clérigos con poder político.

La frase «de Oriente la luz y de Occidente la ley» resume de forma general y no estricta esta dicotomía: la herencia intelectual y espiritual griega brilló en Bizancio, mientras que Roma legó al mundo la institucionalidad jurídica. Esa ruptura, marcada en el 395 d. C., delineó dos trayectorias que alimentaron la Edad Media, la modernidad y hasta nuestras discusiones culturales.

El cristianismo enfatizó la importancia del amor, la humildad y la trascendencia del ego, promoviendo una visión del mundo en la que el individuo no solo buscaba el conocimiento, sino también la purificación de su ser. Durante siglos, esta espiritualidad impregnó la cultura europea, influyendo en su ética, arte y organización social. Con la caída del Imperio romano en el 476 d. C., estas ideas fueron reinterpretadas por la Europa medieval, dando paso a la escolástica, las universidades y la expansión del conocimiento.

El cristianismo fue uno de los catalizadores fundamentales del humanismo renacentista, aunque a menudo lo vemos como un movimiento secular que se aleja de la fe. En realidad, el humanismo nace precisamente de la confluencia entre la espiritualidad cristiana y el redescubrimiento de la Antigüedad clásica. Al armonizar la teología con la filosofía aristotélica, se cimentó la convicción de que el ser humano tenía la capacidad —dada por Dios— de comprender el mundo y de aspirar a la virtud. Los humanistas cristianos —como Erasmo de Róterdam o Tomás Moro— recuperaron a Cicerón, Platón y los padres de la Iglesia para subrayar la dignidad del hombre hecho «a imagen y semejanza de Dios».

El humanismo reivindicó la excelencia moral y la participación activa del ciudadano en la polis, pero lo hizo inspirándose en el ideal cristiano de caridad, justicia y servicio al prójimo. El hombre renacentista no era un «pagano desarraigado», sino un creyente que veía en la educación clásica una herramienta para mejorar su alma y su comunidad. El humanismo renacentista no supuso un abandono del cristianismo, sino más bien su plenificación: al otorgar al individuo conciencia de su valor y posibilidades, convirtió la fe en una llamada a la responsabilidad moral y al cultivo de la razón como don divino. De ahí que uno de los rasgos más distintivos de Occidente sea el respeto por el individuo. Mientras que en otras civilizaciones la identidad personal está subordinada al colectivo, en Occidente el individuo es considerado un agente autónomo con derechos inalienables. Esto se refleja en la firma de obras artísticas y literarias desde el Renacimiento, lo que reforzó la autoría y la creatividad individual. Esto también se refleja en el desarrollo de la democracia, donde cada ciudadano tiene un voto y un rol en la toma de decisiones y el concepto de emprendimiento, donde cualquier persona puede crear su propio destino económico sin depender del favor del Estado. Este individualismo permitió la aparición del capitalismo y la economía de mercado, generando las sociedades más prósperas de la historia.

La Ilustración del siglo XVIII es celebrada como uno de los grandes hitos intelectuales de Occidente: un momento en que la razón, la crítica y el pensamiento secular tomaron el relevo de la tradición religiosa como fuerza rectora del orden social. Sin embargo, es necesario observar este proceso con una mirada más crítica. Lo que se presenta como un despertar de la libertad fue también, en muchos aspectos, el inicio de una fe ciega en el progreso, en la razón desarraigada y en el mito del individuo autónomo, desligado de todo marco comunitario o trascendente.

Los pensadores más emblemáticos de la Ilustración —Voltaire con su defensa de la libertad de expresión, Montesquieu con su modelo de separación de poderes y Rousseau con su contrato social— cimentaron los principios que aún hoy definen las democracias modernas. Pero también sembraron las semillas de un racionalismo que no solo desafió el dogma religioso, sino que en ocasiones sustituyó la fe en Dios por una fe igual de rígida en la razón ilustrada y el Estado. El culto al progreso reemplazó al culto a lo sagrado sin resolver las tensiones humanas más profundas.

La tolerancia, elevada a emblema de civilización tras las guerras de religión en Europa, fue sin duda un avance frente al exterminio del disidente. Pero no fue únicamente un regalo gratuito de la razón, sino una necesidad pragmática en una Europa exhausta por siglos de conflicto. Más aún, esa tolerancia pronto se transformó en una herramienta para imponer una nueva ortodoxia: la de la razón ilustrada como único marco legítimo de pensamiento. Quien se desviaba demasiado —por ejemplo, quienes mantenían visiones tradicionales o espirituales del mundo— pasaba de ser tolerado a ser considerado retrógrado o ignorante.

En nuestros tiempos posmodernos, la razón ilustrada —aquella que durante siglos fue el emblema del pensamiento emancipador— ha sido arrojada al mismo saco de lo retrógrado. Se la critica, se la deconstruye, se la tilda de colonial, patriarcal, eurocéntrica. Y lo más paradójico es que esto ocurre en las mismas universidades que la vieron nacer y crecer hasta convertirse en hegemonía. Hoy, esos templos del saber ilustrado se dedican a dinamitar sus propios cimientos.

Oriente y Occidente: hacia una nueva síntesis

En el escenario geopolítico contemporáneo, el mundo presencia una tensión persistente entre grandes potencias que encarnan, de manera simbólica y estratégica, las antiguas polaridades civilizatorias: China y otras naciones asiáticas, portadoras de una herencia cultural tradicional, frente a Estados Unidos y el bloque occidental, que representan el dinamismo práctico, la ciencia material y el individualismo expansivo. Esta disputa, más allá de sus dimensiones económicas, militares o tecnológicas, refleja una disociación más profunda del espíritu humano: una lucha entre dos formas incompletas de concebir la realidad. Sri Aurobindo nombró a estas dos actitudes fundamentales hacia la existencia como las dos negaciones: por un lado, la negación del materialista, y por otro, la negación del asceta.

Desde el legado griego hasta la Ilustración, pasando por el racionalismo cartesiano, el espíritu occidental se ha definido por su voluntad de conocer, transformar y someter la naturaleza mediante el pensamiento, la ciencia y la técnica. El ser humano ya no se concibe como parte de un orden dado, sino como un agente creador, incluso emancipado de lo divino. La historia, el conocimiento y la técnica se convierten en herramientas de redención inmanente, desplazando la necesidad de la vida interior. El resultado ha sido una sociedad altamente materialista que ha dejado en segundo plano las preguntas fundamentales sobre el sentido de la existencia. Esta visión ha generado un mundo ordenado y funcional, pero carente de una visión trascendental que guíe su desarrollo. La fragmentación de los grandes relatos y el ataque a los propios valores han conducido a una situación de caos cultural y desorientación existencial.

En contraste, la cosmovisión de Oriente se estructura desde una actitud casi opuesta: la rendición ante el orden cósmico. En lugar de dominar la realidad, el sabio oriental busca armonizarse con ella. Conceptos como el mandato del cielo en la tradición confuciana o el dao en el pensamiento taoísta expresan una visión del mundo donde las cosas simplemente ocurren, y el sufrimiento proviene de resistirse al flujo natural de los acontecimientos. En lugar de transformar el mundo, el ideal es renunciar a la interferencia, minimizar el deseo y disolver el yo. Oriente, con su mirada hacia lo eterno, ha tendido históricamente a despreciar la vida mundana como ilusión o prisión, buscando en el silencio del espíritu la única verdad. En su intento de conservar el orden interno y competir en el panorama geopolítico, ha adoptado un capitalismo que sirve a un poder cada vez más mecánico que, en lugar de «disolver» el yo, lo controla.

Hoy, esta antigua división se reencarna en nuevas formas de competencia: por la hegemonía tecnológica, la supremacía económica, la narrativa ideológica. Pero, en el fondo, se trata de un conflicto que no puede resolverse por la fuerza ni por la supremacía de una visión sobre la otra, sino por la apertura a una síntesis superior: el reconocimiento mutuo y la posibilidad de un abrazo armonioso entre Oriente y Occidente, entre el silencio y el poder activo del mundo, en el que la necesidad humana de trascendencia no niegue la acción individual y donde la acción individual no olvide su fuente trascendente.

En sus mejores momentos, la cultura occidental levantó un edificio moral sobre un cimiento sencillo: «La verdad os hará libres». Con ello se entendía que la libertad auténtica brota al reconocer un orden que nos trasciende, del que deriva la dignidad de cada persona. Pero, con el tiempo, ese pórtico comenzó a resquebrajarse. La razón —nuestra luz griega y cristiana— se convirtió en una antorcha tan potente que terminó cegándonos. Empezamos a confundir la tarea de purificar los viejos dogmas con la tentación de pulverizar cualquier fundamento.

La deconstrucción contemporánea representa ese instante de vértigo en que la crítica deja de ser parto de nueva vida para volverse puro nihilismo. Se declara sospechoso todo valor heredado; no porque se haya demostrado falso, sino por el mero hecho de haber nacido en otro siglo pasado. En nombre de liberar al individuo, se dinamita la noción misma de verdad, y con ella el armazón ético que hizo posible la libertad en primer término. El movimiento se vuelve luciferino —una rebelión sin causa última— porque invierte el eje cristiano: ya no es «la verdad me entrega a la libertad», sino «seré tan libre que llamaré verdad a mi deseo».

El resultado es un espacio moral deshabitado: sin dignidad objetiva, la persona es apenas un agregado de pulsiones; sin razón orientada al bien, la inteligencia se reduce a herramienta de poder; sin autonomía anclada en la responsabilidad, la libertad degenera en atomización. Derribamos las columnas que sostenían el atrio —transcendencia, límite, deber— y nos sorprende encontrarnos a la intemperie.

La tarea urgente no es demoler más, sino pulir lo que se ha opacado. ¿Podemos mantener el dinamismo científico y al mismo tiempo reconocer un umbral que contenga la soberbia? Gobernar la técnica con mesura exige renunciar al mito de un progreso infinito que todo lo justifica: implica aceptar que la razón necesita disciplina y que la libertad florece dentro de un marco ético, no en su ausencia.

Reconstituir los pilares no es volver a un pasado idílico ni blindar privilegios caducos. Es asumir que la crítica auténtica no destruye sin proponer; renueva sin arrancar de raíz, talla la piedra, no la reduce a polvo. Solo así la verdad volverá a hacerse aliada de la libertad, y la razón, en vez de devorarse a sí misma, alumbrará un porvenir digno de quienes todavía creen que vivir es algo más que transitar ruinas. Este es un mandato casi celestial: gobernar nuestra técnica con mesura, no sucumbir al dios Apolo de la razón.

China ha seguido un camino inverso al de Occidente. Durante siglos —especialmente bajo el confucianismo, el taoísmo y el budismo—, su centro de gravedad era más bien «espiritual-ético»: armonía social, jerarquía familiar, autocultivo moral. La economía importaba, pero siempre subordinada al orden cósmico y a la estabilidad política. Sin embargo, en las últimas décadas China ha ido adoptando, a su manera, la lógica moderna del crecimiento material sin asumir la parte liberal que en Occidente acompañó ese desarrollo.

El mandato del cielo confería legitimidad al emperador siempre que gobernara con rectitud; la innovación quedaba supeditada a preservar la armonía. Ello generó grandes logros culturales, pero también rigidez administrativa y cierto desinterés por la ciencia aplicada. Cuando la China imperial se derrumbó a comienzos del siglo xx, el país descubrió que su orgullosa herencia confuciana —basada en la armonía y el autocultivo moral— ya no bastaba para frenar la presión de potencias más industrializadas. El marxismo-leninismo reemplazó a la ética confuciana; la espiritualidad fue perseguida como superstición. Pero el materialismo dialéctico de Mao tampoco consiguió prosperidad masiva: la política prevaleció sobre la economía y se vivieron hambrunas y convulsiones. Tras la tormenta revolucionaria, la élite del Partido Comunista comprendió, a fines de los setenta, que si China quería sobrevivir —y competir— debía cambiar de piel. Así nació la consigna pragmática de Deng Xiaoping: «Enriquecerse es glorioso».

Con ese lema, China abrió la puerta al mercado, las inversiones extranjeras y la manufactura global, pero lo hizo sin soltar las riendas del poder político absoluto. Adoptó la «máquina» capitalista —fábricas, flujos financieros, tecnología punta— y la insertó en un cuerpo estatal vigilante, decidido a no repetir el caos de la liberalización revolucionaria. China pasó de «fábrica del mundo» a innovador tecnológico en 5G, IA y comercio digital. Mientras las ciudades se llenaban de rascacielos y la clase media crecía a una velocidad inédita, el individuo seguía sin voz en la esfera pública. La prosperidad fue la recompensa que el partido ofreció a cambio de sumisión.

Para garantizar que ese pacto no se rompiera, Pekín perfeccionó una arquitectura de control social inimaginable unas décadas atrás: cámaras con reconocimiento facial en las esquinas, superapps que registran desde los pagos hasta las opiniones y un «sistema de crédito social» que puntúa la conducta de cada ciudadano, premiando la obediencia y castigando la disidencia. Se viaja más rápido en tren bala, pero el pasaporte interno puede quedar bloqueado por un comentario crítico en las redes.

El Partido Comunista mantiene el monopolio del poder. Elecciones competitivas, prensa libre o separación de poderes nunca formaron parte del pacto. La prosperidad se concede a cambio de lealtad política. La vieja idea confuciana de anteponer la armonía al conflicto se combina con vigilancia digital y controles sociales. Las religiones tradicionales han reaparecido (Confucio es ahora símbolo patrio), pero bajo supervisión estatal; no se toleran iglesias o movimientos que cuestionen la autoridad. El mercado chino funciona guiado por la planificación del Estado: capital privado siempre bajo la «orientación» del partido. El éxito empresarial puede revertirse en disciplina si se antepone a la línea oficial.

Así, el país que durante siglos enseñó a «fluir con el dao» abrazó el ritmo vertiginoso de la globalización, pero sin otorgar a sus habitantes la dignidad jurídica y la libertad de cuestionar el curso impuesto. El corazón humano se convierte en una parte de un engranaje que no le pertenece. China, pues, ha logrado un salto material sin abrazar la libertad política que Occidente trata de conjugar con el capitalismo. Se podría decir que ha adoptado la máquina sin el alma. Este modelo demuestra que se puede generar riqueza sin liberalizar la vida pública, pero plantea interrogantes: ¿puede una sociedad digital, educada y globalizada eternamente renunciar a la crítica abierta? ¿Hasta dónde aceptará el ciudadano que la dignidad individual quede supeditada a un supuesto «bien colectivo» impuesto desde el poder absoluto?

Globalismo o globalización

La búsqueda de la unidad es una constante en la historia humana. Desde los primeros imperios hasta los sistemas de cooperación internacional actuales, siempre ha existido una tendencia a superar los límites tribales en nombre de un orden más amplio. La llamada «primera globalización», protagonizada por la Monarquía Hispánica, fue una de las más tempranas manifestaciones sistemáticas de esta pulsión: un intento de articular distintos mundos bajo un horizonte común. Como todo proceso histórico de esa magnitud, tuvo luces y sombras, tratando de integrar a las distintas sociedades en una estructura común articulada en torno a una visión trascendente del orden y el poder.

Hoy, sin embargo, asistimos a una transformación profunda de esa idea de unidad. El globalismo ideológico contemporáneo no propone una integración orgánica de los pueblos y culturas, sino una estandarización impuesta desde arriba. En lugar de articular diferencias, las convierte en categorías manipulables dentro de un sistema abstracto. En lugar de construir vínculos reales entre los distintos, fabrica una «unidad» administrativa, desarraigada, gobernada por organismos que no responden a comunidad alguna. El globalismo contemporáneo promueve la disolución de soberanías nacionales en favor de una gobernanza supranacional sin límites. Este globalismo —que paradójicamente ha sido asumido por sectores progresistas que en el pasado se oponían a la globalización capitalista— se presenta como una forma de «inclusión» planetaria, pero en la práctica homogeneiza culturas, neutraliza disidencias y debilita los vínculos sociales tradicionales. Este nuevo consenso globalista ha absorbido a las izquierdas, desplazando su enfoque desde la lucha contra el capital financiero hacia la promoción de una ética cosmopolita desvinculada de lo material y lo comunitario.

Más aún: en nombre de la diversidad, se alimentan políticas que buscan destruir lo común y generar enfrentamientos que entorpecen la convivencia. Un ejemplo claro es el caso español. En el Congreso de los Diputados, todos los representantes hablan castellano, lo usan de forma cotidiana y se entienden perfectamente. Tenemos distintas lenguas que enriquecen nuestro patrimonio cultural, y además compartimos la suerte de contar con una lengua común que permite el entendimiento mutuo cuando es necesario trasladar información relevante a toda la población, especialmente en cuestiones de política nacional que afectan a todos los ciudadanos por igual. Sin embargo, se han implantado pinganillos y traducciones simultáneas para que se utilicen lenguas cooficiales en los plenos. No se trata de una necesidad funcional, sino de una ficción institucionalizada. Se invoca el respeto a las lenguas para justificar un gasto superfluo que en realidad sirve como herramienta de fragmentación política, reforzando el discurso de quienes quieren desmantelar el Estado nacional. Resulta revelador que, cuando se trata de comunicar un mensaje político que debe ser entendido por todos, como ocurre con la propaganda institucional, todos los contenidos se emiten en español, sin excepción. Los *late shows*, los programas de tarde, los espacios supuestamente dirigidos a «representar a la ciudadanía» utilizan sin reparos la lengua común. Y, sin embargo, lo que unifica en el lenguaje divide en el discurso: se lanzan constantemente mensajes ideológicos y consignas partidistas que señalan como enemigo a todo aquel que no compra la mercancía averiada del progresismo moralista.

Una labor de agitación que se lleva a cabo desde una televisión pública, financiada por todos los contribuyentes, que debería mantener una mínima neutralidad política. Pero en lugar de garantizar un espacio plural, emite en perfecto español para asegurarse de que todos entiendan el mismo mensaje excluyente: que, si no adoras al partido, estás fuera del pueblo.

Lo que debería convivir en armonía —una pluralidad cultural bajo un marco común— se convierte hoy en excusa para dividir. No porque la diversidad sea un problema, sino porque se ha dejado de integrar. La diferencia ya no se celebra como riqueza compartida, sino que se instrumentaliza para erosionar lo que une. Se promueve una «diversidad» sin proyecto común y una «unidad» sin raíces ni vínculos en beneficio de unas élites que solo representan sus propios intereses.

Frente a ello, es necesario recuperar una noción más madura de integración: una unidad que no borre lo particular, sino que lo incorpore sin disolverlo; una estructura común que respete la forma propia de cada pueblo sin que esa diferencia se convierta en pretexto para la ruptura. La unidad no requiere homogeneidad. La diferencia no es enemigo de la unidad, sino su despliegue creativo.

En contraste con el globalismo que homogeneiza y disuelve las diferencias culturales, defendamos una globalización futura que no aspire a la uniformidad, sino a una armonía viva, donde cada individuo y cada nación puedan expresar su singularidad de forma plena y libre. La verdadera unidad no anula la multiplicidad, sino que la incluye y la sostiene. Cada diferencia legítima manifiesta un aspecto único del todo común que se expresa mediante la experiencia humana.

El eclipse de la trascendencia en la cultura occidental impulsó una importación apresurada de motivos orientales, tamizados sobre todo por nuestro afán de comodidad. Practicamos un yoga postural sin mística, colocamos Budas decorativos con barniz «hippy-zen» y vendemos la meditación como rutina de *self-care*. Así, la búsqueda interior se diluye en el catálogo del bienestar y queda convertida en otro producto de consumo.

Ese vaciamiento revela, sin embargo, que la sed de sentido sigue viva. La *new age* nació del fracaso occidental para reconciliarse con su propia raíz espiritual, mezclando símbolos, dioses y tradiciones orientales y paganas como placebo contra la ansiedad cotidiana asociada con el sistema y su religión estructurada considerada opresiva. Pero, al rehuir el rigor intelectual y la disciplina que exige una práctica auténtica, terminó generando su propia ortodoxia emocional y cerrada.

El siguiente giro ha sido la irrupción de lo woke, que marca el fracaso definitivo de aquella espiritualidad *light*: cuando la *new age* se agota como promesa de plenitud, muta en secta ideológica. El discurso trascendente se sustituye por un moralismo militante; el camino interior, por la identidad victimista; la iluminación, por la certificación de pureza política. Lo que antes se vendía como elevación personal se convierte en guerra cultural permanente.

Entre tanto, las religiones institucionales conservan un legado valioso, pero recelan de vías alternativas de acceso al espíritu, mientras los tradicionalistas (Guénon, Evola, etcétera) rastrean un núcleo común entre doctrinas, aunque rechazan cualquier aportación moderna. En este triángulo —clausura dogmática, nostalgia y espiritualidad de escaparate devenida credo activista— falta un sendero que combine profundidad experiencial y discernimiento crítico: un camino que sostenga la pregunta por el sentido sin reducirla a accesorio de bienestar ni convertirla en un sistema cerrado.

Oriente y Occidente son dos mitades de un mismo espejo: cada uno refleja luces y sombras que el otro necesita para verse completo. En Occidente, hemos cultivado la libertad, la innovación y la dignidad individual; sin embargo, a menudo hemos confundido esa dignidad con soberbia, y nuestro afán de autonomía ha degenerado en atomización y consumo sin freno.

De Oriente, en cambio, podemos aprender a no perder de

vista la inevitable necesidad de autoridad y jerarquía: estructuras que, bien entendidas, sostienen la convivencia y anclan al individuo en un sentido de pertenencia. Pero también debemos recordar que ese mismo orden estático puede volverse utilitarista, tratando a las personas como simples engranajes de una maquinaria cósmica, una prisión ilusoria en la que la creatividad personal no puede florecer.

La supervivencia de Occidente dependerá de si es capaz de retomar sus principios fundamentales —libertad, razón, dignidad humana— desde una comprensión más profunda de sus frutos. Frente a la deconstrucción que disuelve, nos toca volver a construir. No desde la nostalgia ciega ni desde la novedad vacía, sino desde una síntesis que una lo viejo con lo nuevo, lo heredado con lo descubierto. Retomemos lo verdadero, rechacemos lo falso y avancemos con firmeza hacia verdades más altas, más profundas y más plenas. Esa es la tarea de toda cultura que no quiere perecer.

16

Jerarquías inevitables y tiranías invisibles

Una noción paralizante del poder

Durante siglos, el poder se ha entendido como un puño de hierro: una estructura piramidal donde unos pocos en la cima dictaban las reglas a los de abajo con órdenes claras, castigos visibles y una autoridad absoluta. Piensa en el Estado, la Iglesia, el rey o el general; todo seguía una lógica autoritaria donde la ley era explícita y la represión física, como la guillotina, la horca o el exilio, era evidente. No había mucho margen para interpretaciones ambiguas: el enemigo tenía un nombre claro, y su caída se podía celebrar con una revolución o un derrocamiento.

Pero, como mencionamos anteriormente, Foucault revolucionó esta idea. Nos explicó que el poder no es solo el que ejerce un soberano desde arriba, sino que está en todas partes, difuso e incrustado en la vida cotidiana: en la educación, el lenguaje, la medicina, la moral e incluso en cómo formamos nuestra identidad. Esta visión abrió una caja de Pandora: si todo es poder, entonces se borran las diferencias entre un tribunal constitucional democrático y un consejo religioso fanático, o entre un sistema con frenos y contrapesos y una dictadura teocrática que castiga públicamente. Todo se convierte en estructuras de dominación equivalentes.

Para contrarrestar esto, veamos un ejemplo de modelo más práctico: las bases del poder de John French y Bertram Raven, desarrollado en 1959 en el campo de la psicología social. Esta teoría explica de forma sencilla cómo las personas influyen en otras a través de diferentes «fuentes» o tipos de poder. Originalmente, identificaron cinco bases principales:

- Poder coercitivo: basado en el miedo al castigo, como amenazar con despedir a un empleado.
- Poder de recompensa: ofrece incentivos positivos, como dar un bono por realizar un buen trabajo.
- Poder legítimo: deriva de una posición formal, como un jefe que da órdenes por su rol autorizado.
- Poder referente: proviene del carisma personal, donde la gente sigue a alguien porque lo admira o quiere imitarlo.
- Poder experto: se fundamenta en el conocimiento especializado, como un médico que influye por su experiencia.

Más tarde, Raven añadió el poder informativo (control sobre datos valiosos que otros necesitan), y en versiones modernas se incluye un séptimo: el poder de conexión (influencia a través de redes de contactos y alianzas). Este modelo nos sugiere que el poder no es solo fuerza bruta, sino que depende del contexto; puede ser efectivo para motivar, pero contraproducente si se abusa de él, y fomenta un liderazgo equilibrado en grupos u organizaciones.

En resumen, el enfoque de French y Raven ofrece una visión estructurada: el poder como un recurso que individuos o grupos poseen y ejercen de forma jerárquica y concreta, lo que permite analizarlo, identificarlo y corregir abusos. En contraste, la teoría posmoderna de Foucault lo ve como algo relacional y productivo, circulando en redes invisibles que crean normas e identidades a través del «poder/saber» (donde el conocimiento genera control). Hay conexiones, por ejemplo, en cómo las bases expertas e informativas se alinean con el poder discursivo de Foucault, pero las diferencias son clave: mientras French y Raven promueven un análisis racional y accionable, Foucault diluye todo en un relativismo que fomenta la pasividad, socava la responsabilidad personal y beneficia estructuras opresivas al cuestionar verdades universales.

También entendida como una sola energía creativa e inteligente que subyace a todo fenómeno, la noción de «poder» puede verse como un principio unificador más que como una fuerza externa o sobrenatural. En su expresión fragmentada, alimenta conflictos y luchas de influencia —políticas, religiosas o económicas— surgidos de intereses particulares. Pero al enfocarse desde una perspectiva amplia, basada en valores éticos y en un sentimiento de responsabilidad compartida, esa misma energía se transforma en un instrumento de cooperación e innovación, impulsando una evolución consciente tanto de las sociedades como de la propia naturaleza humana.

El eterno activista sin causa

En estos tiempos en que la denuncia sistémica se ha convertido en consigna del discurso cultural, surge una narrativa que convierte las desigualdades en maldiciones cósmicas, olvidando que son el resultado de decisiones humanas y de políticas concretas. Resulta casi irónico constatar que, en el clamor por exponer las injusticias, quienes se autoproclaman defensores acérrimos de la justicia social rara vez se atreven a cuestionar sus propios privilegios y las instituciones que los sostienen. ¿Acaso no es revelador que Richard Gere llegara a los Goya en avión privado mientras pontificaba sobre contaminación y cambio climático? Para este sector, los auténticos responsables del sistema no son las élites financieras o culturales a las que pertenecen, sino el obrero de fábrica, el campesino, el trabajador de la construcción: precisamente quienes sufren las peores consecuencias de sus experimentos ideológicos. Entretanto, los más acomodados han desarrollado una habilidad sorprendente: verse a sí mismos como los verdaderos marginados. A pesar de su educación de élite, de sus empleos bien remunerados y de su dominio de las industrias culturales, se presentan como víctimas —y, paradójicamente, como las más desprotegidas— del orden social.

En lugar de reducir la complejidad social a un mero «sistema opresor», conviene reconocer que esa etiqueta funciona como una coartada ideológica que oculta la realidad: si bien la estructura social impone límites, no anula la capacidad de acción individual y colectiva. Hay actores que, gracias a su posición privilegiada, ejercen una agencia desproporcionada y acceden a los canales políticos, culturales y económicos que determinan el rumbo de la sociedad. Al presentar el «sistema» como un ente monolítico, se invisibiliza que quienes toman las decisiones son personas concretas que, con voluntad y responsabilidad, podrían llevar a cabo cambios significativos.

Esta retórica fatalista, que ensalza la idea de una revolución total para transformar un sistema en principio irremediablemente corrupto, es en realidad un ardid de evasión que conduce a la parálisis política. Si todo se reduce a estructuras inamovibles, ¿qué nos queda sino resignarnos a un perpetuo estado de denuncia estéril? Además, esta mirada exonera de toda culpa a quienes, dotados de poder e influencia, ostentan la responsabilidad decisiva en la configuración de nuestro presente.

Hablar del «sistema» como un ente omnipotente permite que sus verdaderos arquitectos se presenten como meros prisioneros de un engranaje ineludible, en lugar de asumir su rol activo en el diseño social. De este modo, la retórica progresista no solo elude la acción concreta, sino que absuelve a quienes podrían impulsar cambios reales. Al final, lo esencial no es transformar nada, sino exhibir con fervor moral la propia conciencia de la opresión.

El desafío contemporáneo radica en trascender la dicotomía entre resignación ante un sistema inmutable y la ilusión de una agencia individual omnipotente. La transformación real demanda un equilibrio entre el autoconocimiento y la acción política. Es imperativo que dejemos atrás la retórica polarizante y el fanatismo y abracemos una visión que combine la crítica cultural con propuestas concretas de reforma. La autocrítica, correctamente orientada, nos permitirá entender nuestros propios errores y limitaciones, mientras que la acción individual y colectiva nos dotará de las herramientas para transformar el entorno. Así, en lugar de perdernos en interminables debates y denuncias abstractas, podremos trazar un camino hacia una nueva configuración ideológica del poder donde se reconozca que no todo es opresión y que, en ciertos sistemas, se han instaurado garantías fundamentales para la libertad y la dignidad. Esta visión no niega la existencia de dificultades ni minimiza la necesidad de una reforma profunda en determinados ámbitos. Al contrario, invita a una reflexión honesta sobre quiénes somos, qué es importante y qué instituciones merecen ser conservadas y cuáles descartadas. No se trata de una revolución que demuestre que somos víctimas de un sistema ineludible, sino de una transformación consciente que nos permita actuar con responsabilidad.

Jerarquías con propósito: órdenes que sostienen la libertad

Que en la actualidad cualquier forma de jerarquía se vea como opresiva es síntoma de la falta de madurez característica de nuestro tiempo. La idea de que las sociedades humanas son inevitablemente jerárquicas es tan antigua como la civilización misma. Desde las castas tradicionales hasta las modernas teorías sociológicas, se ha reconocido que la existencia de élites gobernantes y estructuras de poder no es una anomalía, sino una constante. A pesar de los intentos modernos por abolir las diferencias jerárquicas en nombre de la igualdad, el curso de la historia muestra que la jerarquía no desaparece, sino que muta, se transforma y se adapta a los tiempos.

Las sociedades tradicionales han considerado la jerarquía como una emanación de un orden superior, algo más allá de la mera organización social. En la cosmovisión hindú, por ejemplo, las castas no eran simplemente estratos sociales, sino reflejos de una armonía cósmica donde cada individuo tenía un papel específico en la estructura del universo. La casta sacerdotal y la casta guerrera ocupaban la cúspide no por una cuestión de poder material, sino por una supuesta conexión con principios trascendentales: la sabiduría espiritual y la fuerza del orden. Ciertos autores tradicionalistas defendieron que estas jerarquías no eran simples sistemas de dominación, sino estructuras que aseguraban la estabilidad del mundo. Cuando el orden natural es respetado, las sociedades prosperan; cuando se desmorona, entra en decadencia. Esta visión sostiene que el problema no es la jerarquía en sí, sino su corrupción y la inversión de valores, donde los inferiores toman el poder sin la capacidad moral o espiritual de ejercerlo.

Si bien la tradición ofrece una perspectiva metafísica de la jerarquía, la sociología moderna la explica desde un punto de vista pragmático. Vilfredo Pareto, en su teoría de la circulación de las élites, argumentó que en toda sociedad existe una minoría que ostenta el poder y que inevitablemente es reemplazada por otra élite con el paso del tiempo. En otras palabras, la lucha contra las élites no elimina la jerarquía, solo cambia a los ocupantes del poder.

De manera similar, Robert Michels formuló la ley de hierro de la oligarquía, que establece que, sin importar cuán democráticas sean las instituciones, con el tiempo una minoría organizada terminará dominando a la mayoría. Esto sucede porque las élites poseen las herramientas para consolidar su influencia, ya sea a través del conocimiento, la burocracia o el control de los medios de producción.

Si observamos la historia moderna, esto se cumple a la perfección: las revoluciones que prometen acabar con la desigualdad terminan reemplazando a la aristocracia anterior por una nueva casta de tecnócratas, burócratas o dirigentes ideológicos. Los bolcheviques reemplazaron a los zares, los burócratas europeos reemplazaron a los monarcas, los líderes de Silicon Valley reemplazaron a los industriales de antaño. El ciclo continúa, solo que con distintos rostros.

La modernidad, influenciada por las ideas del igualitarismo, ha tratado de destruir las jerarquías tradicionales. Sin embargo, al hacerlo, ha creado un vacío de poder que no ha sido ocupado por «el pueblo», sino por nuevas élites que ya no admiten su propia existencia. Hoy en día, las élites no se presentan como tales; en cambio, se disfrazan con la retórica de la inclusividad y la equidad mientras ejercen un poder absoluto en la política, la economía y la cultura. La tecnocracia globalista, los medios de comunicación masivos y las corporaciones transnacionales han consolidado un dominio mucho más sofisticado que el de las monarquías del pasado. La diferencia es que ahora las masas son manipuladas para creer que las jerarquías son amables si se visten de progresismo, cuando en realidad han sido rediseñadas de una forma más opaca e impenetrable.

A la cuestión de si es posible un orden sin jerarquía, la historia responde con un rotundo no. Incluso en los intentos más radicales por abolir las diferencias de poder, como en la Revolución francesa o en la Unión Soviética, las sociedades simplemente reemplazaron a unas élites por otras. En cada organización, en cada comunidad, siempre habrá líderes y seguidores, pensadores y ejecutores, visionarios y operadores.

El problema no es la jerarquía en sí, sino el tipo de orden y la calidad moral de quienes conviven en él. La tradición nos enseña que una jerarquía sana está fundada en la verdad y el honor, mientras que la sociología nos muestra que una élite corrupta solo será reemplazada por otra igual de degenerada. La clave está en fomentar liderazgos legítimos basados en el mérito y la virtud, no en el nepotismo o la manipulación ideológica. Si la jerarquía es inevitable, entonces la cuestión central es cómo garantizar que sea justa y funcional. Occidente se encuentra en un dilema: destruir sus propias estructuras jerárquicas ha llevado a la proliferación de élites más inescrutables y menos responsables ante el pueblo. La disyuntiva no es entre jerarquía o anarquía, sino entre un orden justo basado en la verdad o un desorden disfuncional disfrazado de igualdad.

Europa avanza por una peligrosa deriva que imita lo peor de los totalitarismos orientales. Bajo el disfraz de seguridad y orden, las élites erosionan los valores de libertad que alguna vez fueron el corazón del proyecto europeo. La comodidad ha funcionado como anestesia cultural, adormeciendo a una ciudadanía cada vez más perezosa para ejercer autocrítica y acción.

El ejemplo británico es revelador. La *Online Safety Act*, presentada como defensa de los menores y freno al contenido ilegal, otorga a las plataformas el poder —y la obligación— de borrar material antes de que llegue al público. Es censura preventiva envuelta en retórica de equilibrio entre seguridad y libertad, pero guiada por la lógica del miedo: multas millonarias que empujan a eliminar incluso lo legal.

Especialmente inquietante es la verificación de edad mediante datos biométricos o documentos, un paso hacia la vigilancia masiva con riesgos irreversibles para la intimidad y la seguridad de los ciudadanos. No es casualidad que los gigantes tecnológicos, los defensores de los derechos digitales y más de cuatrocientos mil ciudadanos hayan denunciado la ley como una amenaza directa a la libertad de expresión. Tampoco que el Gobierno ignore estas críticas: el discurso de «si te opones, es que estás a favor del peligro» es demasiado útil para cederlo y, como vimos anteriormente, cuando abordamos la cancelación, la complicidad por parte de muchos ante los intentos de censura del poder o de la masa no ayuda a frenar los abusos.

En tiempos donde controlar la narrativa es tan valioso como controlar los recursos, estas leyes no son meros cortafuegos contra el peligro: son infraestructuras de poder que moldean el espacio digital a gusto de quien gobierna. Y la historia demuestra que, una vez creadas y normalizadas, no vuelven a quedar inactivas. Enfrentarse a la tiranía o caer en las redes del dictador de turno depende de quienes se atrevan a comprender el poder y su engranaje.

17

De la muerte de Dios a la muerte del hombre

La disolución del sujeto

Nietzsche anunció la muerte de Dios y, con ello, la fractura del gran pilar metafísico que sostenía la visión clásica del mundo. En su lugar, propuso al superhombre, un ser que asumiría el vacío dejado por Dios con voluntad de poder, creando su propia ética y significado. Pero los filósofos posmodernos fueron un paso más allá y ejecutaron al hijo de Dios, al propio sujeto.

La «muerte del sujeto» es la manifestación extrema de una crisis cultural y existencial. Mientras Nietzsche imaginaba al hombre resurgiendo de las ruinas de las viejas verdades, los posmodernos declaran que el yo es una ilusión, una mera construcción discursiva sin cimiento real. El individuo —esa entidad cargada de convicciones, identidad y voluntad— es despojado de su esencia y reemplazado por una maraña de signos y narrativas sin centro. En este escenario, ya no hay identidad sólida, sino estructuras difusas que se disuelven en la intertextualidad de una cultura saturada de simulacros y apariencias.

Ya no hay identidad, no hay pensamiento autónomo, solo intertextualidad. No hay verdad, solo narrativas en pugna. Si el sujeto es una ficción, entonces ¿quién decide? ¿Quién actúa? El individuo se diluye hasta convertirse en una marioneta sin hilos, flotando en un limbo de relativismo absoluto. La cultura se convierte en un collage irónico de signos, la política en espectáculo y la identidad en un código QR.

Los asesinos del yo articularon un discurso donde el sujeto es apenas un efecto de estructuras de poder, lenguaje y deseo inconsciente. Foucault describió al sujeto como una ficción moldeada por instituciones disciplinarias: «El hombre es una invención cuya reciente fecha muestra con facilidad la arqueología de nuestro pensamiento». Derrida insistió en que el lenguaje nos piensa, en lugar de que nosotros pensemos en él: «No hay fuera del texto». Lacan redujo al yo a un reflejo ilusorio: «El yo es una función imaginaria». El producto final es un hombre sin agencia, una sombra flotante. En el vacío dejado por el sujeto solo quedan identidades líquidas, reducidas a etiquetas y discursos prefabricados. Más que líquido, nos transformamos en vapor: los límites se evaporan y todo se convierte en nada. El hombre se diluye en un entramado de relaciones sin sustancia en el que la promesa de libertad se convierte en la condena del nihilismo y la indiferencia. Nietzsche mató a Dios buscando al superhombre. Los posmodernos mataron al hombre para convertirlo en un espectro. El nacimiento del superhombre no se ha producido, en su lugar damos a luz al infrahombre.

La idea de que sin sujeto no hay subjetividad sacude los

cimientos de lo que creíamos humano, de la conciencia y la identidad. El sujeto moderno —aquel que Descartes resumió en «Pienso, luego existo»— era un castillo con murallas claras: dentro, la mente; fuera, el mundo. La subjetividad era el puente entre ambos. Pero si el sujeto se desvanece, las murallas se derrumban. Lo interno: tus pensamientos, emociones, deseos... ¿Son tuyos? Si el sujeto es una ilusión, lo interno no es más que un eco de discursos sociales, algoritmos u hormonas. Lo externo: el mundo deja de ser algo ahí afuera para volverse una red de fuerzas que te atraviesan. Eres un nodo en un sistema, no un observador separado, un flujo de datos, un perfil editado por tendencias, *likes* y patrones de consumo. No hay dentro ni fuera: solo un bucle de estímulos y respuestas. Sin sujeto, la identidad pierde sus anclajes. Los marcadores tradicionales —género, clase, nacionalidad— se vuelven fluidos, pero no por liberación, sino por ausencia de suelo firme.

¿Quieres ser no binario, vegano o nómada digital? Hay un producto para cada etiqueta. Pero si no hay sujeto, ¿quién consume? ¿O es el consumo lo que te devora? El género ya no es un hecho biológico ni una construcción social estable: es una *performance* (Judith Butler). Pero sin un sujeto que *performe*, ¿qué queda aparte de gestos sin actor y máscaras sin rostro? Y si el sujeto se disuelve, los límites materiales —ese muro entre tu cuerpo y la silla donde te sientas— se tambalean. Algunos filósofos, como Karen Barad, proponen que todo está entrelazado en una red de agencias materiales. No hay cosas, solo relaciones. Tú no eres tú: eres un conjunto temporal de partículas, bacterias y experiencias. Tu iPhone no es un objeto externo: es parte de tu mente extendida (Andy Clark).

Si llevamos esta lógica al extremo —sin sujeto, sin límites, sin identidades—, lo que emerge es un paisaje saturado de conexiones en el que nada posee forma definida. Una auténtica sopa de datos, mercancías y deseos, un metaverso en el que los avatares no representan a individuos, sino a un anhelo de ser otro o incluso de dejar de ser. No hay posibilidad de liberación si nadie busca ser liberado; solo queda indiferencia, nihilismo y una puerta abierta al poshumanismo.

La disolución del sujeto se presenta como la utopía de una élite que imagina un mundo sin fronteras, sin esencias, sin opresores. Pero sin un yo que elija, que ame o se rebele, corremos el riesgo de convertirnos en meros fantasmas del sistema: ya no somos agentes, sino espectros atrapados en un vacío pospolítico donde el control ya no se ejerce, sino que se internaliza. El sistema no necesita dominarte: ya eres nadie.

Transhumanismo versus poshumanismo

Transhumanismo y poshumanismo se asemejan en parte, pero no son lo mismo. El transhumanismo es esa idea que hace años parecía ciencia ficción de que podemos usar la ciencia, la tecnología y cualquier trasto futurista para mejorar lo que somos hasta el extremo: más fuerza, más memoria, menos arrugas, cerebros conectados a internet y, si nos ponemos ambiciosos, hasta vencer a la muerte. Es la fe en que el ser humano puede y debe evolucionar *a través de* sus juguetes, y que esos juguetes pueden hacernos algo más que carne frágil y mortal. No es que no tenga peligro —puede acabar en un Silicon Valley lleno de pseudodioses hormonados con implantes brillantes y listos para pisotear al resto como si fuéramos extras en una serie tipo *The Boys*—, pero al menos sigue partiendo de una premisa: el humano sigue siendo el protagonista de su propia historia, no un personaje secundario olvidado de fondo.

El poshumanismo, en cambio, es un mal viaje de ácido. No se conforma con mejorarte: quiere borrarte del centro del escenario. Según esta corriente, tú, una cucaracha, una planta de interior y un algoritmo sois lo mismo: nodos de un sistema. Te quitan tu pedestal de «rey de la creación» que tanto nos hemos currado con siglos de arrogancia y te dicen: «Relájate, eres tan relevante como un ficus». Y lo dicen con una sonrisa académica, como si esa igualdad metafísica fuera a solucionar tus problemas reales. Suena a filosofía *cool* para congresos universitarios, pero, si rascas un poco la superficie, es la perfecta coartada para deshumanizarte en nombre de la «humildad cósmica».

El problema es que estas dos corrientes te pueden joder de formas opuestas pero igualmente preocupantes. En el transhumanismo puedes acabar convertido en un superhombre con complejo de dios, inflando tu ego hasta que te explote en la cara como una bomba de relojería, dejando un rastro de miseria moral y caos donde los que no pueden pagar los *upgrades* se convierten en los nuevos parias. Pero al menos hay un yo ahí, un ego que celebrar o maldecir. En el poshumanismo, en cambio, puedes terminar diluido como una gota en el océano, convertido en una maceta con wifi que ni siquiera sabe que está viva, donde tu identidad se evapora en un mar de equivalencias vacías hasta que no queda nada que merezca la pena llamar «yo». El primero corre el riesgo de engordar tu ego como a un animal de granja hasta que no pueda sostener su propio peso y se desplome; el segundo, de diluirlo hasta que no quede nada.

Si tengo que escoger mi propia aventura distópica futurista, me quedo con el transhumanismo: si me vas a destrozar, que al menos sea a lo grande. Implántame un láser en la frente y dame un hígado nuevo, no me digas que soy igual que una maldita buganvilla.

El transhumanismo, en su mejor versión, podría poner la tecnología al servicio de un ser humano que supere la cosmovisión posmoderna y explore el camino interior para autoconocerse más allá del ego superficial. En cambio, el poshumanismo se asoma al abismo de la nada sin ancla que lo sostenga ni rumbo que lo oriente. Surge de un moralismo posmoderno exacerbado y *ecofriendly* que, al llegar al extremo, se niega a sí mismo y, en su presunta omnipotencia benevolente, se convence de que debe salvar el planeta mediante la aniquilación de la humanidad por no cumplir con sus elevados estándares éticos. De este modo, queda expuesto a la ingeniería social más antihumana imaginable.

18

Crisis de sentido

¿Tiene sentido la existencia? Una exploración eterna de la humanidad

La pregunta por el sentido de la vida —¿por qué existimos?, ¿para qué?, ¿cuál es el propósito de nuestra existencia?— ha obsesionado a la humanidad desde sus albores. A pesar de siglos de reflexión, sigue sin una respuesta definitiva y universal. La ciencia, con su enfoque en la mecánica del universo —desde la física cuántica hasta la biología evolutiva—, explica el cómo de la realidad, pero no el porqué. No hay evidencia empírica de un propósito inherente, como señalan disciplinas como la cosmología o la neurociencia. Sin embargo, esto no disuade al ser humano de persistir en la búsqueda, impulsado por una inquietud innata que trasciende lo racional.

Vivimos en una era de transformación acelerada, impulsada por la globalización, los avances tecnológicos, la expansión económica y el pensamiento posmoderno. Este último ha profundizado una crisis existencial colectiva en la que cada vez más personas luchan por encontrar sentido en sus acciones y creencias. Encuestas globales, como las de Gallup y Pew Research, revelan un aumento en indicadores de soledad, depresión y falta de propósito —que infieren una percepción de vacuidad vital—, especialmente entre las generaciones jóvenes expuestas a la hiperconectividad.

Históricamente, las religiones han proporcionado marcos trascendentales para el sentido de la existencia. En las monoteístas —como el judaísmo, el cristianismo y el islam—, la vida es una etapa preparatoria: una prueba donde actuar conforme a la ley divina asegura recompensa o castigo en el más allá. El propósito radica en aspirar al «reino de Dios» mediante la obediencia y la virtud. En tradiciones politeístas, como las griegas o las nórdicas, el énfasis recae en una «bella muerte» que forja gloria y leyenda eternas. Por otro lado, las religiones orientales como el budismo proponen la iluminación: romper el ciclo kármico del *samsara* y despertar de la ilusión mundana (*maya*), liberándose del sufrimiento. Estas visiones no solo orientan la conducta diaria, sino que integran al individuo en un cosmos ordenado, mitigando la angustia de lo efímero y el temor a la muerte.

La filosofía ha abordado esta cuestión con rigor racional. Aristóteles identificaba el bien supremo en la *eudaimonia* —la felicidad como realización de nuestro potencial racional y virtuoso, dirigida a un fin último—. Los estoicos, como Epicteto o Séneca, hallaban sentido en vivir conforme a la naturaleza, cultivando valores morales que fomentan la entereza. Nietzsche, en cambio, proponía evolucionar hacia el «superhombre» (*Übermensch*) mediante la voluntad de poder, cuestionando la moral cristiana y redefiniendo el bien y el mal. Sri Aurobindo ofrecía una variante espiritual: una evolución hacia la realización divina en el hombre, distinta del nietzscheano énfasis en el poder personal.

El existencialismo buscaba una ética universal y válida común a todos los seres humanos en contraposición a las otorgadas por las diversas culturas del mundo, a pesar de que constaba de distintas corrientes internas, cuestionaba las filosofías anteriores y se enfrentaba a la insignificancia de vivir. Se dice que tenemos una duda existencial cuando dudamos del propósito de la existencia. El nihilismo, por su parte, declara la existencia absurda e inherentemente sin propósito: buscarlo es fútil, ya que somos meros átomos en un universo indiferente.

No se puede llevar a cabo una búsqueda completa de la verdad sin superar la estrechez mental y sus limitaciones, o la cerrazón hacia una necesaria variación y multiplicidad de puntos de vista, que son esenciales para una comprensión más amplia. Las ideas generadas por la mente solo pueden capturar o enumerar ciertos aspectos, principios o capacidades que esta traduce de la realidad; en otras palabras, representan fragmentos incompletos en lugar de la totalidad. Por esta razón, no debemos creernos en posesión de la verdad absoluta. Sin embargo, sí podemos reconocer que algunas verdades parciales son más valiosas o superiores a otras y utilizarlas como guía en nuestra vida y nuestras decisiones.

Para descubrir nuestro propio sentido vital tenemos distintas filosofías a nuestra disposición que pueden expandir nuestra forma de entender el mundo, pero, más allá de nuestras preferencias personales, podemos investigar qué ha tenido sentido a lo largo de la historia en distintas culturas y sus puntos de conexión, desde la Antigüedad hasta nuestros días.

Joseph Campbell, en *El héroe de las mil caras*, encuentra un patrón común entre los mitos de Oriente y Occidente que han dado significado a las sociedades a niveles muy profundos, llegando a crearse cultos y religiones en torno a dichos símbolos.

Patrones comunes en la historia: el monomito

A lo largo de las culturas, ciertos patrones recurrentes han dado sentido colectivo. Campbell, en la obra citada líneas arriba, identifica el «monomito» o «camino del héroe»: un arco narrativo donde el protagonista se enfrenta a retos, se transforma y beneficia a su comunidad. Historias como la de Cristo, Buda o Arjuna siguen esta estructura en la que nos sentimos reflejados porque desvela los misterios de nuestra naturaleza.

En el vasto tapiz del cosmos, donde las estrellas susurran secretos ancestrales, el héroe despierta en su mundo ordinario, un remanso de rutinas terrenales, hasta que el llamado a la aventura irrumpe como un rayo divino, invitando a su alma inquieta a trascender lo conocido, aunque inicialmente la rechaza en un velo de duda y temor mortal. Guiado por un mentor sobrenatural, cruza el umbral hacia lo desconocido, descendiendo al vientre de la ballena, donde las sombras lo engullen, haciendo frente a la senda de pruebas que forjan su esencia en el crisol de adversidades eternas, donde dragones internos custodian tesoros del espíritu y el dolor se transmuta en sabiduría; el miedo, en coraje iluminado. En el corazón de la ordalía suprema, muere y renace, alcanzando la apoteosis en unión mística con lo infinito, reclamando el elixir de la gracia divina; entonces, en el regreso, navega el camino de vuelta con alas de transformación, resucitando ante las pruebas finales para convertirse en maestro de dos mundos, tejiendo con hilos de luz la red de la existencia, recordándonos que cada fase de este peregrinaje sagrado —del llamado al retorno— es un baile eterno con lo divino, un himno al ciclo de muerte y resurrección del espíritu humano.

Desde las hogueras primitivas hasta los laboratorios actuales, la humanidad ha tejido narrativas para dotar de propósito a la existencia:

ERA/ TRADICIÓN	CLAVE DEL SENTIDO	EJEMPLOS REPRESENTATIVOS
Mitos primitivos	Encajar en el orden cósmico mediante ritos y mitos de creación.	Danzas tribales, sacrificios para asegurar la caza (Durkheim).
Filosofía griega	Realización racional y virtud individual/colectiva.	*Eudaimonia* de Aristóteles; «Conócete a ti mismo» de Sócrates.
Grandes religiones	Trascendencia *post mortem* y liberación del sufrimiento.	Redención cristiana; nirvana budista; *moksha* hindú.
Edad Media	Síntesis de fe y razón hacia la salvación divina.	Escolástica de Tomás de Aquino.
Ilustración	Autonomía racional y progreso secular.	Duda cartesiana; moral autónoma de Kant.
Siglo XX: antropología y existencialismo	Construcción cultural polifónica; libertad absoluta.	Símbolos como textos (Geertz); angustia como condición (Sartre).
Posmodernismo	Deconstrucción de narrativas; relativismo y nihilismo.	Crítica al poder en discursos (Foucault).

En las últimas décadas, la psicología positiva —pionera gracias a figuras como Martin Seligman— y la neurociencia han explorado en profundidad cómo el sentido del propósito influye en la salud mental y el bienestar general de las personas. Por ejemplo, algunos fenómenos biológicos concretos, como la activación del núcleo accumbens (un área del cerebro asociada con la recompensa y la motivación) o la liberación de oxitocina durante actos altruistas ilustran que el propósito no es solo un concepto abstracto, sino un mecanismo fisiológico real que actúa como ancla, fortaleciendo nuestra capacidad para resistir el caos y el estrés de la vida cotidiana. Sin embargo, esta perspectiva científica a menudo reduce el sentido del propósito a una herramienta puramente utilitaria: un simple atajo para lograr el bienestar o un proceso terapéutico medible y calculado, en lugar de algo más profundo y transformador. En este contexto, nos obsesionamos con cuantificar los beneficios de prácticas como la meditación o los rituales a través de escáneres cerebrales que miden ondas neuronales, sometiendo todo a una lógica instrumental que valora la eficiencia por encima de la auténtica hondura emocional y espiritual.

El filósofo Fernando Broncano recuerda que, en momentos de irritación social y emociones a flor de piel, como la que se vivió durante la pandemia, la religión cumple una función esencial: proveer ritos compartidos que generan compañía y sostén colectivo. Citando a Primo Levi, apunta que, en los campos de concentración, quienes tenían fe resistían mejor no solo por la esperanza en otra vida, sino porque su religiosidad fortalecía los lazos entre ellos. La reflexión subraya que las creencias y rituales comunes actúan como refugio emocional y como tejido de vínculos humanos capaces de sostenernos en situaciones límite.

En última instancia, diversos estudios coinciden en que una vida impregnada de significado actúa como un amortiguador frente a las aristas más cortantes de la existencia, haciendo que lo insoportable resulte menos devastador. No obstante, esta aproximación racional y cuantitativa despoja al propósito de su aura mística y heroica, convirtiéndolo en un cálculo frío diseñado para evadir el dolor, carente de misterio. En este enfoque, el alma se reduce a datos cuantificables y la trascendencia se limita a una mera estrategia de supervivencia. Sin embargo, es importante aclarar que la felicidad —entendida simplemente como bienestar y comodidad— no equivale al verdadero sentido de la vida, que va más allá de evitar el sufrimiento y busca una conexión más sustancial con lo que nos trasciende.

Según Alan Watts, filósofo y divulgador de las tradiciones orientales en Occidente, la felicidad no constituye el propósito fundamental de la existencia humana, ya que concebirla como un fin último nos aleja de la esencia misma de la vida. En sus enseñanzas, Watts argumenta que la vida no es un viaje hacia un destino de placer constante o ausencia de sufrimiento, sino una experiencia en sí misma, similar a una danza o una pieza musical donde el valor radica en el proceso, no únicamente en llegar a un clímax o resolución. Para ilustrar esto, el filósofo propone una poderosa analogía sobre los sueños que los soñadores lúcidos entenderán perfectamente: imagina que cada noche tienes el poder de soñar lo que quieras, durante el tiempo que desees —por ejemplo, setenta y cinco años en una sola noche—. Al principio, optarías por sueños de placer absoluto, cumpliendo todos tus deseos y fantasías. Pero después de varias noches de disfrute, buscarías variedad: un sueño con sorpresas, donde no controles todo, para añadir emoción. Gradualmente, te aventurarías más, incorporando riesgos y desafíos, hasta que, para maximizar la sorpresa y el realismo, soñarías una vida donde olvidas que estás soñando, una existencia con incertidumbres, dolores y alegrías impredecibles —exactamente como la vida que vives ahora—. En esta idea, todos somos como dioses jugando a escondernos de nuestra propia divinidad, pretendiendo ser individuos separados en un mundo imprevisible, porque un sueño de felicidad perpetua, tal y como la concebimos, sería monótono y vacío. Así, el sentido no reside en la felicidad constante, sino en despertar a esta ilusión y abrazar la totalidad de la experiencia, reconociendo que la vida implica muerte, el yo implica al otro, y el todo es fundamentalmente uno.

En un mundo donde los mitos ancestrales compartidos se han desvanecido como ecos olvidados, hemos forjado nuestros propios relatos legendarios, reinventando dioses antiguos en caparazones modernos. Thor, por ejemplo, es un eco pop de las *eddas* nórdicas. No podemos escapar de la eterna estructura del camino del héroe —esa tríada inmutable de partida, iniciación y regreso— que los guionistas de Hollywood reciclan obsesivamente para explotar nuestra hambre innata de trascendencia y porque, sencillamente, funciona. Todos esos héroes, en esencia, somos nosotros: arquetipos universales que reflejan nuestra propia búsqueda de propósito. Por eso, no sorprende el triunfo arrollador de las películas de superhéroes, que han evolucionado de nichos frikis —como cómics *underground* o audiencias especializadas— a dominar taquillas globales, con éxitos masivos como las sagas de Marvel y DC que han recaudado miles de millones de dólares en todo el mundo. A pesar de que estas producciones a menudo diluyen la gesta heroica tradicional en espectáculos hollywoodenses repletos de efectos especiales —y en más de una ocasión, carentes de profundidad real al priorizar el entretenimiento visual sobre la exploración filosófica—, estos nuevos ídolos nos catapultan a un universo de significado. En él, los valores eternos como la aventura, el coraje, la amistad, la empatía y el amor se erigen como pilares fundamentales para conquistar un fin que todos intuimos: la salvación del mundo y de los seres queridos. En última instancia, se trata de un simulacro terapéutico para el alma en tiempos de vacío existencial.

La globalización y el avance tecnológico, con sus luces y sus sombras, nos enfrentan a nuevos desafíos nunca vividos que nos forzarán a ser creativos para superarlos, pues nunca habíamos estado tan conectados como ahora, por lo que si no encontramos las similitudes entre los diferentes, un sentido integral que nos guíe, corremos el riesgo de generar peligros a la altura de las circunstancias, peligros globales con graves consecuencias. Como en el mundo de la Reina Roja, todos avanzando cada vez más rápido hacia ninguna parte, sin objetivo mayor que la productividad para satisfacer los placeres inmediatos de distintos grupos a través del consumo, los choques de intereses entre grandes poderes encaminados hacia una guerra por el control total y uniforme de las poblaciones del mundo... El poder y el control no como medio para lograr un fin, sino como objetivo último de una sociedad distópica de bestias civilizadas en la que nada es verdad, nada tiene sentido y por lo tanto nada importa.

19

El sentido del sinsentido y la noche oscura del mundo

No hay escape

El posmodernismo trazó un sendero que desembocaba en un abismo vertiginoso; al vislumbrarlo, el wokismo retrocedió, esforzándose por borrar las huellas del camino que nos condujo hasta él. Cuestionar las estructuras mentales que sustentan nuestra realidad fue un paso casi inevitable, fruto de la frustración por no hallar una respuesta intelectual satisfactoria que explicase el sufrimiento. Tras milenios de búsquedas espirituales y filosóficas, seguimos tan desorientados —o incluso más— que al inicio.

Ante esta incertidumbre, nos refugiamos en distracciones: llenamos el silencio con pantallas, ruido y evasiones inmediatas, pero algo persiste tras los aparatos, como un espectador que aguarda su momento. Y llega. El dolor o la enfermedad irrumpe sin permiso y recuerda con fuerza ancestral que la muerte nos observa, siempre al acecho, con su aliento frío en la nuca. Entonces resurgen las preguntas: ¿existe algo más allá de la muerte? Si no hay nada, ¿cómo entender esa nada? ¿Desaparecerá mi yo o derivará en un sueño sin cuerpo ni conciencia? ¿Qué será de quienes amo cuando partan? ¿Y qué sentido habrá tenido nuestra breve estancia aquí?

El «vive el momento» se convierte en un eco vacío; ni el disfrute inmediato ni la fe ciega en promesas externas aplacan el ansia de saber, de ser. Solo adormecen, desvían la mirada. Así, algunos logramos evadirnos por un tiempo, hasta que la vida nos devuelve a la misma sensación de vacío. Nada entretiene como antes; nada satisface por completo. A veces buscamos ayuda, tomamos fármacos, recuperamos cierta funcionalidad, pero ese hueco interior permanece, solo atenuado fugazmente.

Entonces llega la noche oscura del alma, el abismo verdadero que amenaza con deshacer toda concepción de lo real. No para dejarnos indefensos, sino para agrandar nuestra mirada. En ese crisol interior, el yo se disuelve, se enfrenta a sus sombras y vuelve a erigirse desde un nivel más profundo. No es una construcción ideológica, sino un contacto con verdades íntimas que brotan del silencio. La mente no reniega de la razón; la trasciende. En el vasto silencio de la no-mente, la sabiduría se asienta y la comprensión estalla como un trueno: ya no dividimos para entender, sino que vemos con el ojo del sabio. Nuestra capacidad racional no desaparece; se eleva y se perfecciona. Pero el nigredo de esta noche oscura es doloroso: la motivación flaquea, las antiguas pasiones se apagan antes de que broten las nuevas, y uno se siente perdido, sin nada a lo que aferrarse. Es un tránsito lento que exige valor más que consuelo, pues nadie reconocerá ese coraje, y ni siquiera ya deseas aplausos. Solo el impulso interno de seguir adelante, a pesar de la nada, puede guiarnos hacia la luz que espera al otro lado.

«Noche oscura del alma», de san Juan de la Cruz, no es únicamente un poema, sino el relato de un viaje interior que transcurre en la penumbra de la fe y el silencio, allí donde el corazón se vacía para dejar paso a otra cosa. Trata de visualizar al fraile carmelita, preso en un frío calabozo de Toledo, donde el eco de sus pasos acompaña al latido de un corazón dispuesto a morir para renacer. En esa celda de piedra, despojado de visiones y consuelos, san Juan entona sus versos más íntimos: la noche, esa compañera silenciosa, resulta ser el umbral donde el alma y Dios se funden sin intermediarios.

Al principio, el alma recorre la «noche de los sentidos»: un despojamiento gradual de todo aquello que antes la colmaba. Ya no son los esplendores místicos ni las consolaciones sensibles lo que provocan éxtasis, sino un vacío que duele como una herida abierta. El fervor se convierte en aridez, y cada oración parece rebotar en las paredes, sin respuesta. En ese desierto interior, la voluntad se endurece y el entendimiento se despoja de sus certezas, aprendiendo por fin a no esperar nada.

Más allá de esta primera penumbra, el alma alcanza una fase más intensa y silente. Aquí no basta con abandonar lo exterior: hay que renunciar a todo pensamiento, a toda imagen, incluso a la propia fe como consolación. Los recuerdos, los deseos que sobreviven tras la primera purga, se tornan sombras que cubren de tinieblas al espíritu. En esa oscuridad total, Dios no se muestra en luces ni revelaciones, sino en un susurro sutil que apenas te roza. Es un abandono absoluto: el creyente deja de buscar y se deja habitar.

Sin embargo, esta doble purificación no es un suplicio sin

sentido, sino el crisol donde el yo se transmuta. En el silencio profundo, más allá de la razón y de los sentidos, brota la sabiduría que trasciende el discurso humano. Como el alquimista que disuelve el plomo para extraer el oro, el alma se purifica en el fuego de la noche: sus demonios interiores pierden fuerza, y las antiguas ataduras se disuelven. Cuando, al fin, la aurora asoma, la comunión ya no es fruto de un éxtasis pasajero, sino la certeza de un amor que todo lo une. Conceptos como «alma» o «dios» dejan de ser meros símbolos que evocan ideas abstractas y se convierten en experiencias vividas y reales. No requieren una fe ciega para materializarse, sino que inspiran una fe iluminada: una intuición profunda que no solo aguarda la experiencia para validarse, sino que guía directamente hacia ella.

A quienes atraviesan hoy crisis de sentido o de fe, «Noche oscura del alma» ofrece un mapa poético de la conversión íntima que acompaña al buscador en el tramo más arduo del camino. Y es precisamente en ese tramo donde lo más valioso se gesta: la fe que emerge de la noche no es una emoción fugaz, sino un fuego tranquilo que arde sin consumir, sosteniendo al alma en el silencio de su unidad con lo trascendente.

A diferencia de la felicidad pequeña y egoísta del día a día, existe un gozo profundo que surge después de atravesar la «noche oscura del alma», ese periodo de crisis y duda profunda. En la tradición hindú, especialmente en la filosofía vedanta, este gozo —llamado *ananda* en sánscrito— es una dicha suprema y trascendente, sin condición, que va más allá de la simple dualidad entre placer (*sukha*) y dolor (*duhkha*). Estos últimos se ven como algo temporal e insuficiente en el ciclo repetitivo de la vida (*samsara*).

La búsqueda de sentido en la vida no apunta a esa felicidad efímera y superficial que perece tras la satisfacción de cada deseo, sino al gozo extático de quien despierta al gran «juego» (*lila*) de la existencia (todo *brahma*): dejándose llevar por su flujo constante y reconociendo su papel esencial en el tablero del universo.

Frente a esta idea de lo divino y el propósito de la existencia, ciertas cuestiones triviales, como si Dios es un señor con barba sentado en un trono o si es bueno o malo por permitir el mal en el mundo, pierden relevancia. La rebeldía contra el dolor, el sufrimiento, la ignorancia y la muerte enciende la llamada a la aventura. Esa necesidad constante de respuestas a las grandes interrogantes culmina en la experiencia de quien se enfrenta a verdades dolorosas, atraviesa su noche oscura y, al final, asciende a un nivel superior. Un mundo que pierde su sentido se sumerge en su propia noche oscura.

El reino de la aventura ha terminado. Aunque vayamos hasta la séptima galaxia, provistos de cascos y mecanizados, volveremos a encontrarnos con lo que somos en realidad: unos niños ante la muerte, unos seres vivos que no saben muy bien cómo ni por qué viven ni adónde van. Y bien sabemos que sobre la tierra el tiempo de los Cortés y de los Pizarro ha llegado a su fin: la Mecánica misma nos aprisiona, la ratonera se cierra de nuevo. Pero, como siempre, descubrimos que nuestras más sombrías adversidades son nuestras mejores ocasiones, y que el paso tenebroso es solo un paso conducente a una mayor luz. Nos encontramos, pues, acorralados ante el último terreno que nos quedaba por explorar, la última aventura: nosotros mismos. Los signos abundan, son sencillos y evidentes. El fenómeno más importante de esta década no es el viaje a la luna, sino los «viajes» de las drogas y la gran trashumancia de los hippies y la efervescencia estudiantil por todo el mundo. ¿Y adónde irían? Ya no queda espacio en el hervidero de las playas, ni en las carreteras congestionadas, ni en la creciente termitera de nuestras ciudades. Hay que dirigirse a otra parte. Pero hay todo tipo de «otras partes». Las de las drogas son inciertas y están llenas de peligros, y, sobre todo, dependen de un medio exterior. Una experiencia debe poder obtenerse a voluntad y no importa dónde, en medio del mercado o en la soledad de nuestra estancia; de lo contrario no es una experiencia, sino una anomalía o una esclavitud. Las del psicoanálisis se limitan de momento a algunos sótanos mal iluminados y, sobre todo, carecen de la palanca de consciencia que permite ir adonde uno quiere como dueño y señor, y no como testigo impotente o como víctima enfermiza. Las de la religión son más luminosas, pero dependen igualmente de un dios o de un dogma, y, sobre todo, nos encierran en un tipo de experiencia; porque se puede también, y aún más, ser prisionero de otros mundos lo mismo que de éste. Y finalmente, el valor de una experiencia se mide por su poder de transformación de la vida, de lo contrario nos hallamos ante un sueño o una alucinación.

Obnubilados como estamos por la «inevitable» condición científica en que hemos nacido, parece como si el hombre no tuviera otra esperanza que la de la proliferación cada vez más enorme de sus máquinas, que verán mejor que él, oirán mejor que él, calcularán mejor que él. Se trata de saber que podemos más que nuestras máquinas, y que esta enorme Mecánica que nos ahoga puede derrumbarse con la misma rapidez con que ha nacido, solo con que queramos tomar la palanca del verdadero poder y descender a nuestro propio corazón como exploradores metódicos, rigurosos y lúcidos. Tal vez entonces descubramos que nuestro espléndido siglo XX se hallaba aún en la edad de piedra de la psicología, y que con toda nuestra ciencia no habíamos alcanzado todavía la verdadera ciencia de vivir, ni el dominio del mundo ni el de nosotros mismos; y que ante nosotros se abren horizontes de perfección, de armonía y de belleza, frente a los cuales nuestros soberbios descubrimientos son como torpes tentativas de aprendiz.

SATPREM, 27 de enero de 1970

20

Ser y singularidad: más allá del nihilismo

En el puente del ser

Me libero
de la danza giratoria
de mi mente
y me suspendo
en el Espíritu libre del silencio.
Criatura más allá
del tiempo
y de la muerte
de mi propia eternidad
vislumbro el centro.
Me he escapado
y el pequeño ego está muerto,
soy perpetuo,
solo e inefable.
He salido del universo que cree,

he crecido sin nombre y sin mesura.
Calla mi mente
en la luz infinita
y se deleita en paz
mi solitario corazón.
Mis sentidos sin lazos por el tacto,
los sonidos,
la Visión;
mi cuerpo
es un punto
entre blancos infinitos.
Soy la Gracia pura e inmóvil
en el Uno:
Nadie Soy, Aquel que Todo Es.

SRI AUROBINDO

En este umbral, donde el nihilismo nos confronta con el vacío, emerge un horizonte tecnológico que amplifica tanto la promesa como el peligro: la singularidad. Este concepto, ideado por mentes como Vernor Vinge y Raymond Kurzweil, describe un punto de inflexión inevitable donde la inteligencia artificial trasciende la humana, desatando un avance exponencial que escapa a nuestro control y comprensión. Kurzweil insiste en 2045 como el año en el que humanos y máquinas se fundirán en una nueva forma de inteligencia significativamente superior. Mientras tanto, en 2025, Sam Altman ha sugerido que ya podríamos estar viviendo una «singularidad gentil», con agentes de IA capaces de realizar verdadero trabajo cognitivo, y espera que en los próximos años surjan sistemas capaces de generar ideas propias o actuar en el mundo real.

Sin embargo, el peligro acecha como un vórtice devorador, exacerbando los riesgos de un sujeto desarraigado. En un posible escenario postsingularidad, la IA podría relegarnos a reliquias en las que las élites se fusionan cibernéticamente mientras las masas languidecen en obsolescencia; o peor: una superinteligencia algorítmica podría juzgarnos prescindibles, disolviendo el yo en flujos de datos sin alma. Algunos visionarios especulan con plazos cercanos, mientras otros sitúan este umbral en horizontes más lejanos. Lo cierto es que, más allá de las fechas, se anuncia un «régimen sin precedentes» donde el poshumanismo aparece como posibilidad última.

Este torbellino no es mero futurismo: es el catalizador que el nihilismo nos fuerza a encarar, un vacío solo fértil si lo navegamos con la conciencia como guía. Si la singularidad ofrece alas técnicas, podría aniquilarnos o elevarnos. El nihilismo no es un pozo sin fondo ni un veredicto definitivo: es, más bien, una sacudida esencial que nos enfrenta a las limitaciones racionales adentrándonos en un vacío, un punto de inflexión donde el ser humano puede impulsarse hacia formas de existencia más auténticas.

En las antiguas tradiciones vedánticas, la conciencia no surge como un subproducto accidental del cerebro, sino como su condición fundamental: el suelo invisible sobre el cual se erige toda experiencia. La ciencia contemporánea, en sus exploraciones de la física cuántica y la neurología, comienza a tropezar con esta intuición; la subjetividad se resiste a reducirse a procesos mecánicos, insinuando que podría ser el misterio central del universo. Materia, vida y mente no son etapas desconectadas de un cosmos indiferente, sino manifestaciones progresivas de una conciencia evolutiva. Bajo este enfoque, el universo deja de ser una maquinaria sin alma para convertirse en un proceso vivo donde cada entidad es una chispa de un fuego universal que busca reconocerse.

Lo que los posmodernos intuyen como la «muerte del sujeto» es un error de interpretación de la superación del ego: no es el fin de toda esencia, sino la disolución de una máscara. Ese yo discursivo, esa ilusión cartográfica trazada entre sinapsis y narrativas, se desvanece, pero no deja atrás la nada. Detrás de ella siempre ha latido un testigo inmutable: la conciencia pura que observa sin necesidad de nombres ni formas. Cierra los ojos por un instante y contempla: derrumba tu historia personal, tus ideas, tu nombre. Lo que queda es un teatro efímero, pero ¿quién es el espectador silencioso? Al reconocer esa presencia, el ser se desvela, expandiéndose desde el silencio hacia una vastedad que integra en lugar de dividir.

En este umbral, se abren dos senderos que prometen trascendencia, pero divergen en su esencia profunda: uno es liberador, el otro, una trampa regresiva.

El primero es el del Yo Vasto: un ser que emerge del silencio interior en una expansión orgánica. Aquí, el individuo se percibe como célula de una totalidad viva, diluyendo sus límites en una comunión consciente con el todo, sin perder su centro inmutable. Es una integración holística donde el vacío se transforma en puente hacia una presencia unificada.

El segundo es el del Sujeto Sin Fronteras, impulsado por el posmodernismo deconstructivo y el poshumanismo. En esta visión, la liberación llega mediante la disolución radical de todo anclaje: centros estables, identidades fijas, incluso la frontera de la carne. El yo se fragmenta en un flujo perpetuo de signos y datos —un nomadismo de máscaras infinitas, donde la deconstrucción derrumba estructuras y el transhumanismo las extiende a través de tecnologías como implantes neuronales o redes digitales—. Pero esta ilimitación, aunque seductora para algunos, deriva en una dispersión absoluta: una huida que circunnavega el abismo sin integrarlo, dejando al ser sin punto de apoyo.

Ambos caminos aspiran a superar el vacío, pero uno lo hace reconectando con el núcleo eterno; el otro, desbordándose en un vértigo sin raíces. Sin embargo, el primer sendero, a diferencia de la propuesta poshumana, ofrece la posibilidad de fundirse con la máquina en una síntesis luminosa. Imagina un sujeto ampliado por la tecnología —realidades virtuales, interfaces neuronales, inteligencias artificiales— pero anclado en la experiencia directa del ser. El transhumanismo podría ofrecer las herramientas para explorar vastedades externas mientras las tradiciones ancestrales proporcionan la brújula interior para no perderse en ellas. En esta fusión, el cuerpo no se abandona como prisión obsoleta, sino que se transforma en vehículo para una conciencia universal: un puente donde la innovación técnica no es más que una herramienta que, bien utilizada, profundiza el despertar espiritual para una evolución armónica, del *sapiens* al *ludens* (del que sabe al que juega).

Como lo expresó Aurobindo con sabiduría profética: «El hombre es un ser de transición, no el fin, sino el puente». En esta condición transitoria, debemos cultivar flexibilidad: ni aferrarnos a dogmas rígidos ni flotar en un vacío sin anclas. El propósito no reside en restaurar un sujeto premoderno ni en ascender a un poshumano desarraigado, sino en desplegar una forma de vida que reconcilie el silencio eterno con el escenario presente. Somos puentes vivos, tendidos entre el abismo y lo desconocido, donde cada paso revela un sentido inmanente. Al final, no se trata de imponer creencias, sino de avivar una pregunta que ilumine el camino: ¿y si aquello que creímos perdido —un ser inmutable, una finalidad profunda, un misterio latente— aún aguarda nuestro reconocimiento? En esa revelación se gesta el renacimiento. La filosofía se vuelve creativa ante los interrogantes abiertos que apuntan hacia nuevas cimas que escalar más allá del pensamiento, el arte intuye verdades inefables y la ciencia tantea los bordes de lo inconcebible. Lo cotidiano se llena de un encanto que parecía perdido. El alma reclama una experiencia directa más allá de ser pensada.

Reflexiona sobre lo que buscas y lo que vendrá —más adelante lo exploraremos— y decide qué historias y redes significativas hilarás en tu propio relato. Te dejo en el puente, lector. Cruzarlo o no es una elección que queda en tus manos.

Bibliografía

Adorno, Theodor W., y Max Horkheimer (1947), *Dialectic of Enlightenment*, Herder and Herder, Nueva York.

Altman, Sam (2025), «The Gentle Singularity», blog personal, 10 de junio de 2025, <https://blog.samaltman.com/the-gentle-singularity>.

Aristóteles (2011), *Nicomachean Ethics*, The University of Chicago Press, Chicago.

Atwood, Margaret, *et al.* (2020), «A Letter on Justice and Open Debate», *Harper's Magazine*, 7 de julio de 2020, <https://harpers.org/a-letter-on-justice-and-open-debate/>.

Aurobindo, Sri (1998), *Collected Poems*, Sri Aurobindo Ashram Publication Department, Pondicherry.

Barad, Karen (2007), *Meeting the Universe Halfway: Quantum Physics and the Entanglement of Matter and Meaning*, Duke University Press, Durham.

Baudrillard, Jean (1994), *Simulacra and Simulation*, University of Michigan Press, Ann Arbor.

Bernays, Edward L. (1928), *Propaganda*, Horace Liveright, Nueva York.

BRENAN, Megan (2023), «U.S. Confidence in Higher Education Down Sharply», *Gallup*, <https://news.gallup.com/poll/508352/americans-confidence-higher-education-down-sharply.aspx>.

BRONCANO, Fernando (2009), *La melancolía del ciborg*, Herder, Barcelona.

BUTLER, Judith (1990), *Gender Trouble: Feminism and the Subversion of Identity*, Routledge, Nueva York.

CAMPBELL, Joseph (2008), *The Hero with a Thousand Faces*, New World Library, Novato.

CAMUS, Albert (1955), *The Myth of Sisyphus*, Hamish Hamilton, Londres.

CARROLL, Lewis (1871), *Through the Looking-Glass, and What Alice Found There*, Macmillan, Londres.

CLARK, Andy (2003), *Natural-Born Cyborgs: Minds, Technologies, and the Future of Human Intelligence*, Oxford University Press, Oxford.

CURTIS, Adam (2002), dir., *The Century of the Self* [documental], BBC, Londres.

DERRIDA, Jacques (1976), *Of Grammatology*, Johns Hopkins University Press, Baltimore.

DESCARTES, René (1996), *Meditations on First Philosophy*, Cambridge University Press, Cambridge.

EPICTETO (1995), *The Discourses of Epictetus*, Everyman, Londres.

ERRASTI, José (2025), «Debate entre Elizabeth Duval y José Errasti sobre la identidad de género», en el pódcast *El sentido de la birra*, 14 de mayo 2025, <https://www.youtube.com/watch?v=3ka5RZCuOYY>.

FIRE (Foundation for Individual Rights and Expression), «Scholars Under Fire: Attempts to Sanction Scholars from 2000 to 2022», 2023, <https://www.thefire.org/research-learn/scholars-under-fire-attempts-sanction-scholars-2000-2022>.

Foucault, Michel (1972), *The Archaeology of Knowledge*, Pantheon Books, Nueva York.

— (1980), *Power/Knowledge: Selected Interviews and Other Writings, 1972-1977*, Pantheon Books, Nueva York.

— (2003), *Society Must Be Defended: Lectures at the Collège de France, 1975-1976*, Picador, Nueva York.

French, John R. P., Jr., y Bertram Raven (1959), «The Bases of Social Power», en Dorwin Cartwright, ed., *Studies in Social Power*, Ann Arbor, Institute for Social Research, University of Michigan, pp. 150-167.

Freud, Sigmund (1955), *Beyond the Pleasure Principle*, Hogarth Press, Londres.

Gentile, Emilio (2006), *Politics as Religion*, Princeton University Press, Princeton.

Haidt, Jonathan, y Greg Lukianoff (2018), *The Coddling of the American Mind: How Good Intentions and Bad Ideas Are Setting Up a Generation for Failure*, Penguin Press, Nueva York.

Hicks, Stephen R. C. (2011), *Explaining Postmodernism: Skepticism and Socialism from Rousseau to Foucault* (ed. ampliada), Ockham's Razor Publishing.

Juan de la Cruz, San (2018), *Noche oscura del alma* [edición facsímil], CreateSpace Independent Publishing Platform.

Kors, Alan Charles, y Harvey A. Silverglate (1998), *The Shadow University: The Betrayal of Liberty on America's Campuses*, Free Press, Nueva York.

Kurzweil, Raymond (2005), *The Singularity Is Near: When Humans Transcend Biology*, Viking, Nueva York.

Lacan, Jacques (1998), *The Four Fundamental Concepts of Psycho-Analysis*, W. W. Norton, Nueva York.

Levi, Primo (1959), *If This Is a Man*, Orion Press, Nueva York.

Marcuse, Herbert (1964), *One-Dimensional Man: Studies in the Ideology of Advanced Industrial Society*, Beacon Press, Boston.

Michels, Robert (1962), *Political Parties: A Sociological Study of the Oligarchical Tendencies of Modern Democracy*, Free Press, Nueva York.

Nietzsche, Friedrich (1974), *The Gay Science*, Vintage Books, Nueva York.

Pareto, Vilfredo (1991), *The Rise and Fall of Elites: An Application of Theoretical Sociology*, Transaction Publishers, New Brunswick, NJ.

Ramaswamy, Vivek (2021), *Woke, Inc.: Inside Corporate America's Social Justice Scam*, Center Street, Nueva York.

Santa Cruz, Victoria (2005), «Me gritaron negra», en *Poemas & Pregones Afro Peruanos*, Music MGP.

Sartre, Jean-Paul (1956), *Being and Nothingness*, Philosophical Library, Nueva York.

Satprem (2000), «Prólogo», en *Sri Aurobindo or the Adventure of Consciousness*, Mira Aditi Centre.

Séneca (1917-1925), *Moral Epistles*, Loeb Classical Library, Cambridge, MA.

Tomasi, John (2023), «Let's Talk About Sex Baby: Why Biological Sex Remains A Necessary Analytic Category in Anthropology», *Heterodox Academy*, <https://heterodoxacademy.org/videos/uncanceled-lets-talk-about-sex-baby-why-biological-sex-remains-a-necessary-analytic-category-in-anthropology/>.

Vinge, Vernor (1993), «The Coming Technological Singularity: How to Survive in the Post-Human Era», en *VISION-21 Symposium*, Cleveland, NASA Lewis Research Center, <https://edoras.sdsu.edu/~vinge/misc/singularity.html>.

Watts, Alan (1966), *The Book: On the Taboo Against Knowing Who You Are*, Pantheon Books, Nueva York.

Otras referencias (leyes, encuestas, eventos)

Executive Order 14151 (2025). Cierre de oficinas DEI en agencias federales (EE. UU., bajo administración Trump).

Executive Order 14173 (2025). Revocación de acción afirmativa para contratistas (EE. UU.).

Executive Order 14190 (2025). Prohibición de teoría racial crítica e ideología de género en educación K-12 (EE. UU.).

Online Safety Act 2023 (2023). Ley de Seguridad en Línea del Reino Unido, <https://www.legislation.gov.uk/ukpga/2023/50>.

Pew Research Center. Encuestas recientes sobre soledad y depresión, <https://www.pewresearch.org>.